锦太极拳

顾 杰 著

精练紧凑
寓刚于柔
易学耐练
老少皆宜
气意念波
养身延年
放松平衡
力学原理
弹簧功掤
寸劲长劲

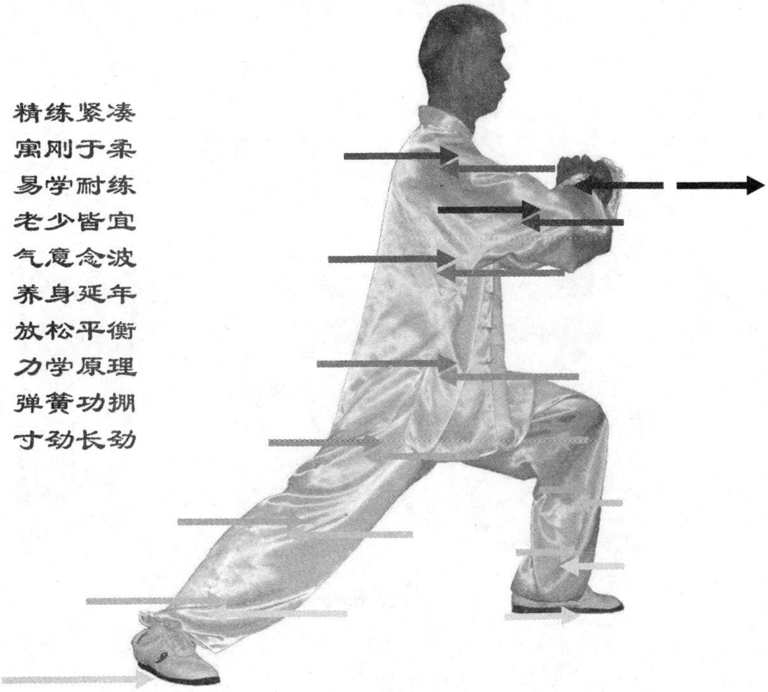

顾博士话太极
Dr. Gu Speaks Taiji

苏州大学出版社

图书在版编目(CIP)数据

锦太极拳/顾杰著. —苏州: 苏州大学出版社, 2012.3

ISBN 978-7-81137-900-6

Ⅰ.①锦… Ⅱ.①顾… Ⅲ.①太极拳-基本知识 Ⅳ.①G852.11

中国版本图书馆 CIP 数据核字(2012)第 021566 号

锦太极拳

顾 杰 著

责任编辑 董 炎

苏州大学出版社出版发行

(地址:苏州市十梓街1号 邮编:215006)

宜兴市盛世文化印刷有限公司印刷

(地址:宜兴市万石镇南漕河滨路58号 邮编:214217)

开本 700×1000 1/16 印张 16 字数 281 千

2012 年 3 月第 1 版 2012 年 3 月第 1 次印刷

ISBN 978-7-81137-900-6 定价:32.00 元

序言

本书讨论太极拳的三个方面:基本功、套路和力学原理。基本功是练好太极拳的基础,本书编了一套简易有效的基本功——太极松沉吐纳功。太极拳套路是精华招式的有机串联,本书将二十四式太极拳改编成运步紧凑的锦太极拳。进而,本书用现代力学的理论来研讨太极拳的技击原理、发力方法和养身功效。

太极松沉吐纳功是一套养身功法,也是太极拳的基本功。作为养身功法的太极松沉吐纳功可以单独锻炼。建议每天至少练一遍太极松沉吐纳功。练太极松沉吐纳功可取得松沉、平衡、气腾的功能,因而达到延年益寿、祛病健身的养身效果。太极松沉吐纳功使练功者有意识地掌握太极拳的基本要领,并将这些要领贯穿于太极拳的养身及技击练习中。

锦太极拳保留了传统杨式太极套路的精华。步法紧凑,适合于室内外行拳走架。拳架舒展大方,寓刚于柔,易学耐练,老少皆宜。建议练习者每天至少练四五遍锦太极拳。即使是仅仅为养身而练的太极拳爱好者,每天练基本功和套路的总时间也应多于半小时。练锦太极拳时,深长的呼吸蠕动内脏,引发气,其气溢于经脉和全身。呼吸可与招式同步。内蠕外动,事半功倍。意念是打好拳的根本,要意想每一招式的攻防含义来指导招式的实现。如此才能做到神与意合,意与气合,气与力合。

太极拳是练就的弹簧功。太极弹簧用于探测对方的攻势时灵敏有效,用于防护时柔韧沉稳,用于攻击时发放有章。弹簧功从力学原理上体现了太极拳的武德。因为弹簧功缓冲两方间的击撞,减小局部变形而不使任何一方受伤。练弹簧功就是要练松灵。练松灵可帮助舒导经脉,使气血畅通,有很高的养身价值。太极拳的战略原则是沾、连、粘、随;战术原则是掤、捋、挤、按、采、挒、肘、靠;运行原则是前进、后退、左顾、右盼、中定。这些原则都符合力学原理。太极拳的运步沉稳、虚实有致也是基于力学平衡的。太极拳可用短劲和长劲来发力。发力的目的是将我方的一部分动量传给对方,这股动量和对方原有动量叠加而使对方失稳。

弟媳舒健是在美国开业的针灸专家,她对本书第一章内容提出了建设性的意见。我于 2002 年创建太极星协会,并任两届会长。我的很多拳友都聚于协会晨练。本书的内容即发端于晨练,又在协会中得到讨论。感谢拳友们的支持,感谢拳友常智敏、李筱兰、王文华和雷海英为本书照片修版,感谢拳友涂为真、胡远平和王蓓菁为本书校订,还要特别感谢我妻子李薇倩的多方鼓励和全力支持。

挑灯移笔时,自有知音在。

2003 年吴彬先生(中国武术九段,曾任国际武联技术委员会主席)访美,专程巡视底特律。吴先生给我签字留念:

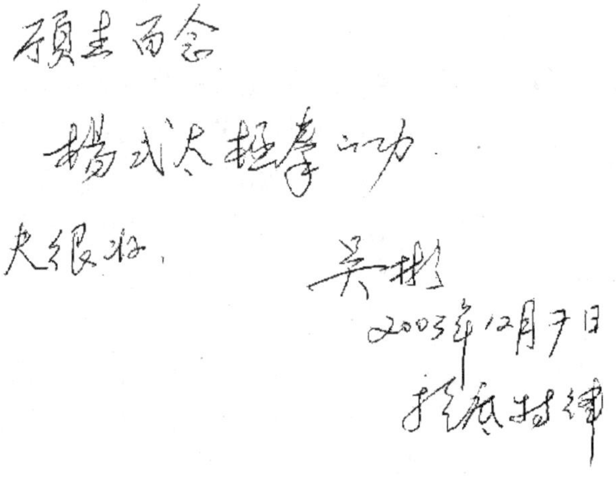

目录

前言

太极拳是几千年中华文化的结晶之一。《易经》说:“易有太极,是生两仪。”太极包括阴、阳两仪,即一切事物和现象都包含着阴、阳两个方面,它们互相对立又互相依存。太极拳的阴、阳的概念主要体现在以下三个方面:养身与技击;攻与防;虚与实。

许多拳种仅以技击为要义,太极拳却把养身和技击看成一个整体的两个方面。在冷兵器时代,太极拳的技击功能威震全国。即使在那个年代,太极拳的养身效果也从来没有被忽略过。从20世纪至今,是太极拳的养身效果赢得其广泛的群众基础的时期。即使是现在,太极拳的技击原理仍然是武术爱好者研习的重心。

太极拳是典型的内家拳。内家拳区别于外家拳的一个特点是以守为攻、以静制动。许多拳种仅以击败对方为要义,以大胜小、以快胜慢、先发制人等方法就变成了训练的目标。但攻可能使对方伤残,在法纪不明的年代,攻,或可被看做是必要的手段,但在和平年代却无甚必要。太极拳却把攻和守看成一个整体,攻和守是这个整体的两个方面。攻中有防,防中有攻。立足于防,伺机而攻。在法纪严明的时代,或在和平竞争的场合,防的功用更为突出。以静制动似乎是个悖论,但其真正的含义是以眼观、耳听、体测来窥探对方的攻击意图,而后发制人。太极拳特别发展了“听劲”的功夫。“听”并不是用耳朵听,“劲”也不是通常发力的劲。“听劲”是用肢体的末梢神经在与对方接触时,“感觉”其“劲”力的大小和方向。“感觉”是“听”,“劲”是双方之间的力。“听劲”是近距离探测的有效方法。我方的“静”只是外部的表现,我方的体态、意态都处于高度准备状态,而对方的"动"却可能暴露其攻击意图。太极拳的攻防原理就是"知己知彼,百战不殆"。

太极拳将虚实的概念运用于每个招式和身体的各个部位。实招是真正用于攻防的招式,虚招是备用或诱敌的招式。虚招和实招可以互相转变——虚招被用上了就变成了实招,实招不用就变成了虚招。太极拳极讲究平衡,掌握重心是关键。重心在左脚,左脚为实,右脚为虚。重心从左脚转移到右脚后,左脚为虚,右脚为实。但是,在重心转移全过程中,仍要保持平衡,不可给对方以可乘之机。

笔者在国内接受了高等教育,后来到美国攻读机械博士。前半部生涯使我感受到中华文化的优秀和厚重,后半部阅历使我体会到美国文化的活跃和实用主义精神。沐浴在两种文化中的我,总希望为中西文化的交流做点事。这是这本书的成因之一。太极拳源于中国,却可造福世界。笔者年轻时曾学得一两路少林拳,而立之后学得太极拳,现在已到知天命之年,太极拳仍然是我的挚爱。我在多年的学生生涯中养成了一个习惯,每当对某件事认真起来时,不但身体力行,还得将其写成文字,送审答辩。这是这本书的另一个成因。这本书的答辩委员会就是拳友读者。除了自己练,我也做一些义务教学。本书所论之处多从大众的观点出发,以通俗易懂为前提。在公司上班,人们叫我 Dr. Gu(Dr. Gu 可以是顾大夫或顾博士)。在英语中"大夫"和"博士"不但谐音,而且同字。我会跟他们开玩笑,说我有治百病的太极拳。本人虽然不是医生,却在书中论及了一些关于中医之气和气功之气等颇有争议的问题,特别是提出了意念波的概念,是否妥当,有待商讨。本人的专长是力学。纵观太极拳的经典理论,许多结论是符合力学原理的。但是,因为历史和语言的原因,经典理论常常被误读。再加上翻译的困难,译成外语的太极拳原理常常让人不得要领。因此,在书中适当的地方,本人以现代力学理论为基础,论及了一些太极拳的拳理。

太极拳的武德体现于招式的设计中。在攻防原理上,太极拳首先强调"防"(立我于不败之地),其次才是"攻"(却不伤残对方)。太极拳的目的是养身和技击,各人可根据自己的情况平衡两者的关系。太极拳可以单练、对练,乃至应用。太极拳散打的故事史上有名,如今,太极拳套路已得到了极大的推广。太极推手适用于相对小范围的人群。太极内功有点神秘,公之于世也较晚一点。

原来有三本小册子:《太极松沉吐纳功》、《锦太极拳》和《太极拳的力学原理》,现把它们汇编成一本书。全书有三章,每一章的内容基本上就是原小册子的内容。第一章“太极松沉吐纳功”讨论的是基本功,属于太极内功的范围,美国人俗称其为热身运动。第二章“锦太极拳”讨论的是套路,是太极拳运动中讨论最热门的部分。第三章“太极拳的力学原理”用现代力学的理论来研讨太极拳的技击原理。太极拳养身功效的讨论则贯穿于全书。

作为基本功法的太极松沉吐纳功使练功者有意识地掌握松沉要领,并将此松沉功能贯穿于太极拳套路、推手、散打中。太极松沉吐纳功属于太极内功的范畴。内功并不神秘。简单地说,内功是一个“意识—力学—生理”的过程:由意念指导;由吐纳催动;目的是脉通气腾。

太极松沉吐纳功中,吐纳和松沉并重。两者缺一不可,相辅相成。譬如,一个供水系统包括水源和水道两部分。有源无道,水到不了要去的地方;无源有道,只有干的道。气要有气源和气道。气功流派通常注重通过呼吸以发动气。静气功靠意念诱导气打通经脉,通常需要锻炼一段时间以感受到气。有的气功辅之以一些动作。做这些动作的目的是帮助诱导气通过一些关键的穴位。太极拳极讲究松沉以达到招式的虚实变换。呼吸法在太极拳界很有争议,不同的师承有不同的说法。一种观点认为,呼吸要自然,不必和招式配合。另一种观点认为,呼吸要与开合收发配合,但这种配合是更高层次的练习。太极松沉吐纳功主张吐纳和静功及动功有序配合。吐纳蠕动内脏,催动气,动始于内,气盈于丹田,这是建立一个气源。在静功中放松全身关节和肌肉,在动功中揉动关节,拉松韧带,这是疏通气道。加之吐纳的配合,使气富有气压,使气源和气道处于相互协调的增益状态,因而气能顺畅地流向全身。

1956 年国家体委组编了二十四式太极拳。这是目前国内外流传极广的一套拳。本书以二十四式为蓝本,将其改编成步势紧凑的二十六式,取名为锦太极拳。

锦太极拳中的二十五个招式来自二十四式。二十四式中的左右野马分鬃被分成左野马分鬃和右野马分鬃两式。类似的二十四式中的左右搂膝拗步被分成左搂膝拗步和右搂膝拗步两式。对应二十四式中的白鹤亮翅,锦太极拳有左右白鹤亮翅两式。二十四式中有两个单鞭,锦太极拳保留了一个。并且原二十四式中的大部分招式的次序在锦太极拳中被重新安排了,锦太极拳对各式间的承转起合,特别是步法作了调整。改成后的锦太极拳左右运行不超过两步,前后进退不超过一步。

任何运动都遵循力学定律。本书用现代力学的理论来研讨太极拳的技击原理、发力方法和养身功效。太极拳是练就的弹簧功。和对方接手时,弹簧功用很小的“听力”来探测对方的攻势。两方对打交手，产生力学上的碰撞。弹簧功运用自如时可有意识地用弹簧效应来缓冲碰撞。缓冲效应既可保护双方不受伤，又可使我方的防御柔韧沉稳。弹簧功可用于反弹，借力打力，改变力的方向，主动发力。

练弹簧功就是要练松灵，要练松全身的十一大关节群。练得松，才能使各关节运动灵活。要放宽韧带，活动肌肉。全身的松灵能让各肢体运动到位，能自我控制各肢体间的相对运动幅度。练松灵帮助舒导经脉，畅通气血，祛病健体，养身延年。

太极拳的战略原则是沾、连、粘、随，弹簧功在力学上就是实施沾、连、粘、随。太极拳的战术原则有八法：掤、捋、挤、按、采、挒、肘、靠。沾、连、粘、随应融于八法之中，即掤能实行沾、连、粘、随，捋亦能实行沾、连、粘、随，等等。太极拳的运行原则是五步：前进、后退、左顾、右盼、中定。太极拳的步法沉稳、虚实有致，在运步的全过程中要将重心保持在支撑面内。五步的法则使我体平衡，因而使我立于不败之地。五步将我体运动到适当位置，进而运用八法进行攻防，我体是发放能量的基地。沾、连、粘、随，八法，五步都符合力学原理。

用太极拳竞技，在和对方接触之始只用很小的“听力”。当我方决定出击时，应该用力向对方发出去。短劲和长劲是太极拳的两种发力方式。短劲用突发能量，通过肢体的相对运动发力，比较适合于进攻，有出其不意的效果。长劲用缓发能量，将力从支撑面通过肢体传递给对方，比较适合于攻防并重的情况，有势所必然的效果。用短劲和长劲发力的目的都是使对方失稳。

“劲”是人体的动量，“劲法”是对人体动量的合理使用。“发劲”是人体放能使肢体产生动量而实现攻防效果。发劲的目的是将我方的一部分动量传给对方，和对方原有动量叠加而使对方失稳；预期对方有动量传递给我方，该动量和我方原有动量叠加却仍使我方保持稳定。

第一章　太极松沉吐纳功

第一节　太极松沉吐纳功的五段功法

太极松沉吐纳功总共有五段:松静桩、关节功、韧带功、平衡功、马步桩。

第一段是松静桩。站桩时默想口诀,配合吐纳,并用口诀指导全身有方向地放松。题为“意领松沉”的口诀是:

气沉丹田,虚灵顶颈。沉肩垂肘,舒腕展指。含胸拔背,松腰敛臀。圆裆曲膝,润踝抓趾。

第二段是一套放松关节的运动:转头、旋头、松肩、松肘、扳腕、展掌、缠手、松胸、转腰、旋腰、旋膝、旋踝。

第三段是一套拉松韧带的运动:正压、侧压、弯腰、扑步。

第四段是一套练习平衡的运动:独立、蹬脚、分脚*、摆莲*。

初学者可省略带星的动作。久练者可根据需要加入这两个动作,并可加入其他动作。

第五段是马步桩。这时默诵一首题为“意领松沉太极魂”的七律:

气沉丹田经脉通,虚灵顶颈神贯虹。
沉肩垂肘攻防灵,舒腕展指劲灌充。
含胸拔背力脊发,松腰敛臀虚实动。
圆裆曲膝沉稳步,润踝抓趾扎地龙。

站桩时配合吐纳,并用诗句指导全身有方向地放松。

第二节　松沉要领

实现松沉有八个要领:意领、息匀、气腾、脉通、肌柔、韧宽、节润、体沉。

一、意领

松沉要通过意念来指导。意念是太极拳的灵魂，松沉是太极拳的基础。意念包括主意识和下意识。主意识是主动思维。主意识指导松沉是指由思维来想象训练，帮助实现松沉。思维松沉对初学者特别有效。思维指挥每一个部位的松沉，指挥每一个松沉动作的执行，从而达到全身松沉的效果。练功时间久了，下意识也帮助实现松沉。这时，部分的松沉效果由直觉导引。直觉是一种自然而来的感觉，来得快，来得顺。但直觉导引的动作有惯性，容易走样，缺少纪律。因此，思维松沉对久练者仍然很重要。只有在思维指导下，兼之以直觉帮助，才能把松沉做得精益求精，才能将松沉做到各人的最高境界。

二、息匀

呼吸要平缓、均匀、深长。初学者练功时的呼吸可比日常的呼吸略微长一点。随着练功的进展，呼吸可渐趋深长。呼吸法可采用自然的逆腹式呼吸。吸气时胸腔扩张，胸腔扩张带动横隔肌自然上提，横隔肌上提时将腹部的内脏向上拉，因而腹部自然内收。吸是主导时，以吸引动横隔肌和腹部的运动，从而蠕动腹腔内脏。呼气时胸腔收缩，胸腔收缩推动横隔肌自然下沉，横隔肌下沉时将腹部的内脏向下推，因而腹部自然外凸。呼是主导时，以呼引动横隔肌和腹部的运动，从而蠕动腹腔内脏。呼吸时胸腔和腹腔内所有内脏都得到了周期性的有序运动，真正做到运动始于内、练功始于内、养身始于内。

呼吸可运用鼻吸鼻呼法，或鼻吸口呼法，各人自便。如果采用鼻吸鼻呼法，应保持鼻腔常开，或呼或吸，空气能自由通过鼻腔。如果采用鼻吸口呼法，应至少保持鼻腔或口腔的一个开着，或呼或吸，空气能自由通过鼻腔或口腔。一呼接一吸，一吸接一呼，中间转换平缓，没有停顿。呼与吸、吸与呼的转换过程中不要堵气、喘气，不必借用小呼吸。第一段松静桩和第五段马步桩，静于外而动于内。呼吸蝉联犹如胸中自有雄兵百万，从容不迫，练兵待发。第二至四段的动功中让动作与呼吸互相配合。动始于内而形于外，内动外动珠联璧合。内动蠕动脏腑，催动真气，通畅经脉。外动劳动筋骨，润滑关节，舒展肌肉，放宽韧带，劲达要冲。

三、气腾

呼吸之气与气功之气不同。呼吸之气是空气。空气的主要成分是氧气和氮气。人吸入空气,肺汲取其中的氧气而还以二氧化碳。所以吸入的空气和呼出的空气虽成分不同,但它们都由气体分子组成。气功之气不由气体分子组成。为了避免空气与气功之气混淆,我们把气功之气称为真气。这名称是否合适,有待商榷。有很多文章讨论什么是真气,结论不尽相同。有人把真气和呼吸之气视为伯仲,有人认为真气是一种物质,有人认为真气是电磁波,有人认为真气是能量。这些看法常能解释某些真气现象,但不能解释另一些真气现象。气是中医的理论基石,但中医之气的现代定义仍有争议。气功之气源于中医之气,中医以气为基础来问诊行医,而气功学将气的概念用于养身或技击。由此看来,真气属于任何人,不仅仅练气功有成者才有真气。真气是一种存在,练功能够把这种存在运用到一定程度。关于真气有一些难以否认的现象,“气沉丹田”可以说是中国文化的特产。真气能运行于经脉、内脏、大小周天。太极拳练到一定水平的人会有真气感,如掌心发热、手指麻胀。有人解释这是血液微循环的生理效应。但硬气功表演者能运用真气,使体内劲力在意识的指导下而强行集中,并可使这种劲力有极大的冲击力和承受力。甚至,有的气功专家声称能将真气发出体外,并导入对方的特定部位。综观真气的现象,其有几个特征:真气是现实的存在,真气能传送能量,真气可存在于身体的很多部位,真气甚至可能被送至体外,人的主意识和下意识对真气有一定的控制能力。根据这些特征,笔者认为真气是意念波。这个定义可以解释所有关于气的特征。波在物理学中的定义是:扰动在空间的传播。扰动是介质或能量在小范围内的运动,但这种小范围内的运动能够引起临近介质的运动,因而扰动能传播到大的范围去。在传播过程中,扰动传了出去,能量传了出去,但做扰动的物质并不一定传出去。现以物理学中两种有明确定义的波作为例子来简单说明:机械波是机械振动在介质中的传播,用脚上下踩水,一圈圈水纹会传播出去,能量传播到远处引起远处的水纹,水是介质,但是脚下的水并没有传到远处;电磁波是电磁场的传播,电磁波在真空中也能传播,无线电有长波、短波,视频电磁波在超短波范围,可见光也是一种电磁波。

中医论及心气、肝气、脾气等;气功学论及运气于大小周天。意念波是一种扰动,这种扰动可以存在于心、肝、脾、血液、经脉、身体的某部位。意念波是扰动的传播,这种扰动可以传播于心、肝、脾、血液、经脉,乃至身体的任一部位。波能传播能量,意念波也不例外。能量能从一个物体传递至另一个物体。因此,意念波的能量可以传播于心、肝、脾、血液、经脉,以及身体的部位之间。甚至,这种扰动可能传播到身体之外。

正像人的一举一动都由意念指挥一样,意念波的扰动和传播也可由意念来引导。意念包括主意识和下意识。初练时,用主意识指导;练久了,下意识帮助引导。只有两种意识同时工作,才能达到最好的效果。

物理学上的扰动有能量转换的功能,因而波能传播能量。意念波的扰动可能有多种形式,它们都有能量转换的功能。在人体内,意念波的扰动可能是微血管内血的循环状态,可能是经脉内血分子的振动状态,可能是肌体组织的亢奋状态,也可能是人体各部津液的分泌状态,等等。本书此处只有推测,没有实验证明。这些扰动形式以能量为中介或可实现在人体各部间的转换和传播。意念波的能量如能传出体外,可能采取的是使空气分子振动或电磁振动的形式。以上的讨论说明真气不是由物质分子组成的,真气是一种存在,真气是一种运动形式。几千年来中医关于气的理论是有科学根据的。

呼吸之气由空气分子组成,空气分子不可能走到横隔肌之下。"气沉丹田"之气不可能是空气,而是真气。虽然空气和真气不是同一种现象,但它们有联系。呼吸带动横隔肌的运动,横隔肌的运动进而酝酿腹内脏腑的蠕动。脏腑的蠕动是扰动的宏观表现,腹部的凸凹起伏是扰动的外观表现。丹田在脐下方,是脏腑的集居地(图 1-2-1)。人体有上千个穴位,经脉将穴位连成通道。丹田是任脉、督脉、冲脉三脉经气运行的起点,十二经脉也都直接或间接通过丹田。

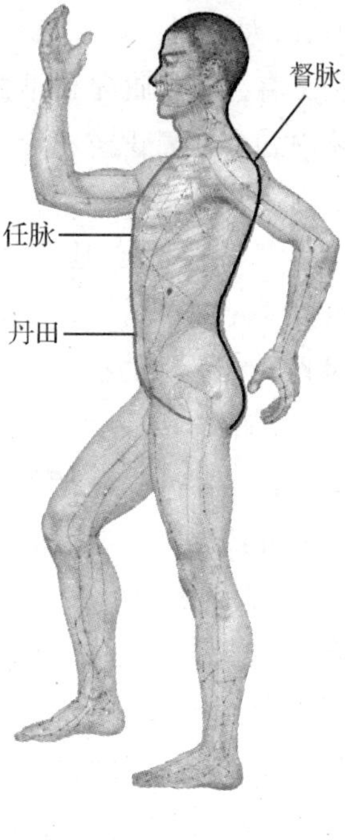

图 1-2-1　人体穴位和经脉

呼吸的运动像一个水泵的工作,周而复始地将能量泵入丹田。水泵用电将水泵出来,电不同于水,却能用电能促成水的流动。由此可见,不是呼吸之气跑到了丹田,而是呼吸的运动过程引发了丹田的真气。呼吸之气不是真气之气,但呼吸运动的能量可以转变成真气的能量。

能量使丹田处的脏腑产生有序扰动,真气聚集于此。"气沉丹田"其实是真气集结于丹田。真气是一种波,真气集结的同时会开始传播。真气传于经脉,传于四肢末梢,使人产生气感。练功有成的人能调集真气于身体的某个部位。硬气功是个有争议的论题。如果将真气定义成意念波,则真气由意念调集于一个久练的部位不是完全不可能的。气功外发更是一个有争议的论题。如果真气确实是意念波的话,意念波的能量由体内传到体外，转换成机械波或电磁波的可能性也是值得探讨的。

太极松沉吐纳功运用匀息来调集真气，将真气传播于全身，引发一种真气腾然的感觉。

四、脉通

真气集聚于丹田，满溢而运行于经脉。初学者可体会真气漾溢于丹田，继之体会真气打通任督两脉的小周天，再体会真气通往大周天、遍及全身的感觉。掌心、手指发热麻胀是脉通的表现。试想大江与下游分支的关系，只有大江满溢，下游分支才会有水。掌心发热表示真气已由丹田走筋串脉到达了手掌。

五、肌柔

睡觉起来肌肉有点僵硬。坐久了，或者持续做某一项工作也会使肌肉僵硬。太极松沉吐纳功的静功（第一、第五段）用意念指挥肌肉有向放松，使肌肉柔软而富有弹性。太极松沉吐纳功的动功（第二、第三、第四段）使肌肉预热而处于待发状态。

六、韧宽

韧带是可弯曲的纤维样的致密结缔组织。它附着于骨骼的可活动部分，连接骨与骨，并限制其活动范围，以免运动损伤。韧带的松紧程度和人们日常关节动作的幅度有关。例如，日常生活中不需要把腿提得高高的，大腿根部的韧带就比较紧。日常生活中肘关节活动范围相当大，肘部的韧带就比较松。太极拳中有相当一部分招式拓宽了日常的关节活动范围，因而适当地放宽韧带对打太极拳很有帮助。太极松沉吐纳功第二至四段中的每个动功动作都有放宽各关节韧带的功效。第三段的动作特别有助于拉开腿部、髋部的韧带。练习拉韧带，一定要循序渐进，还要根据年龄等具体情况而定。动功的动作都没有规定的极限位置，以不自伤为限。开始时，动功的幅度可以和日常关节动作的幅度一样，然后渐次增加。增加量视各人情况而定，能将拳中相应招式打得自我满意就行。例如，动功中有搁腿，拳势中有蹬脚。技击上蹬脚可以依据脚的位置的高中低来攻击对方的上中下身。从养身上讲，蹬脚可以增进腰腿的灵活度，增进单腿独立时的平衡感。究竟是蹬高，还是蹬中、低，完全由自己定，自我满意就行。相应的搁腿幅度可以深、中、浅，以配合蹬脚的高、中、低。千万不要看到电视中的冠军把脚蹬得很高，你就使劲压腿。要跟自己的原有水平比,不要跟冠军比。另一方面,不要听说太极拳无须蹬高而根本不压腿。压腿要取中庸之道,要无过亦无不及。

七、节润

医学上说,人体关节经久耐磨是和滑液的作用分不开的。滑液为血浆蛋白渗液,润滑性强。机器需要润滑油以减少部件间的相对摩擦;人体关节需要润滑而增进其灵活度。太极松沉吐纳功的静功主张意念润滑,即想象关节多向灵活;太极松沉吐纳功的动功部分运动关节,增进其灵活度。

八、体沉

体沉的力学含义是平衡。力学上的平衡表现为保持重心位于支撑面内。重心越低,支撑面越大,重心离支撑面边缘越远,平衡就越好。重心低,要求架式低。但架式低可能会导致运动超荷,并损伤关节。所以,架式高低也应根据各人的具体情况而定。一般来说,初学者架式可高一点,渐次适当降低一点。站稳时,重心在两脚正中最平衡。例如,开步站稳时,应将重心置于两脚正中。通常说,弓步的重心大约位于步长的三七分处(图 1-2-2)。行拳走架时,弓步的平衡度非常好。有时弓步用于推掌,对方有一反作用力作用于掌上(图 1-2-3),水平反力作用于掌高处,试图把人体掀翻。反力矩等于反力和高度的乘积,即反力矩 = 反力 × 高度。

此时,弓步有助于人体重力垂直向下,帮助保持人体平衡。重力矩等于重力乘以重力到后脚的距离,即重力矩 = 重力 × 后距。

图 1-2-2 弓步重心

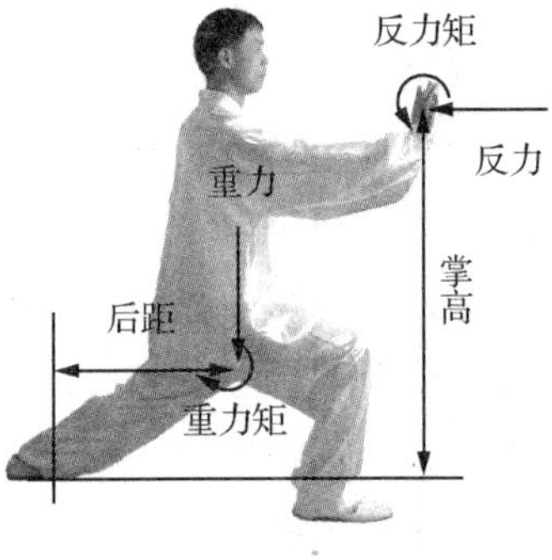

图 1-2-3 推掌力矩平衡

重力矩和反力矩抗衡。重力矩大于反力矩,人体就平衡;反之,重力矩小于反力矩,人体就失去平衡。由此可见,掌离地越低,后脚伸得越远,人体平衡度就越好。后脚是两个力矩的支点。要是后脚没有劲,则前面的公式都不成立。两方的接触在力学上体现为有外力作用于我体,这外力倾向于使我体失稳。我体应调整人体各部位的相对位置,以维持平衡。

各关节的润滑可以帮助人体各部位自然下垂,可增进平衡度。大家知道,重心高的汽车容易翻车。人体的重心由各部位的重心组合而成。两手上抬时,手的重心高,人体整体的重心也高一点。在静和动的架式中,沉肩垂肘都能帮助降低重心。一根链条放在任何形状的地面上都能保持重心位置最低,因为链条的关关节节都松灵,所以整根链条才能采取最低的重心位置以迎合地面的形状。一根同样长的棒放在同样的地面上,其重心比链条的重心高。同样的道理,人体关节放松,让各部位自然下垂,有助于整体重心的降低,以保持身体平衡。

另外,人体中正可以使重心处于离支撑面边缘尽可能远的地方,从而提高平衡度。例如,平开两脚站着,如果身体向左倾,重心离左脚近,容易从左边失稳。如果身体向右倾,重心离右脚近,容易从右边失稳。立身中正,重心在两脚中间,离支撑边缘距离比左倾或右倾都大,这时平衡度最高。前后方向和左右方向的情况类似。因此,要虚灵顶颈,以保持重心在前后脚掌的正中间,这样才能站得最稳。

五趾抓地增加了两脚掌各自的支撑面。双脚站地时,使支撑面由脚掌边增至脚趾,增加了平衡度。单脚着地时,五趾抓地更为重要。因为脚掌本来不大,脚趾的加入不但增加了着地面积,而且大大增加了重心到支撑边缘的距离,因而大大增加了平衡度。脚趾的灵活运用对提脚落脚、虚实运行尤其重要。

松沉使人体的重心在各招式中取得最佳的力学和生理平衡。力学上常要求重心低、大、重,但生理上要以养身为前提,量力而行。例如,招式的高度,力学上要越低越好,生理上要以不自伤为起码限度。实际上,前述八个要领既符合力学要求,又符合生理要求。因此,运用这些要领会使你双重获益。

在许多竞技性体育活动中,运动员常常冒着自伤的风险以取得更高的竞技效果。太极松沉吐纳功是一套养身功法。养身功的前提是不自伤,目的是增进健康。太极松沉吐纳功的所有动静功法都体现了易学耐练的原则。男女老少,无论初学还是有一定的基础,都能一学就会,没有什么神秘。开始时动作可以做得接近于日常姿势。例如,呼吸仅比自然呼吸速度略慢一点,下蹲不必太低,蹬脚不必太高,意到为佳。练功要持之以恒。杨澄甫(1883—1936,太极拳集大成者)说:"学者若费一日之功力,即得一日之成效,日积月累,水到渠成。"练功日久,可以将动作逐步改进。例如,呼吸可以逐趋深长,下蹲可以再低一点，蹬脚可以再高一点，终究以不自伤为限。

第三节　松静桩

站肩宽步，两脚距离一肩宽；立身中正，两手自然下垂；两掌自然伸展，轻贴两侧（图 1-3-1 至图 1-3-4）。默想口诀，由意念指导，顺序放松丹田 1、头颈 2、肩肘 3、腕指 4、胸背 5、腰臀 6、髋膝 7、踝趾 8。吸呼配合口诀，均匀自然深长。

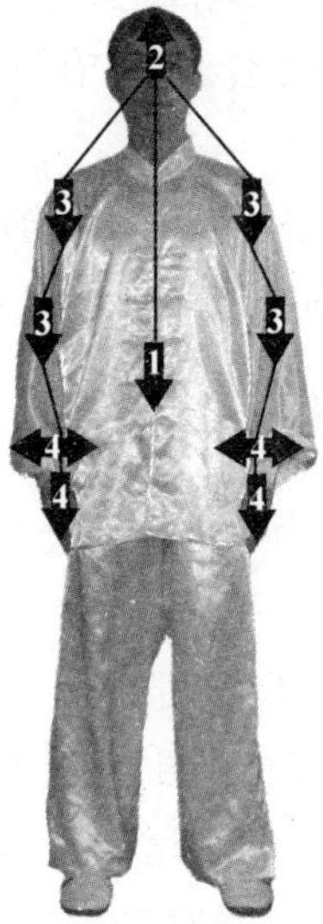

图 1-3-1　正面上下两侧放松

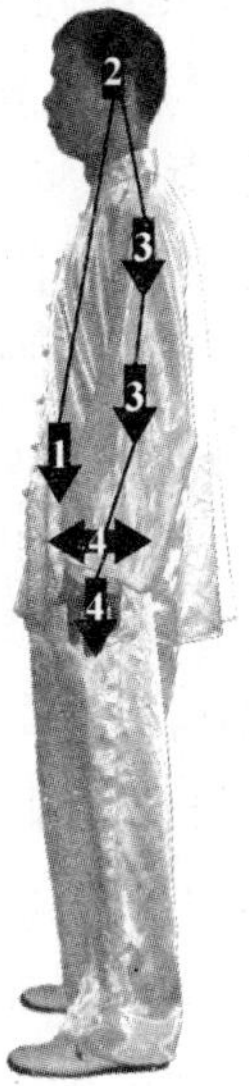

图 1-3-2　侧面上下两侧放松

图 1-3-3　正面中下部放松

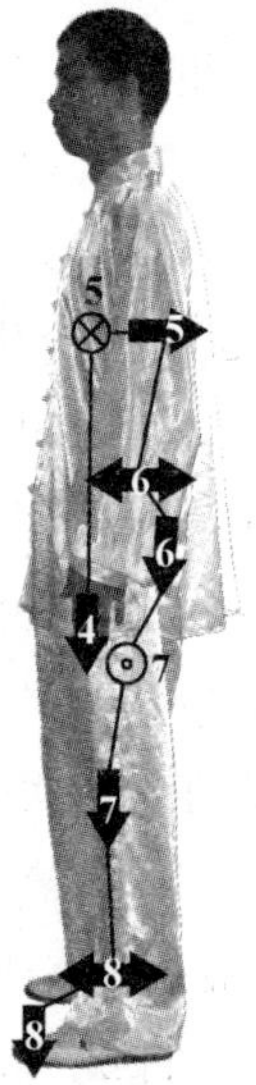

图 1-3-4　侧面中下部放松

“意领松沉”口诀

同时做：
- 默念“意领”、吸气，接着默念“松沉”、呼气
- 意念整体松沉，全身关节韧带肌肉放松，自然下垂

一、气沉丹田

同时做：
- 默念“气沉”、吸气，接着默念“丹田”、呼气
- 意念真气充满丹田，走经通脉，洋溢于肢体末梢

二、虚灵顶颈

同时做：
- 默念“虚灵”、吸气，接着默念“顶颈”、呼气
- 意念指导头颈上部脊椎放松，头容正直，下颚略微内含，两眼平视，脸部肌肉放松，表情安详平静，颈椎略微上顶并后靠，上部脊椎向挺直方向放松

人体胸部脊椎有一弧形。做虚灵顶颈时，可使其弧度略微减小，进而使上体趋于正直(图 1-3-5)。这里的放松是有向放松，即在放松过程中把头和颈放到合适的位置上。

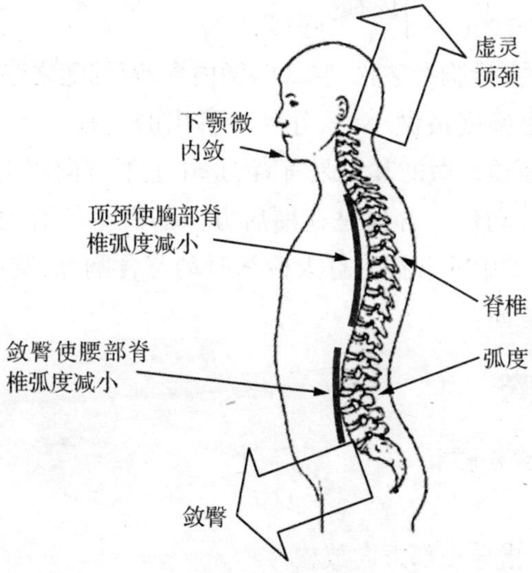

图 1-3-5　顶颈和敛臀

三、沉肩垂肘

同时做
- 默念“沉肩”
- 吸气
- 意念指导肩放松，肩部自然下垂

接着同时做
- 默念“垂肘”
- 呼气
- 意念指导肘部放松，肘部自然微曲

四、舒腕展指

同时做
- 默念“舒腕”
- 吸气
- 意念指导腕部万向放松

接着同时做
- 默念“展指”
- 呼气
- 意念指导两掌舒展，掌心内含，五指舒展，虎口撑圆，两掌轻贴于大腿两侧

五、含胸拔背

同时做
- 默念“含胸”、吸气 接着 默念“拔背”、呼气
- 意念指导胸背放松，胸部略微内含，背部随之略微外拔

这里的含拔是幅度极微小的、外者看不出的过程。千万不要做凹胸，更不要做弯背。前面顶颈做的其实是直背，是在上下方向将上身引直。含胸拔背不是上下方向的动作。含拔是在前后方向的微小的有向放松过程。特别要强调的是，松静桩中的含拔是打太极拳时动态含胸、展胸的准备动作，完全没有凹胸弯背的意向。

六、松腰敛臀

同时做
- 默念“松腰”
- 吸气
- 意念指导腰部万向放松

接着同时做：
- 默念“敛臀”
- 呼气
- 意念指导臀部放松，略微内敛，不必太用力

人体腰臀部脊椎有一弧形。做敛臀时，可使其弧度略微减小，进而使下体趋于正直（图 1-3-5）。这里的放松是有向放松，即在放松过程中把臀部放到合适的位置上。

七、圆裆曲膝

同时做：
- 默念“圆裆”
- 吸气
- 意念指导提裆，胯髋部向两侧松开

接着同时做：
- 默念“曲膝”
- 呼气
- 意念指导膝部放松，微曲

八、润踝抓趾

同时做：
- 默念“润踝”
- 吸气
- 意念指导脚踝万向放松

接着同时做：
- 默念“抓趾”
- 呼气
- 意念指导脚趾放松，五趾抓地，以增加脚的着地面积

吸呼要寓于松静桩的全过程中，蠕动内脏，积蓄真气，动始于内，而脉通气腾。

第四节　关节功

关节功由意念指导，按顺序依次运动头颈关节、肩关节、肘关节、手腕关节、手指关节、肋骨与脊椎之间的关节、腰部脊椎关节、臀部脊椎关节、髋关节、膝关节、踝关节和脚趾关节。吸呼配合运动，均匀自然深长。每个松关节动作有八个分动，吸四次呼四次。吸呼和分动同步。吸呼寓于每一个动作中，蠕动内脏，积蓄真气，动始于内，而脉通气腾。同时，吸呼的韵律起着协调

动作速度的作用。

各关节功润滑相应的关节，提高该关节的灵活度，拉伸该关节周围的韧带，放松与该关节相连的肌肉并使之柔韧而富有弹性，从而养护和提高该关节的生理功能。

一、转头

左右垂直转头（图 1-4-1 至图 1-4-3）。

图 1-4-1　起始

图 1-4-2　左位

图 1-4-3　右位

（1）同时做 { 吸气；头由“起始”位置（图 1-4-1）垂直向左转至“左位”（图 1-4-2）；再向右转至“右位”（图 1-4-3）

（2）同时做 { 呼气；头由“右位”（图 1-4-3）向左转至“左位”（图 1-4-2）；再向右转至“右位”（图 1-4-3）

（3）同时做 { 吸气；头由“右位”（图 1-4-3）向左转至“左位”（图 1-4-2）；再向右转至“右位”（图 1-4-3）

（4）重复（2）的运动

（5）重复（3）的运动

（6）重复（2）的运动

（7）重复（3）的运动

（8）同时做 { 呼气；头由“右位”（图 1-4-3）向左转至“左位”（图 1-4-2）；再向右转至“起始”位置（图 1-4-1）

转头功预热颈部关节的左右运动功能，帮助实现太极拳要领“虚灵顶颈”。打太极拳时眼神要随招式而变化，或跟随对方。转头功帮助眼神的前后左右变换。

二、旋头

前后左右旋转头（图 1-4-4 至图 1-4-13）。

图 1-4-4　起始

图 1-4-5　后位

图 1-4-6　左位

图 1-4-7　前位

图 1-4-8　右位

图 1-4-9　后位

图 1-4-10　右位

图 1-4-11　前位

图 1-4-12　左位

1. *预备动作*

头由“起始”位置(图 1-4-4)后仰至“后位”(图 1-4-5)。

图 1-4-13　后位

2. *左旋头*

(1) 同时做：
- 吸气
- 头由“后位”(图 1-4-5)向前向左旋至“左位”(图 1-4-6);向前向右旋至“前位”(图 1-4-7);向后向右旋至“右位”(图 1-4-8);向后向左旋至“后位”(图 1-4-5)

(2) 同时做：
- 呼气
- 头由“后位”(图 1-4-5)向前向左旋至“左位”(图 1-4-6);向前向右旋至“前位”(图 1-4-7);向后向右旋至“右位”(图 1-4-8);向后向左旋至“后位”(图 1-4-5)

(3) 重复(1)的运动

(4) 重复(2)的运动

3. *右旋头*

(1) 同时做：
- 吸气
- 头由“后位”(图 1-4-9)向前向右旋至“右位”(图 1-4-10);向前向左旋至“前位”(图 1-4-11);向后向左旋至“左位”(图 1-4-12);向后向右旋至“后位”(图 1-4-9)

（2）同时做：呼气；头由“后位”（图 1-4-9）向前向右旋至“右位”（图 1-4-10）；向前向左旋至“前位”（图 1-4-11）；向后向左旋至“左位”（图 1-4-12）；向后向右旋至“后位”（图 1-4-9）

（3）重复(1)的运动

（4）重复(2)的运动

4. 回位动作

头由“后位”（图 1-4-13）向前运动至“起始”位置（图 1-4-4）。

旋头功预热颈部关节的万向运动功能，帮助实现太极拳要领“虚灵顶颈”。打太极拳时眼神要随招式而变化，或跟随对方。旋头功帮助眼神的前后左右上下变换。

三、松肩

上下前后松肩（图 1-4-14 至图 1-4-21）。

图 1-4-14　下位

图 1-4-15　前位

图 1-4-16　高位

图 1-4-17　后位

图 1-4-18　下位

图 1-4-19　后位

图 1-4-20　高位

图 1-4-21　前位

1．预备动作

两肩下沉，大臂下垂，小臂向前向上抬起，两手握拳（图 1-4-14）。

2．前松肩

（1）同时做：
- 吸气
- 由肩带动大小臂从“下位”（图 1-4-14）向上向前运动至“前位”（图 1-4-15）；向上向后运动至“高位”（图 1-4-16）；向下向后运动至“后位”（图 1-4-17）；向下向前运动至“下位”（图 1-4-14）

（2）同时做：
- 呼气
- 由肩带动大小臂从“下位”（图 1-4-14）向上向前运动至“前位”（图 1-4-15）；向上向后运动至“高位”（图 1-4-16）；向下向后运动至“后位”（图 1-4-17）；向下向前运动至“下位”（图 1-4-14）

（3）重复（1）的运动

（4）重复（2）的运动

3．后松肩

（1）同时做：
- 吸气
- 由肩带动大小臂从“下位”（图 1-4-18）向上向后运动至“后位”（图 1-4-19）；向上向前运动至“高位”（图 1-4-20）；向下向前运动至“前位”（图 1-4-21）；向下向后运动至“下位”（图 1-4-18）

(2) 同时做 { 呼气
由肩带动大小臂从“下位”(图1-4-18)向上向后运动至“后位”(图1-4-19);向上向前运动至“高位”(图1-4-20);向下向前运动至“前位”(图1-4-21);向下向后运动至“下位”(图1-4-18) }

(3) 重复(5)的运动

(4) 重复(6)的运动

松肩功预热肩关节的运动功能,帮助实现太极拳要领“沉肩”。肩关节是两臂连接躯干的枢纽,许多太极拳中手的动作,如掤、捋、挤、按、采、挒,有赖于肩关节。松肩功帮助肩的灵活运作。

四、松肘

正反两方向松肘(图1-4-22至图1-4-25)。

图1-4-22　前下位

图1-4-23　前上位

图1-4-24　后下位

1. 前松肘

(1) 预备动作:两手握拳下垂,拳心向前方,沉肩垂肘(图1-4-22)

(2) 同时做 { 吸气
两小臂由“前下位”(图1-4-22)向上运动至胸前“前上位”(图1-4-23);再向下运动至“前下位”(图1-4-22) }

图1-4-25　后上位

(3) 同时做｛呼气
两小臂由“前下位”(图1-4-22)向上运动至胸前“前上位”(图1-4-23);再向下运动至“前下位”(图1-4-22)｝

(4) 重复(2)的运动

(5) 重复(3)的运动

2. 后松肘

(1) 预备动作:两小臂由“前下位”(图1-4-22)的位置内旋至“后下位”(图1-4-24);两手握拳下垂,拳心向后方,沉肩垂肘

(2) 同时做｛吸气
两小臂由“后下位”(图1-4-24)向上运动至胸前“后上位”(图1-4-25);再向下运动至“后下位”(图1-4-24)｝

(3) 同时做｛呼气
两小臂由“后下位”(图1-4-24)向上运动至胸前“后上位”(图1-4-25);再向下运动至“后下位”(图1-4-24)｝

(4) 重复(2)的运动

(5) 重复(3)的运动

松肘功预热肘关节的运动功能,帮助实现太极拳要领“垂肘”。肘关节是小臂连接大臂的枢纽,许多太极拳中手的动作,如掤、捋、挤、按、采、挒,有赖于肘关节。太极拳中的肘法直接将肘用于攻防。松肘功帮助肘的灵活运作。

五、扳腕

扳压腕关节韧带(图1-4-26至图1-4-29)。

图1-4-26　左前位

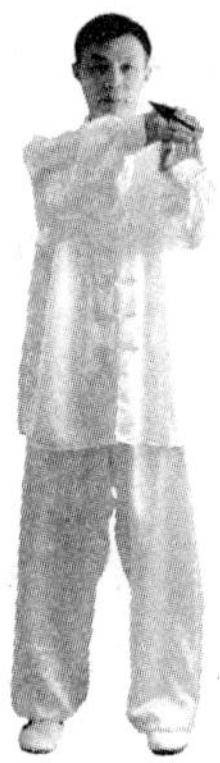

图1-4-27　左后位

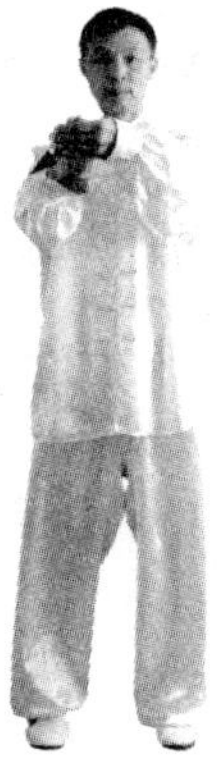

图1-4-28　右前位

1. *左扳腕*

（1）预备动作：左臂向前平伸，左掌心向前向下自然坐腕于没有拉伸的腕臂角度，右手握住左手指（图 1-4-26）

图 1-4-29　右后位

（2）同时做
- 吸气
- 由“左前位”（图 1-4-26）向后扳腕扳向腕臂垂直的方向至“左后位”（图 1-4-27）；再放回至“左前位”（图 1-4-26）

（3）同时做
- 呼气
- 由“左前位”（图 1-4-26）向后扳腕扳向腕臂垂直的方向至“左后位”（图 1-4-27）；再放回至“左前位”（图 1-4-26）

（4）重复（2）的运动

（5）重复（3）的运动

2. *右扳腕*

（1）预备动作：右臂向前平伸，右掌心向前向下自然坐腕于没有拉伸的腕臂角度，左手握住右手指（图 1-4-28）

（2）同时做
- 吸气
- 由“右前位”（图 1-4-28）向后扳腕扳向腕臂垂直的方向至“右后位”（图 1-4-29）；再放回至“右前位”（图 1-4-28）

（3）同时做
- 呼气
- 由“右前位”（图 1-4-28）向后扳腕扳向腕臂垂直的方向至“右后位”（图 1-4-29）；再放回至“右前位”（图 1-4-28）

（4）重复（2）的运动

（5）重复（3）的运动

扳腕功预热腕关节的运动功能。太极拳的攻防方针是“远拳近肘贴身靠”。虽说是“远拳”，实际上“远掌”用得更多。太极拳中一些掌位要求“坐腕”。“勾手”是另一种太极拳手法。扳腕功和下面的展掌功帮助手法的到位和灵活运用。

六、展掌

运动手指关节（图 1-4-30 至图 1-4-31）。

图 1-4-30　掌位

图 1-4-31　拳位

(1) 预备动作:两臂平伸,掌心向上,舒展掌指向前(图 1-4-30)

(2) 同时做{吸气
两掌由“掌位”(图 1-4-30)屈指至“拳位”(图 1-4-31);再展指至“掌位”(图 1-4-30)

(3) 同时做{呼气
两掌由“掌位”(图 1-4-30)屈指至“拳位”(图 1-4-31);再展指至“掌位”(图 1-4-30)

(4) 重复(2)的运动

(5) 重复(3)的运动

(6) 重复(2)的运动

(7) 重复(3)的运动

(8) 重复(2)的运动

(9) 重复(3)的运动

展掌功预热手掌和掌指关节的运动功能。杨式太极拳的基本掌型是荷叶掌:五指自然微分,手指自然伸展但向掌心侧微曲,虎口撑圆,掌自然伸直,掌心微内凹,形如荷叶状。太极拳的采法是用掌指采执对方的腕、肘、肩等部位。展掌和前面的扳腕功帮助掌型到位和掌指的灵活运用。

七、缠手

内缠外缠双手(图 1-4-32 至图 1-4-41)。

图 1-4-32　起始

图 1-4-33　中胸位

图 1-4-34　上胸位

图 1-4-35　上弧位

图 1-4-36　下弧位

图 1-4-37　起始

图 1-4-38　下弧位

图 1-4-39　上弧位

图 1-4-40　上胸位

1. 预备动作

两臂撑圆,舒展两掌,掌心向身体,置于胸前下侧(图 1-4-32 和图 1-4-37)。

1-4-41 中胸位

2. 里圆缠

(1) 由“起始”位置(图 1-4-32)同时做{吸气；两小臂外旋；两掌向上运动交叉于胸前}

至“中胸位”(图 1-4-33)同时做{继续吸气；两小臂内旋；两掌向上运动交叉于胸前上侧}

至“上胸位”(图 1-4-34)同时做{继续吸气；两掌向两侧画弧，掌心向外}

至“上弧位”(图 1-4-35)同时做{继续吸气；两掌下压}

至“下弧位”(图 1-4-36)同时做{继续吸气；两掌继续画弧}

至“起始”位置(图 1-4-32)

(2) 由“起始”位置(图 1-4-32)同时做{呼气；两小臂外旋；两掌向上运动交叉于胸前}

至“中胸位”(图 1-4-33)同时做{继续呼气；两小臂内旋；两掌向上运动交叉于胸前上侧}

至“上胸位”(图 1-4-34)同时做{继续呼气；两掌向两侧画弧,掌心向外}

至“上弧位”(图 1-4-35)同时做{继续呼气；两掌下压}

至“下弧位”(图 1-4-36)同时做{继续呼气；两掌继续画弧}

至“起始”位置(图 1-4-32)

(3) 重复(1)的运动

(4) 重复(2)的运动

3. 外圆缠

(1) 由“起始”位置(图1-4-37)同时做{吸气；两掌向两侧上提,坐腕

至“下弧位”(图1-4-38)同时做{继续吸气；两掌向上向两侧画弧,掌心向外

至“上弧位”(图1-4-39)同时做{继续吸气；两掌向上运动交叉于胸前上侧

至“上胸位”(图1-4-40)同时做{继续吸气；两小臂外旋；两掌向下运动交叉于胸前

至“中胸位”(图1-4-41)同时做{继续吸气；两小臂内旋；两掌向下运动于胸前下侧

至“起始”位置(图1-4-37)

(2) 由“起始”位置(图1-4-37)同时做{呼气；两掌向两侧上提,坐腕

至“下弧位”(图1-4-38)同时做{继续呼气；两掌向上向两侧画弧,掌心向外

至“上弧位”(图1-4-39)同时做{继续呼气；两掌向上运动交叉于胸前上侧

至“上胸位”(图1-4-40)同时做{继续呼气；两小臂外旋；两掌向下运动交叉于胸前

至“中胸位”(图1-4-41)同时做{继续呼气；两小臂内旋；两掌向下运动于胸前下侧

至“起始”位置(图1-4-37)

(3) 重复(1)的运动

(4) 重复(2)的运动

缠手功预热手臂的旋转功能。太极拳的缠手用于出其不意地改变对方的进攻方向,或有意改变我方的进攻方向,是有效的攻防手段。缠手功帮助缠手术的灵活运用。

八、松胸

含胸展胸带动双手运动(图 1-4-42 至图 1-4-43)。

图 1-4-42　合位

图 1-4-43　开位

(1) 预备动作:两掌置于胸前,掌心相对,含胸而两掌相对靠拢(图 1-4-42)

(2) 同时做
- 吸气
- 由“合位”(图 1-4-42)胸展开带动双手拉开至“开位”(图 1-4-43)

(3) 同时做
- 呼气
- 由“开位”(图 1-4-43)胸内含带动双手合拢至“合位”(图 1-4-42)

(4) 重复(2)的运动

(5) 重复(3)的运动

(6) 重复(2)的运动

(7) 重复(3)的运动

(8) 重复(2)的运动

(9) 重复(3)的运动

松胸功预热胸的开合功能,帮助实现太极拳要领“含胸拔背”。胸开合自如,才能有效地“力由脊发”。因此,松胸功帮助实现全身发力。

九、转腰

左右转动腰部的肌体(图 1-4-44 至图 1-4-46)。

图 1-4-44　起始

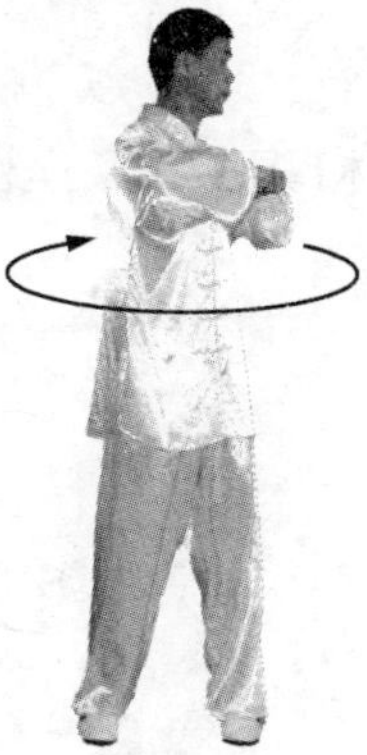

图 1-4-45　左位

图 1-4-46　右位

(1) 预备动作:两拳置于胸前,拳面相对,胸部自然放松(图 1-4-44)

(2) 同时做：
- 吸气
- 由"起始"位置(图 1-4-44)腰左转至"左位"(图 1-4-45);再腰右转至"右位"(图 1-4-46)

(3) 同时做：
- 呼气
- 由"右位"(图 1-4-46)腰左转至"左位"(图 1-4-45);再腰右转至"右位"(图 1-4-46)

(4) 同时做：
- 吸气
- 由"右位"(图 1-4-46)腰左转至"左位"(图 1-4-45);再腰右转至"右位"(图 1-4-46)

(5) 重复(3)的运动

(6) 重复(4)的运动

(7) 重复(3)的运动

(8) 重复(4)的运动

(9) 同时做：
- 呼气
- 由"右位"(图 1-4-46)腰左转至"左位"(图 1-4-45);再腰右转至"起始"位置(图 1-4-44)

转腰功预热腰的左右运动功能,帮助实现太极拳要领"松腰"。打太极拳时上盘要准确,中盘要灵活,下盘要沉稳。上盘的手、肘、肩、胸、背是实施攻防的部位。上盘的动作要准确到位。下盘的裆、腿、脚是进退旁移中定的基础。下盘要有功力,下盘的运用要体现沉稳平衡。中盘的腰、胯是承上启下的枢纽。中盘的运用要体现灵活。转腰功和下面的旋腰功帮助实现中盘的轻灵,使虚实变化自如。

十、旋腰

前后左右旋转腰部的肌体(图 1-4-47 至图 1-4-56)。

图 1-4-47　起始

图 1-4-48　前位

图 1-4-49　左位

图 1-4-50　后位

图 1-4-51　右位

图 1-4-52　前位

图 1-4-53　右位

图 1-4-54　后位

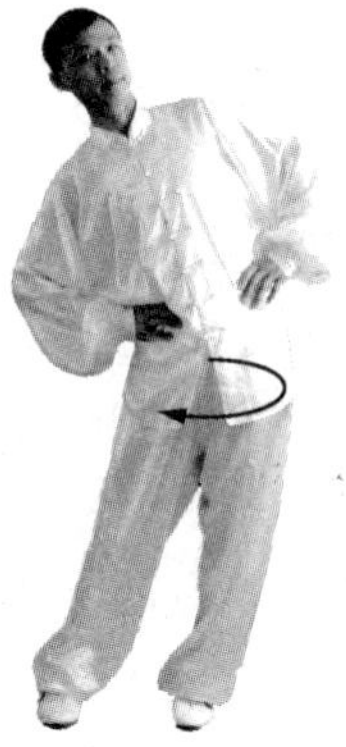

图 1-4-55　左位

1. 预备运动

两手叉腰，保持重心在两脚掌中，腰由“起始”位置（图1-4-47）向前弓至“前位”（图1-4-48、图1-4-52、图1-4-56）。

图1-4-56 前位

2. 左旋腰

（1）同时做：
- 吸气
- 保持重心在两脚掌中
- 腰由“前位”（图1-4-48）向后向左旋转至“左位”（图1-4-49）；向后向右旋转至“后位”（图1-4-50）；向前向右旋转至“右位”（图1-4-51）；向前向左旋转至“前位”（图1-4-48）

（2）同时做：
- 呼气
- 保持重心在两脚掌中
- 腰由“前位”（图1-4-48）向后向左旋转至“左位”（图1-4-49）；向后向右旋转至“后位”（图1-4-50）；向前向右旋转至“右位”（图1-4-51）；向前向左旋转至“前位”（图1-4-48）

（3）重复（1）的运动

（4）重复（2）的运动

3. 右旋腰

（1）同时做：
- 吸气
- 保持重心在两脚掌中
- 腰由“前位”（图1-4-52）向后向右旋转至“右位”（图1-4-53）；向后向左旋转至“后位”（图1-4-54）；向前向左旋转至“左位”（图1-4-55）；向前向右旋转至“前位”（图1-4-52）

（2）同时做：
- 呼气
- 保持重心在两脚掌中
- 腰由“前位”（图1-4-52）向后向右旋转至“右位”（图1-4-53）；向后向左旋转至“后位”（图1-4-54）；向前向左旋转至“左位”（图1-4-55）；向前向右旋转至“前位”（图1-4-52）

（3）重复（1）的运动

(4) 重复(2)的运动

4. 回位运动

保持重心在两脚掌中,腰由“前位”(图1-4-56)向后回至“起始”位置(图1-4-47)。

旋腰功预热腰的万向运动功能,帮助实现太极拳要领“松腰”。旋腰功和前面的转腰功帮助实现中盘的轻灵,使虚实变化自如。

十一、旋膝

前后左右旋转膝部的肌体(图1-4-57 至图1-4-66)。

图1-4-57 起始

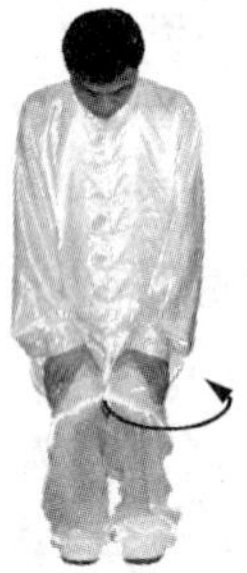

图1-4-58 前位

图1-4-59 左位

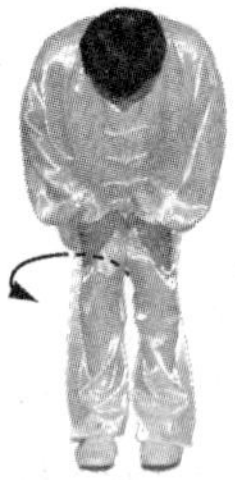

图1-4-60 后位

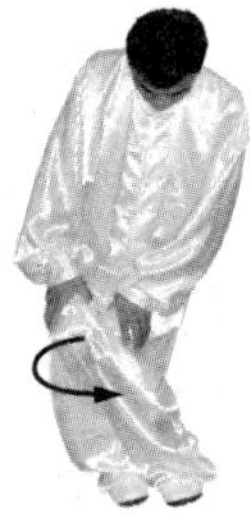

图1-4-61 右位

图1-4-62 前位

图1-4-63 右位

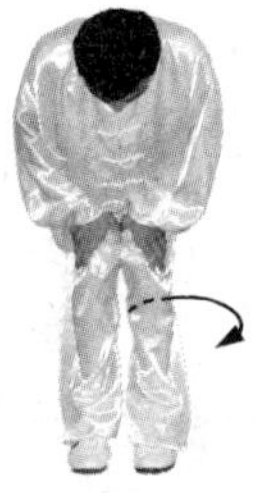

图1-4-64 后位

图1-4-65 左位

1. 预备运动

保持身体平衡，膝由“起始”位置（图1-4-57）向前弓至“前位”（图1-4-58、图1-4-62、图1-4-66）。

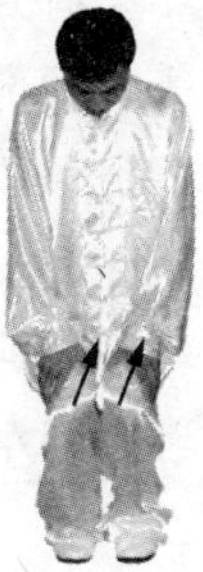

图1-4-66　前位

2. 左旋膝

(1) 同时做：
- 吸气
- 保持身体平衡，膝由“前位”（图1-4-58）
  向后向左旋转至“左位”（图1-4-59）；
  向后向右旋转至“后位”（图1-4-60）；
  向前向右旋转至“右位”（图1-4-61）；
  向前向左旋转至“前位”（图1-4-58）

(2) 同时做：
- 呼气
- 保持身体平衡，膝由“前位”（图1-4-58）向后向左旋转至“左位”（图1-4-59）；向后向右旋转至“后位”（图1-4-60）；向前向右旋转至“右位”（图1-4-61）；向前向左旋转至“前位”（图1-4-58）

(3) 重复(1)的运动

(4) 重复(2)的运动

3. 右旋膝

(1) 同时做：
- 吸气
- 保持身体平衡，膝由“前位”（图1-4-62）向后向右旋转至“右位”（图1-4-63）；向后向左旋转至“后位”（图1-4-64）；向前向左旋转至“左位”（图1-4-65）；向前向右旋转至“前位”（图1-4-62）

(2) 同时做：
- 呼气
- 保持身体平衡，膝由“前位”（图1-4-62）向后向右旋转至“右位”（图1-4-63）；向后向左旋转至“后位”（图1-4-64）；向前向左旋转至“左位”（图1-4-65）；向前向右旋转至“前位”（图1-4-62）

(3) 重复(1)的运动

(4) 重复(2)的运动

4. 回位运动

膝由“前位”（图1-4-66）向后回至“起始”位置（图1-4-57）。

旋膝功预热膝部的运动功能，帮助实现太极拳要领“曲膝”。太极拳的典型步型有并步、弓步、马步、虚步、丁步等。典型步法有进步、退步、横跨步、盖步等。膝部润滑的万向功能对任何步型、步法的实现及转换都很重要。旋膝功润滑和放松膝部,帮助实现各步型、步法。

十二、旋踝

前后左右旋转运动脚踝(图 1-4-67 至图 1-4-72)。

图 1-4-67　左起

图 1-4-68　左内

图 1-4-69　左外

图 1-4-70　右起

图 1-4-71　右内

图 1-4-72　右外

1. *左旋踝*

(1) 预备动作:左脚尖点地,脚趾放松,脚跟略离地,脚面自然放松,脚尖向前脚跟向后(图 1-4-67)

(2) 由"左起"位置(图 1-4-67)同时做{吸气; 脚趾向上翘; 脚面绷直转; 脚踝向前向右旋}

至"左内"位置(图 1-4-68)同时做{继续吸气; 脚踝再向左旋}

至“左外”位置(图 1-4-69)同时做{
继续吸气
脚趾放松
脚面放松转
脚踝向后向右旋

至“左起”位置(图 1-4-67)

(3) 由“左起”位置(图 1-4-67)同时做{
呼气
脚趾向上翘
脚面绷直转
脚踝向前向右旋

至“左内”位置(图 1-4-68)同时做{
继续呼气
脚踝再向左旋

至“左外”位置(图 1-4-69)同时做{
继续呼气
脚趾放松
脚面放松转
脚踝向后向右旋

(4) 重复(2)的运动

(5) 重复(3)的运动

2. *右旋踝*

(1) 预备动作:右脚尖点地,脚趾放松,脚跟略离地,脚面自然放松,脚尖向前脚跟向后(图 1-4-70)

(2) 由“右起”位置(图 1-4-70)同时做{
吸气
脚趾向上翘
脚面绷直
脚踝向前向左旋

至“右内”位置(图 1-4-71)同时做{
继续吸气
脚踝再向右旋

至“右外”位置(图 1-4-72)同时做{
继续吸气
脚趾放松
脚面放松
脚踝向后向左旋

至“右起”位置(图 1-4-70)

(3) 由“右起”位置(图 1-4-70)同时做{呼气；脚趾向上翘；脚面绷直；脚踝向前向左旋}

至“右内”位置(图 1-4-71)同时做{继续呼气；脚踝再向右旋}

至“右外”位置(图 1-4-72)同时做{继续呼气；脚趾放松；脚面放松；脚踝向后向左旋}

至“右起”位置(图 1-4-70)

(4) 重复(2)的运动

(5) 重复(3)的运动

旋踝功预热踝趾的运动功能。太极拳的大部分步型要求脚掌全掌着地,根据不同的步型,脚踝的角度也不同。例如左扑步,右脚下蹲,左脚侧向伸出,两脚掌全掌着地(图 1-5-11、图 1-5-12)。这时,右脚踝处小腿和脚板的角度趋于 45 度,而左脚踝处,小腿和脚尖的角度接近 90 度,小腿和地面的角度趋于 0 度。在步型的变换过程中或运步过程中,脚踝的角度一直在变化。例如云手时从平行步(图 3-1-1)开始,提左脚时可把脚面微绷,也就是把脚踝处小腿和脚面的角度从 90 度向 150 度变换。左脚向左侧横跨,先脚尖软着陆(图 3-1-2)。在重心移到两脚间的过程中,脚踝角度逐渐变回 90 度(图 3-1-3)。太极拳的大部分步型要求五趾抓地,以增加着地支撑面积。在起脚落脚时,脚趾的上翘和抓趾运动帮助脚掌的平缓着陆和重心的衡稳移动。例如云手时从平行步开始,提左脚绷脚面时可同时做脚趾上翘,脚尖落地后可先做脚趾上翘,然后随脚掌着地时做抓趾。旋踝功润滑和放松踝关节与趾关节,帮助实现各步型步法的衡稳。

第五节　韧带功

人体所有的关节都有韧带保护。前面的关节功拉松各关节的韧带,这里所述韧带功用来拉松腿部的韧带。日常生活中,很少需要将整条大腿提得高高的,因而大腿根部髋关节处的韧带通常比较紧。拉松大腿的韧带对打好太极拳很有帮助，能使一些和腿有关的动作做得比较到位。从养身角度而言，拉松韧带可以保持和加强韧带的生理功能。从力学角度而言，韧带的灵活应用可帮助人体达到平衡。通常，练跳舞的人需要将腿搁在高处。这里的搁腿功仅仅是将腿搁在地上，既减少了对器械的需要，又方便把搁腿功编入套路。初练时不需要搁得太过，将腿部韧带拉到比日常状态宽一些就行。久练的人也不需要搁得太过，能保持以往的状态或稍微宽一点就行。关键是坚持天天练功，功到自然成。

韧带功润滑腰椎、髋关节，提高裆的灵活度，拉伸该关节周围的韧带，放松与该关节相连的肌肉并使之柔畅而富有弹性，从而养护和提高该部位的生理功能。

一、正压

正方向左右压腿（图 1-5-1 至图 1-5-4）。

图 1-5-1　左上

图 1-5-2　左下

图 1-5-3　右上

1. 左正压

（1）预备动作：左脚向左前方出步，膝关节伸直，脚跟点地，脚尖内扣，胸正向和左腿方向对齐，腰挺直，髋部自然弯曲（图 1-5-1）

图 1-5-4　右下

（2）同时做：
- 吸气
- 上部身体由“左上”位置（图 1-5-1）正向向下压至“左下”位置（图 1-5-2）；再回到“左上”位置（图 1-5-1）

（3）同时做：
- 呼气
- 上部身体由“左上”位置（图 1-5-1）正向向下压至“左下”位置（图 1-5-2）；再回到“左上”位置（图 1-5-1）

（4）重复（2）的运动

（5）重复（3）的运动

2. *右正压*

(1) 预备动作：右脚向右前方出步，膝关节伸直，脚跟点地，脚尖内扣，胸正向和右腿方向对齐，腰挺直，髋部自然弯曲（图1-5-3）

(2) 同时做
- 吸气
- 上部身体由“右上”位置（图1-5-3）正向向下压至“右下”位置（图1-5-4）；再回到“右上”位置（图1-5-3）

(3) 同时做
- 呼气
- 上部身体由“右上”位置（图1-5-3）正向向下压至“右下”位置（图1-5-4）；再回到“右上”位置（图1-5-3）

(4) 重复(2)的运动

(5) 重复(3)的运动

正压功正向拉松腿部韧带，预热胯部的运动功能。太极拳典型的腿法有蹬脚、分脚、摆莲等。正压功和下面的侧压功帮助腿法的到位和平衡，逐步提高腿法的高度。

二、侧压

侧方向左右压腿（图1-5-5 至图1-5-8）。

图1-5-5　左上

图1-5-6　左下

图1-5-7　右上

1. *左侧压*

(1) 预备动作：左脚向左前方出步，膝关节伸直，脚跟点地，脚尖内扣，胸侧向和左腿方向对齐，腰挺直，髋部自然弯曲（图1-5-5）

(2) 同时做
- 吸气
- 上部身体由“左上”位置（图1-5-5）侧向向下压到“左下”位置（图1-5-6）；再回到“左上”位置（图1-5-5）

图1-5-8　右下

(3) 同时做 呼气 / 上部身体由“左上”位置(图 1-5-5)侧向向下压到“左下”位置(图 1-5-6);再回到“左上”位置(图 1-5-5)

(4) 重复(2)的运动

(5) 重复(3)的运动

2. 右侧压

(1) 预备动作:右脚向右前方出步,膝关节伸直,脚跟点地,脚尖内扣,胸侧向和右腿方向对齐,腰挺直,髋部自然弯曲(图 1-5-7)

(2) 同时做 吸气 / 上部身体由“右上”位置(图 1-5-7)侧向向下压到“右下”位置(图 1-5-8);再回到“右上”位置(图 1-5-7)

(3) 同时做 呼气 / 上部身体由“右上”位置(图 1-5-7)侧向向下压到“右下”位置(图 1-5-8);再回到“右上”位置(图 1-5-7)

(4) 重复(2)的运动

(5) 重复(3)的运动

侧压功侧向拉松腿部韧带、预热胯部的运动功能。侧压功和前面的正压功帮助腿法的到位和平衡,逐步提高腿法的高度。

三、弯腰

上下弯腰(图 1-5-9 至图 1-5-10)。

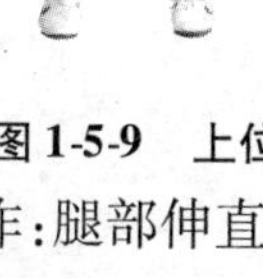

图 1-5-9　上位

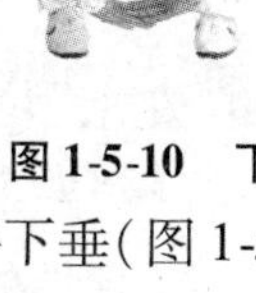

图 1-5-10　下位

(1) 预备动作:腿部伸直,腰自然下弯,两手下垂(图 1-5-9)

(2) 同时做 吸气 / 腰上部由“上位”(图 1-5-9)向下运动,双手向地面运动至“下位”(图 1-5-10);再回到“上位”(图 1-5-9)

(3) 同时做 { 呼气
腰上部由“上位”(图 1-5-9)向下运动,双手向地面运动至“下位”(图 1-5-10);再回到“上位”(图 1-5-9) }

(4) 重复(2)的运动

(5) 重复(3)的运动

(6) 重复(2)的运动

(7) 重复(3)的运动

(8) 重复(2)的运动

(9) 重复(3)的运动

弯腰功上下拉伸腰胯部韧带,预热腰胯的运动功能,帮助实现太极拳要领“松腰”。弯腰功帮助腰动作的到位和平衡,逐步增加弯腰的幅度。

四、扑步

上下做左右扑步(图 1-5-11 至图 1-5-14)。

图 1-5-11　左上

图 1-5-12　左下

图 1-5-13　右上

1. 左扑步

(1) 预备动作:左腿伸展,左脚尖内扣,右腿自然屈蹲,右脚尖外撇,两脚掌着地,上身中正(图 1-5-11)

图 1-5-14　右下

(2) 同时做 { 吸气
由“左上”位置(图 1-5-11)胯下压至“左下”位置(图 1-5-12);再回到“左上”位置(图 1-5-11) }

(3) 同时做 { 呼气
由“左上”位置(图 1-5-11)胯下压至“左下”位置(图 1-5-12);再回到“左上”位置(图 1-5-11) }

(4) 重复(2)的运动

(5) 重复(3)的运动

2. *右扑步*

(1) 预备动作:右腿伸直,右脚尖内扣,左腿自然屈蹲,左脚尖外撇,两脚掌着地,上身中正(图 1-5-13)

(2) 同时做 { 吸气
由“右上”位置(图 1-5-13)胯下压至“右下”位置(图 1-5-14);再回到“右上”位置(图 1-5-13) }

(3) 同时做 { 呼气
由“右上”位置(图 1-5-13)胯下压至“右下”位置(图 1-5-14);再回到“右上”位置(图 1-5-13) }

(4) 重复(2)的运动

(5) 重复(3)的运动

扑步功拉松裆部韧带,预热裆的运动功能,帮助实现太极拳要领“圆裆”。裆是臀连接两大腿间的三角弧形区域,裆是否放松和弧度能否变化自如直接影响太极拳步履的稳定和上身的中正。扑步功帮助裆动作的到位和步履的虚实变换。

第六节　平衡功

双脚着地时的平衡比较容易掌握,这里只列出几个单脚平衡的动作。

一、独立

左右金鸡独立(图 1-6-1 至图 1-6-6)。

图 1-6-1　起始

图 1-6-2　下蹲

图 1-6-3　左独立

图 1-6-4　起始

图 1-6-5　下蹲

图 1-6-6　右独立

1. 左独立

（1）由“起始”位置（图 1-6-1）同时做：
- 吸气
- 重心略移到右脚
- 左脚尖略微外撇

然后同时做：
- 继续吸气
- 重心移到左脚
- 下蹲

至“下蹲”位置（图 1-6-2）

（2）由“下蹲”位置（图 1-6-2）同时做：
- 呼气
- 左脚单独起立
- 右脚屈膝上抬
- 右掌立掌上插
- 左掌坐腕于胯左侧

至“左独立”位置(图 1-6-3),定式时左膝微曲,左脚五趾抓地,右膝尽量上抬,右脚面微绷,脚尖向下

然后同时做{继续呼气；两掌落于两胯旁；右脚落回距左脚一肩宽处{重心移到两脚中间；左脚尖撇回前方}}

回归起始位置(图 1-6-4)

2. 右独立

(1) 由“起始”位置(图 1-6-4)同时做{吸气；重心略移到左脚；右脚尖略微外撇}

然后同时做{继续吸气；重心移到右脚；下蹲}

至“下蹲”位置(图 1-6-5)

(2) 由“下蹲”位置(图 1-6-5)同时做{呼气；右脚单独起立；左脚屈膝上抬；左掌立掌上插；右掌坐腕于胯右侧}

至“右独立”位置(图 1-6-6),定式时右膝微曲,右脚五趾抓地,左膝尽量上抬,左脚面微绷,脚尖向下

然后同时做{继续呼气；两掌落于两胯旁；左脚落回距右脚一肩宽处{重心移到两脚中间；右脚尖撇回前方}}

回归起始位置(图 1-6-1)

3. 左独立

(1) 重复 1(1)的运动

(2) 重复 1(2)的运动

4. 右独立

(1) 重复 2(1)的运动

(2) 重复 2(2)的运动

金鸡独立功训练提膝单脚独立的平衡控制能力。

二、蹬脚

左右蹬脚(图 1-6-7 至图 1-6-19)。

图 1-6-7　起始

图 1-6-8　叉手

图 1-6-9　两侧

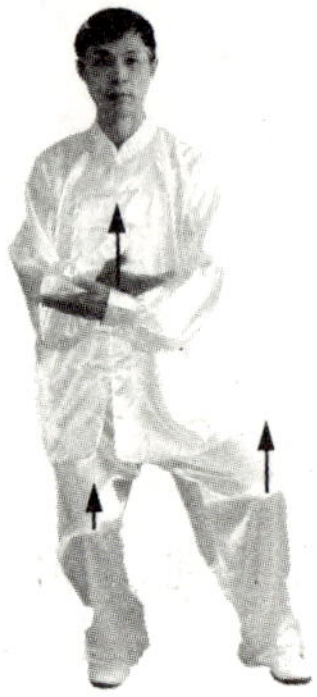

图 1-6-10　下蹲

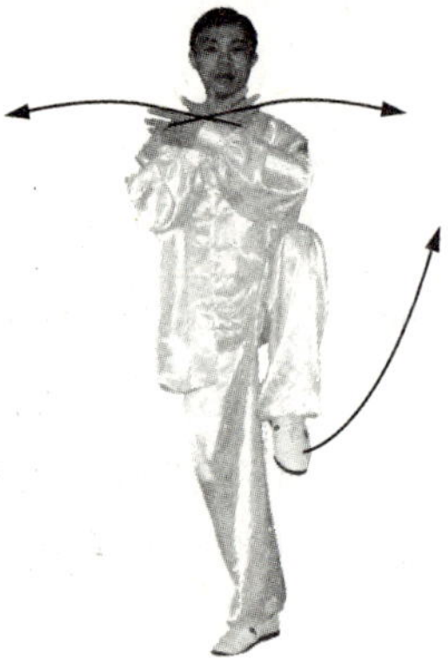

图 1-6-11　右独立

图 1-6-12　左蹬脚

图 1-6-13　左提膝

图 1-6-14　叉手

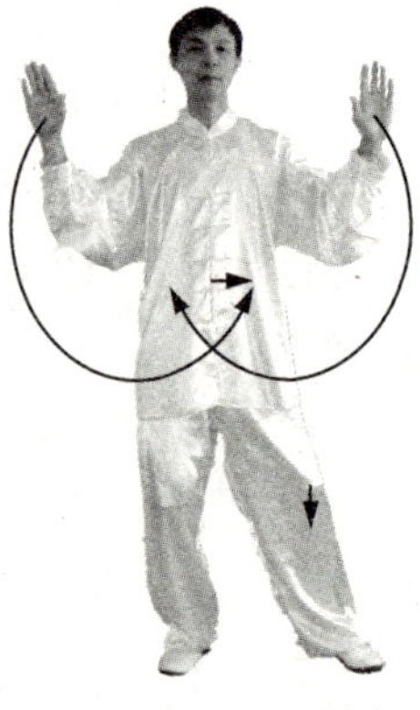

图 1-6-15　两侧

图 1-6-16　下蹲

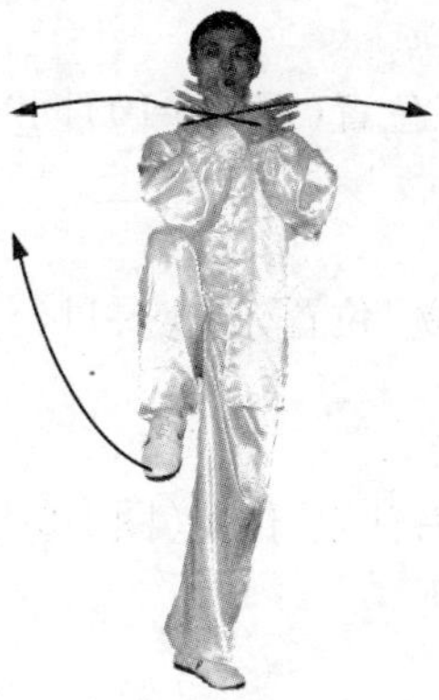

图 1-6-17　左独立

图 1-6-18　右蹬脚

图 1-6-19　右提膝

1．左蹬脚

（1）由“起始”位置（图 1-6-7）同时做：
- 吸气
- 两掌向上运动交叉于胸前

至“叉手”位置（图 1-6-8）同时做：
- 继续吸气
- 重心略移到左脚
- 右脚尖略微外撇
- 两掌向两侧画弧

至“两侧”位置（图 1-6-9）同时做：
- 继续吸气
- 重心移到右脚
- 下蹲
- 两掌继续画弧交叉于腰前

至“下蹲”位置（图 1-6-10）同时做
- 继续吸气
- 右脚单独起立
- 左脚屈膝上抬
- 两掌上抬交叉于胸前

至“右独立”位置（图 1-6-11）

(2) 由“右独立”位置（图 1-6-11）同时做
- 呼气
- 先左脚尖略微内勾，然后左脚向左前方蹬出
- 两掌分别向前后分开

至“左蹬脚”位置（图 1-6-12）同时做
- 继续呼气
- 先放松左脚踝，接着收左脚于提膝位置
- 两掌收回胸前，掌面向内

至“左提膝”位置（图 1-6-13）同时做
- 继续呼气
- 两掌落于两胯旁
- 左脚落回距右脚一肩宽处
  - 重心移到两脚中间
  - 右脚尖撇回前方

至“起始”位置（图 1-6-7）

2. *右蹬脚*

(1) 由“起始”位置（图 1-6-7）同时做
- 吸气
- 两掌向上运动交叉于胸前

至“叉手”位置（图 1-6-14）同时做
- 继续吸气
- 重心略移到右脚
- 左脚尖略微外撇
- 两掌向两侧画弧

至“两侧”位置（图 1-6-15）同时做
- 继续吸气
- 重心略移到左脚
- 下蹲
- 两掌继续画弧交叉于腰前

至“下蹲”位置（图 1-6-16）同时做
- 继续吸气
- 左脚单独起立
- 右脚屈膝上抬
- 两掌上抬交叉于胸前

至“左独立”位置(图 1-6-17)

(2) 由“左独立”位置(图 1-6-17)同时做：
- 呼气
- 先右脚尖略微内勾,然后右脚向右前方蹬出
- 两掌分别向前后分开

至“右蹬脚”位置(图 1-6-18)同时做：
- 继续呼气
- 先放松右脚踝,接着收右脚于提膝位置
- 两掌收回胸前,掌面向内

至“右提膝”位置(图 1-6-19)同时做：
- 继续呼气
- 两掌落于两胯旁
- 右脚落回距左脚一肩宽处：
  - 重心移到两脚中间
  - 左脚尖撇回前方

至“起始”位置(图 1-6-7)

3. *左蹬脚*

(1) 重复 1(1)的运动

(2) 重复 1(2)的运动

4. *右蹬脚*

(1) 重复 2(1)的运动

(2) 重复 2(2)的运动

蹬脚功训练蹬脚时单脚独立的平衡控制能力。

三、分脚

左右分脚(图 1-6-20 至图 1-6-35)。

图 1-6-20　起始

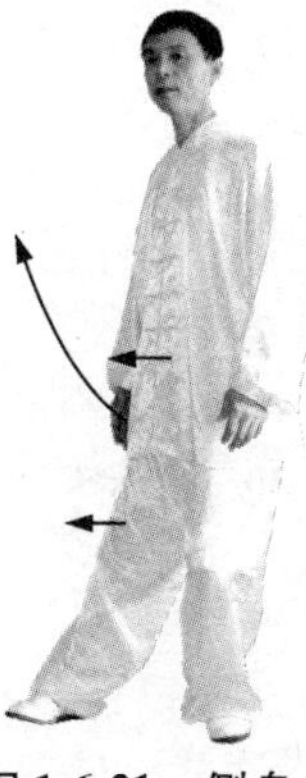

图 1-6-21　侧身

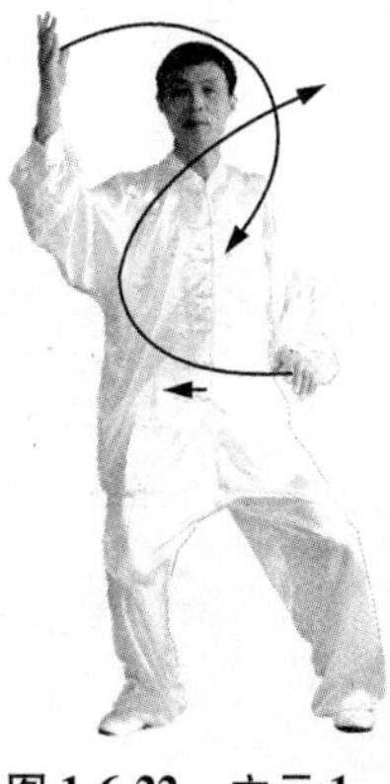

图 1-6-22　立云 1

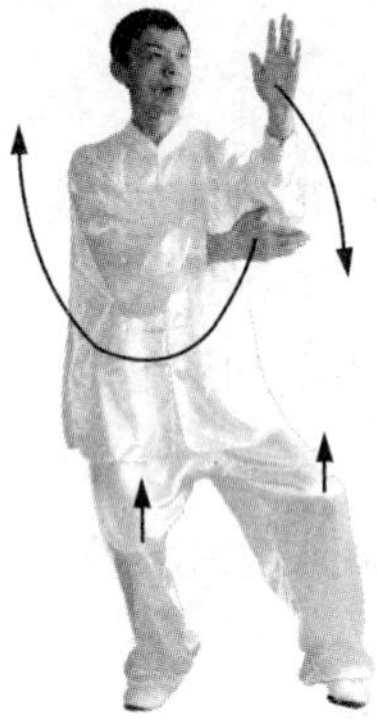

图 1-6-23　立云 2

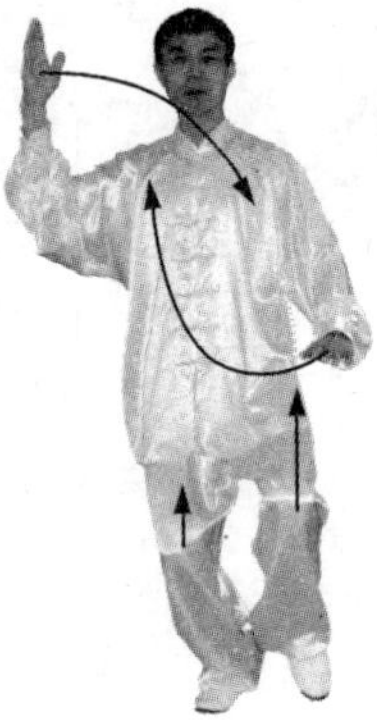

图 1-6-24　立云 3

图 1-6-25　右独立

图 1-6-26　左分脚

图 1-6-27　左提膝

图 1-6-28　起始

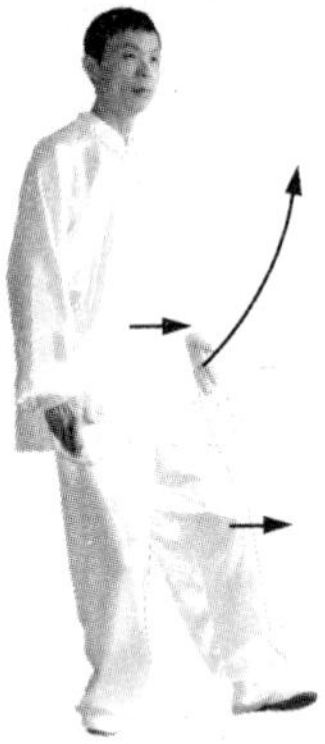

图 1-6-29　侧身

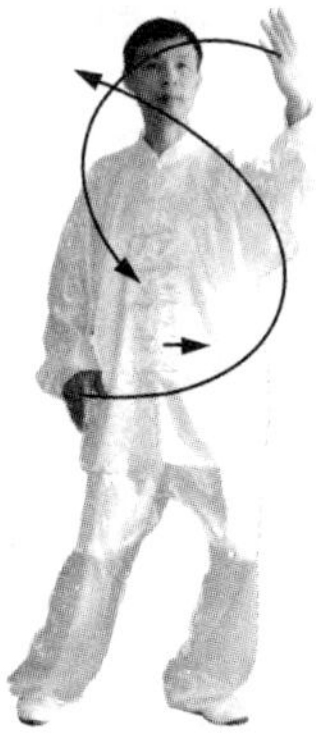

图 1-6-30　立云 1

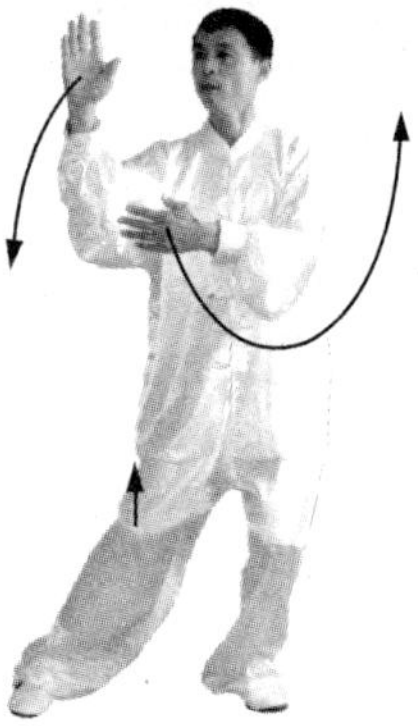

图 1-6-31　立云 2

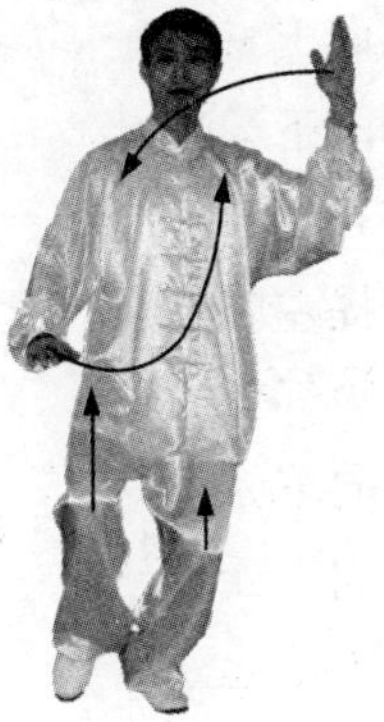

图 1-6-32　立云 3

图 1-6-33　左独立

图 1-6-34　右分脚

图 1-6-35　右提膝

1．*左分脚*

（1）由“起始”位置（图 1-6-20）同时做：
- 吸气
- 微向右转腰侧身
- 重心略移到左脚
- 右脚尖略微外撇

至“侧身”位置（图 1-6-21）同时做：
- 继续吸气
- 腰左转
- 重心向右脚移
- 右掌向上云

至“立云 1”位置（图 1-6-22）同时做：
- 继续吸气
- 重心移到右脚
- 右掌向下云
- 左掌向上云

至“立云 2”位置（图 1-6-23）同时做：
- 继续吸气
- 右掌向上云
- 左掌向下云
- 右脚开始单独起立
- 开始提左膝

至“立云 3”位置（图 1-6-24）同时做：
- 继续吸气
- 右掌向下云、左掌向上云 —— 两掌交叉于胸前
- 右脚单独起立
- 提左膝

至“右独立”位置（图 1-6-25）

（2）由“右独立”位置（图 1-6-25）同时做：
- 呼气
- 左脚背绷直，然后向左前方分出
- 两掌分别向前后分开

至“左分脚”位置（图 1-6-26）同时做：
- 继续呼气
- 收左脚于提膝位置
- 两掌收回胸前，掌面向内

至“左提膝”位置（图 1-6-27）同时做：
- 继续呼气
- 两掌落于两胯旁
- 左脚落回距右脚一肩宽处：
  - 重心移到两脚中间
  - 右脚尖撇回前方

至“起始”位置（图 1-6-28）

2. *右分脚*

（1）由“起始”位置（图 1-6-28）同时做：
- 吸气
- 微向左转腰侧身
- 重心略移到右脚
- 左脚尖略微外撇

至“侧身”位置（图 1-6-29）同时做：
- 继续吸气
- 腰右转
- 重心向左脚移
- 左掌向上云

至“立云 1”位置（图 1-6-30）同时做
- 继续吸气
- 重心移到左脚
- 左掌向下云
- 右掌向上云

至“立云 2”位置（图 1-6-31）同时做
- 继续吸气
- 左掌向上云
- 右掌向下云
- 左脚开始单独起立
- 开始提右膝

至“立云 3”位置（图 1-6-32）同时做
- 继续吸气
- 左掌向下云、右掌向上云 → 两掌交叉于胸前
- 左脚单独起立
- 提右膝

至“左独立”位置（图 1-6-33）

（2）由“左独立”位置（图 1-6-33）同时做
- 呼气
- 右脚背绷直，然后向右前方分出
- 两掌分别向前后分开

至“右分脚”位置（图 1-6-34）同时做
- 继续呼气
- 收右脚于提膝位置
- 两掌收回胸前，掌面向内

至“右提膝”位置（图 1-6-35）同时做
- 继续呼气
- 两掌落于两胯旁
- 右脚落回距左脚一肩宽处
    - 重心移到两脚中间
    - 左脚尖撇回前方

至“起始”位置（图 1-6-20）

3．*左分脚*

（1）重复 1（1）的运动

（2）重复 1（2）的运动

4．*右分脚*

（1）重复 2（1）的运动

（2）重复 2（2）的运动

分脚功训练分脚时单脚独立的平衡控制能力。

四、摆莲

左右摆莲(图 1-6-36 至图 1-6-49)。

图 1-6-36 起始

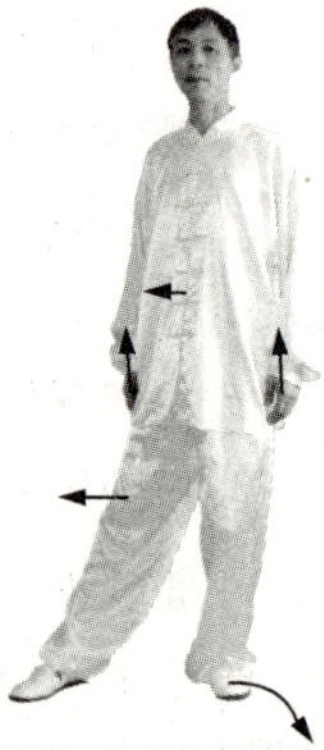

图 1-6-37 撇右脚

图 1-6-38 出左脚

图 1-6-39 转腰

图 1-6-40 左膝右

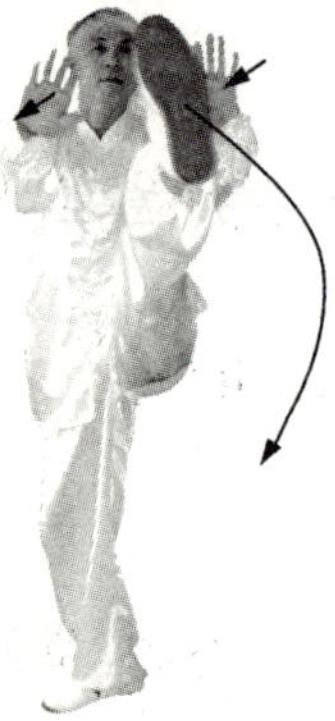

图 1-6-41 摆莲

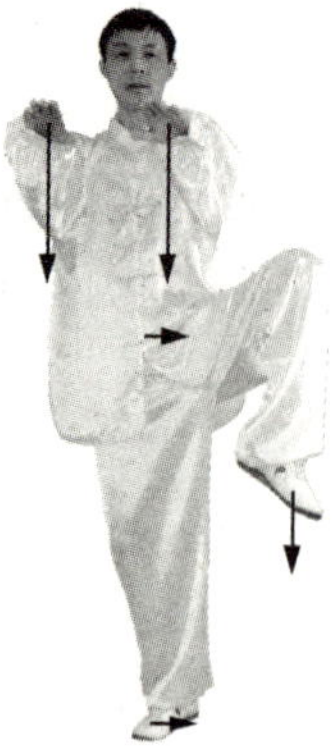

图 1-6-42 左膝左

图 1-6-43 起始

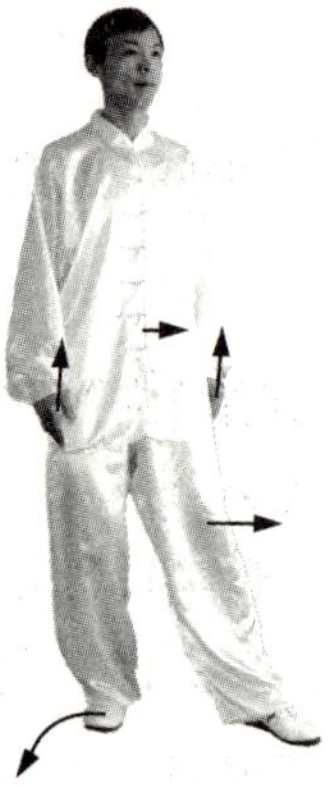

图 1-6-44 撇左脚

图 1-6-45　出右脚

图 1-6-46　转腰

图 1-6-47　右膝左

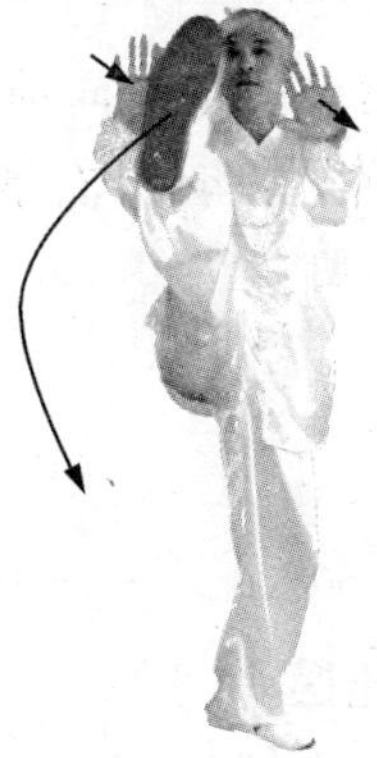

图 1-6-48　摆莲

图 1-6-49　右膝右

1. 左摆莲

(1) 由“起始”位置(图 1-6-36)同时做：
- 吸气
- 腰微右转
- 重心略左移
- 右脚尖略外撇

至“撇右脚”位置(图 1-6-37)同时做：
- 继续吸气
- 重心移到右脚然后出左脚
- 两手前平举

至“出左脚”位置(图 1-6-38)同时做：
- 继续吸气
- 腰右转
- 两手随腰右转
- 左脚踝外摆

至“转腰”位置（图 1-6-39）同时做：
- 继续吸气
- 左膝上提至胸
- 左脚面绷直
- 腰左转
- 两手随腰向左摆至前

至“左膝右”位置（图 1-6-40）（在此过程中积累一些动量）

（2）由“左膝右”位置（图 1-6-40）同时做：
- 呼气
- 右脚膝部微曲
- 左小腿向上向右摆动，左膝尽量伸直；接着整条大腿连小腿向上向左摆动
- 两掌可略微向前向下轻轻迎击左脚背，右掌率先拍击左脚背

至“摆莲”位置（图 1-6-41）

同时做：
- 继续呼气
- 右脚膝部微曲
- 整条大腿连小腿继续向下向左摆动；左掌次之拍击左脚背——然后大腿停止摆动，小腿继续向下向右摆动

至“左膝左”位置（图 1-6-42）（摆腿迎掌过程中可运用一些速度，但随着练功的持久要把速度慢下来）

同时做：
- 继续呼气
- 两掌落于两胯旁
- 左脚落回距右脚一肩宽处：
  - 重心移到两脚中间
  - 右脚尖撇回前方

至“起始”位置（图 1-6-43）

2. *右摆莲*

（1）由“起始”位置（图 1-6-43）同时做：
- 吸气
- 腰微左转
- 重心略右移
- 左脚尖略外撇

至“撇左脚”位置（图 1-6-44）同时做
- 继续吸气
- 重心移到左脚然后出右脚
- 两手前平举

至“出右脚”位置（图 1-6-45）同时做
- 继续吸气
- 腰左转
- 两手随腰左转
- 右脚踝外摆

至“转腰”位置（图 1-6-46）同时做
- 继续吸气
- 右膝上提至胸
- 右脚面绷直
- 腰右转
- 两手随腰向右摆至前

至“右膝左”位置（图 1-6-47）（在此过程中积累一些动量）

（2）由“右膝左”位置（图 1-6-47）同时做
- 呼气
- 左脚膝部微曲
- 右小腿向上向左摆动，右膝尽量伸直；接着整条大腿连小腿向上向右摆动
- 两掌可略微向前向下轻轻迎击右脚背，左掌率先拍击右脚背

至“摆莲”位置（图 1-6-48）

同时做
- 继续呼气
- 左脚膝部微曲
- 整条大腿连小腿继续向下向右摆动 / 右掌次之拍击右脚背 —— 然后大腿停止摆动，小腿继续向下向左摆动

至“右膝右”位置（图 1-6-49）（摆腿迎掌过程中可运用一些速度，但随着练功的持久要把速度慢下来）

同时做
- 继续呼气
- 两掌落于两胯旁
- 右脚落回距左脚一肩宽处
  - 重心移到两脚中间
  - 左脚尖撇回前方

至“起始”位置(图 1-6-36)

3. *左摆莲*

(1) 重复 1(1)的运动

(2) 重复 1(2)的运动

4. *右摆莲*

(1) 重复 2(1)的运动

(2) 重复 2(2)的运动

摆莲功训练脚在摆动过程中单脚独立的平衡控制能力。

第七节　马步桩

两脚距离一肩宽,蹲高马步式(图 1-7-1 至图 1-7-6)。其余的动作要领和松静桩几乎一样。这时默想一首七律,由意念指导,按顺序依次放松丹田 1、头颈 2、肩肘 3、腕指 4、胸背 5、腰臀 6、髋膝 7、踝趾 8。吸呼配合诗韵,均匀自然深长。七律每句中的前四个字重复松静桩的口诀,后三个字描述前四字的含义或在打拳中的攻防含义。

图 1-7-1　起始

图 1-7-2　举两手

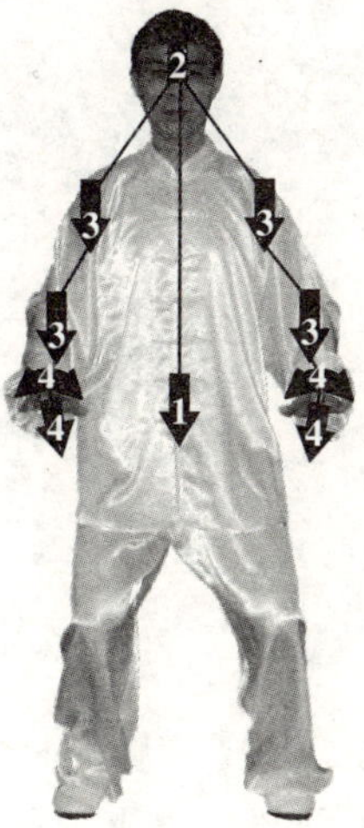

图 1-7-3　正面上下两侧放松

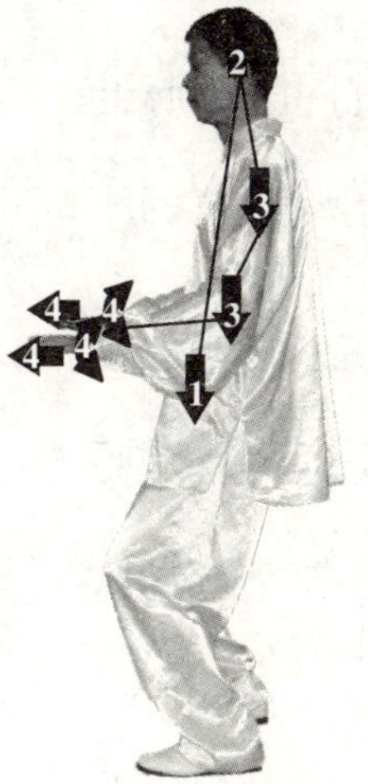

图 1-7-4　侧面上下两侧放松

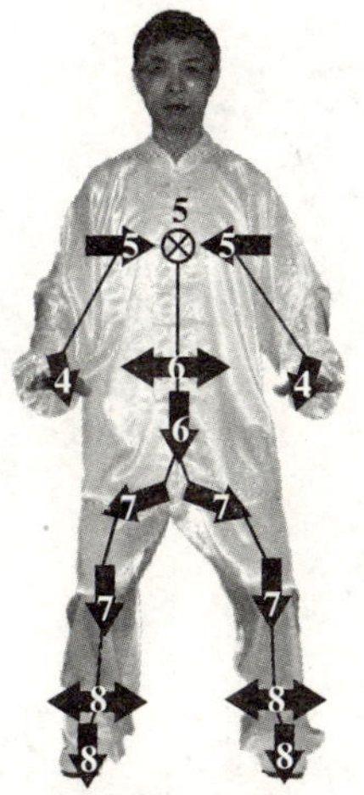

图 1-7-5　正面中下部放松

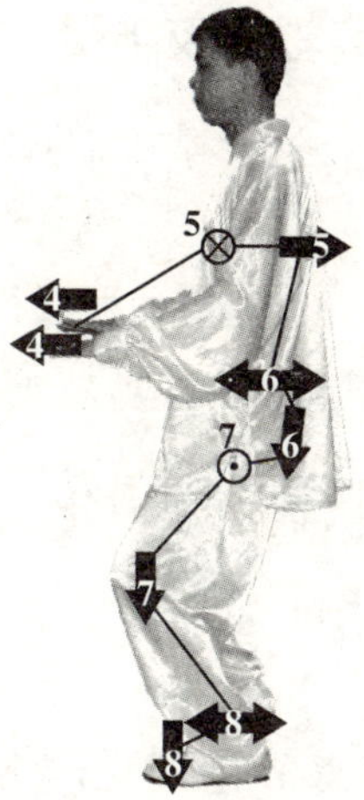

图 1-7-6　侧面中下部放松

预备动作：肩宽步，两脚距离一肩宽，立身中正，两手自然下垂。两掌自然伸展，轻贴两侧，见“起始”位置（图 1-7-1）。

诗题“意领松沉太极魂”

同时做：
- 默念“意领松沉”
- 吸气
- 由“起始”位置（图 1-7-1）两手前平举至“举两手”位置（图 1-7-2）

接着：
- 默念“太极魂”
- 呼气
- 下蹲成高马步
- 两掌下压至胸前下方，坐腕

意念整体松沉，全身关节韧带肌肉放松，自然下垂至“高马步”位置(图 1-7-3 至图 1-7-6)。

一、气沉丹田经脉通

同时做：
- 默念“气沉丹田”，吸气；接着默念“经脉通”，呼气
- 意念真气充满丹田,走经通脉,洋溢于肢体末梢

二、虚灵顶颈神贯虹

同时做：
- 默念“虚灵顶颈”，吸气；接着默念“神贯虹”，呼气
- 意念指导头颈上部脊椎放松,头容正直,下颚略微内含,两眼平视,脸部肌肉放松,表情安详宁静,颈椎略微上顶并后靠,上部脊椎向挺直方向放松。想象神清气爽,气冲霄汉

三、沉肩垂肘攻防灵

同时做：
- 默念“沉肩垂射”，吸气；接着默念“攻防灵”，呼气
- 意念指导肩肘放松,肩部自然下垂,肘部自然微曲

沉肩垂肘的技击原理是便于攻防。

四、舒腕展指劲贯冲

同时做：
- 默念“舒腕展指”，吸气；接着默念“颈贯冲”，呼气
- 意念指导腕指放松,腕部万向放松,两掌舒展,掌心内含,五指舒展,虎口撑圆

舒腕展指便于劲达末梢,发劲适度、灵活、准确。

五、含胸拔背力脊发

同时做：
- 默念“含胸拔背”，吸气；接着默念“力脊发”，呼气
- 意念指导胸背放松,胸部略微内含,背部随之略微外拔

含胸拔背的技击原理是运用胸的含展和同步的背的外拔内收运动,以实现力由脊发的功效,进而全身协同发力。

六、松腰敛臀虚实动

同时做：
- 默念"松腰敛臀"，吸气；接着默念"虚实动"，呼气
- 意念指导腰臀放松，腰部万向放松，臀部略微内敛

松腰敛臀提高中盘承上启下的灵活性，以帮助虚实变化，运动自如。

七、圆裆曲膝沉稳步

同时做：
- 默念"圆裆曲膝"，吸气；接着默念"沉稳步"，呼气
- 意念指导髋膝放松，提裆，胯髋部向两侧松开，膝部维持马步姿势

圆裆使髋关节灵活，曲膝使上下升降运动富有弹性。圆裆曲膝帮助下盘步法沉稳，前进后退左移右行中定势如游龙。

八、润踝抓趾扎地龙

同时做：
- 默念"润踝抓趾"，吸气；接着默念"扎地龙"，呼气
- 意念指导踝趾放松，脚踝万向放松，五趾抓地

脚趾与脚掌间的上翘和趾抓运动不但可帮助增加着地面积，也能帮助起脚落脚时的稳定软着落，是打好太极拳的一个潜在的关键。

吸呼寓于每一个马步桩的程序中，蠕动内脏，积蓄真气，动始于内，而脉通气腾。马步桩是太极松沉吐纳功五段功法的压台功。如果开始时气感不重，练到马步桩时会气感大增。互动百科上解释气感为练气功或意念集中在身体某部分时产生的热、麻或痒等感觉。但是，热、麻、痒的感觉并不局限于练气功者。人做了有氧运动后常会有周身发热的感觉。练局部肌肉的人在专门练二头肌后发现二头肌发热。这也是气感，是和气功及中医一样的气感。气感是意念指导运动的结果。吐纳蠕动内脏，内脏的运动引发真气。肢体运动提高能量的需求量，加速血液循环，也引发真气。做马步桩时，深长的呼吸推动内脏的周期性运动，内脏的运动引发真气，盈于丹田，而溢于全身。马步下蹲时大腿肌肉处于高度紧张状态。大腿肌肉是人体最大的肌肉群，大腿肌肉的紧张引发真气，始之于大腿，而溢于全身。内脏和大腿肌肉的协调运动加速真气的产生。又由于前面几套功法使全身关节灵活，韧带宽畅，肌肉柔顺，加速了真气的传播，因而马步桩对培养气感特别有帮助。

真气不是分子，不是原子，不是物质本身。真气是物质的运动形式。物理上的机械波不是媒质本身，而是媒质的运动形式。真气是意念波，是由意念指导的人体组织的运动形式。

练整套太极松沉吐纳功需要 7～12 分钟。各人练习时可用自己呼吸的频率来控制练功速度。初练时呼吸比较快，动静功中的运动也比较快，练整套功需要的时间就短。练功日久，呼吸渐趋深长，动静功中的运动也慢下来，练整套功需要的时间就长。集体练功时可配上口诀，协以音乐，用中等速度练功。如果初学者能天天练习一遍，那么两三个月后会有气感。如果晨昏各练一遍，一两个月就会初见成效。

第二章　锦太极拳

第一节　太极拳的养生效果

一、用意的养身效果

练习太极拳，要求心静，排除杂念，将意念贯注于每一个动作中。王宗岳在《十三势歌》中说："势势存心揆用意。"太极拳的"用意"和佛家的"入空"、道家的"守一"、气功的"入静"、瑜伽的"忘我"皆可归类于冥想术（meditation）。目的是从紧张压抑的、思绪万千的迫急思维境地中解脱出来，而进入放松愉快的、重复熟悉的静谧思维境地。迫急思维和静谧思维是两个状态，它们密切联系并相互制约。只有放弃迫急思维才能进入静谧思维。如果不能做到静谧思维，迫急思维一定会乘虚而入。

在放弃迫急思维的方法上，太极拳和气功比较一致，就是指导练功者排除杂念，忘却琐事。在进入静谧思维的方法上，太极拳和气功却有微妙的差别。练气功讲究"意守丹田"。道教定义丹田为"脐下三寸的藏精之府"。丹田的医学定义不甚明确，因而丹田的概念比较抽象。意守丹田的含义是将意念调集于下腹的某部位。各门派常有相应的口诀，以默念口诀来帮助入静，口诀也比较抽象。所以，练气功者常需要用额外的意志力来将自己限制于静谧思维。而太极拳的"用意"是形象思维，由意念指导每一招式的启动、运行、结束，指导招式间的承转，指导招式的用途，等等。这种思维内容具体，形象立体，因而能有效地将练拳者引入静谧思维中。气功多为静功，气功的入静要在相对静止的肢体活动中实现。既要静体又要静脑，这就增加了初学者练气功的难度。除桩功外，太极拳的套路、推手、器械等都为动功。丰富的肢体活动对大脑有感召力，因而练拳者常能有效地将意念交织于拳势中。

现代人生活节奏快，精神压力大。解脱迫急思维可使大脑得到休息，减少压力。进入静谧思维能提高大脑的功能，增加灵敏度。太极拳是一种智力和运动的结合体。太极拳爱好者常有这样的感觉：练架子时，周身感觉舒适，精神焕发;练推手时,周身感觉活泼,反应灵敏。一些人通过练太极拳治愈了神经衰弱、失眠等顽症。一些人通过练太极拳提高了日常工作效率。众多热爱太极拳的高龄老人耳聪目明,思维敏捷。这就是太极拳的健脑益智作用的具体表现。

二、放松的养身效果

练好太极拳的关键是放松。人体有 11 个主要的关节群:上肢有肩、肘、腕、手指;躯干有颈椎、胸椎、腰椎;下肢有髋、膝、踝、脚趾。要放松这些关节群并使其运转灵活,也要放松关节周围的韧带而使肢体的运动更显柔韧,还要放松将骨骼和韧带连成整体的肌肉而使肢体的运动富有活力。放松能帮助人们从紧张压抑的、重复性的动作中解脱出来,从而进入悠然自得的体态境地。瓦工一天将上千块砖砌上墙,下班后的动作总和砌墙有点像。大学生做作业坐久了,腰背都僵了。工程师长期在计算机上敲打键盘,会引起腕关节劳损。这些运动本身的强度并没有超过人体极限,是运动的高重复率对人体造成了伤害。人们需要从日复一日的重复运动中解脱出来,进行有效的放松。简单的放松方法是做点别的事,而太极拳是系统的、有意识的、有趣味性的放松。太极拳的放松能将人们从习惯动作中引导出来,使人体的运动功能恢复正常。练太极拳的人常说,一天不练就一天感觉不松快。天天练太极拳的人天天都会有松快感。日积月累的松快感对慢性病有防微杜渐的功效。统计资料表明,练太极拳对关节炎、骨质疏松等症状有明显的疗效。

太极拳的放松不但包括放松筋骨,同时也包括蠕动内脏。太极拳采用逆腹式呼吸或腹式呼吸法。这两种呼吸法的共同特点是在呼吸时横膈肌有节奏地上下运动。横膈肌的运动按摩腹腔里的胃、肠、肝、脾等。人们平时很少注意内脏的运动,偶尔急来抱佛脚。小孩肚子痛时,会要求妈妈给揉揉肚子。大人肚子痛时,适当的自我按摩能缓解疼痛。练过逆腹式呼吸法的人可以做一段时间的逆腹式呼吸,用横膈肌的运动从里向外按摩。天天练太极拳,为内脏按摩提供了累积的功效,能促进内脏的血液循环,改善消化,增进肝功能,预防便秘,等等。

练太极拳能放松筋骨、蠕动内脏,还能帮助疏通经脉,是一种透里彻外的放松。横膈肌运动的能量云集于丹田附近,产生意念波。意念波就是中医或气功之气。丹田的气源将气向全身经脉、内脏、筋骨传播。太极拳肢体运动的能量也产生气。丹田的气和肢体的气会集并运行于经脉。练太极拳放松各大关节群,以便于气畅通无阻。人体的穴位是经脉的重要网点。针灸法用针来刺激穴位以疏通经脉，从而来治疗病症。太极拳运用丹田和肢体运动形成的气来打通经脉，因而具有治百病的潜能。

三、柔和运动的养身效果

太极拳运动柔和，运动量适中，属于有氧运动。通常认为，人们在做有氧运动时的心速间于最大心速的50%与70%之间。练一套太极拳给人呼吸通畅的感觉，却不至于气喘吁吁。练拳使身体微热，却不至于大汗淋漓。太极拳中的一些动作的幅度可能超过日常动作范围，但不需要超过很多，也没有极限要求。太极拳的运动量和运动方式体现了传统的中庸之道，却和现代有氧运动相通。统计资料表明，有氧运动有防治心血管疾病的功效。北京运动医学院研究所的调查证实，经常打太极拳对心血管系统影响良好。美国的一项对照调研也列出了打太极拳对心脏的好处。

四、吐纳的养身效果

吐纳是太极拳的一个组成部分。吐纳就是呼吸法。不同的师承对呼吸法有不同的要求。它们共同的特点是强调呼吸要自然流畅、柔和均匀、渐趋深长，适当和拳势配合。太极拳通常鼓励由横膈肌运动参与呼吸。横膈肌的上下运动和肺部的前后左右运动结合起来可周期性地伸缩肺腔的容量，使其超过日常容量的范围，提供练拳时额外需要的氧气。因此，长期练太极拳能增加肺活量，增加生命的活力。

第二节　锦太极拳的手型及步型

一、锦太极拳的手型

1. 拳

五指里屈，拇指压于食、中指第二节上，握拳松紧适度，拳面要平（图2-2-1至图2-2-2）。

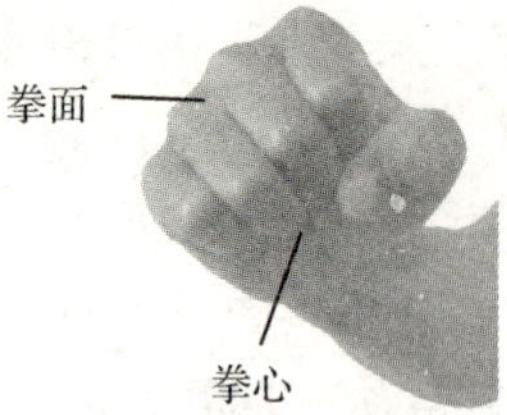

图 2-2-1　拳面、拳心

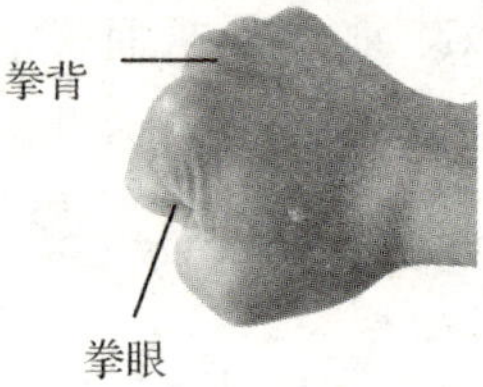

图 2-2-2　拳背、拳眼

2. 掌

五指自然舒展，掌心内含，虎口撑圆，俗称荷叶掌(图 2-2-3)。

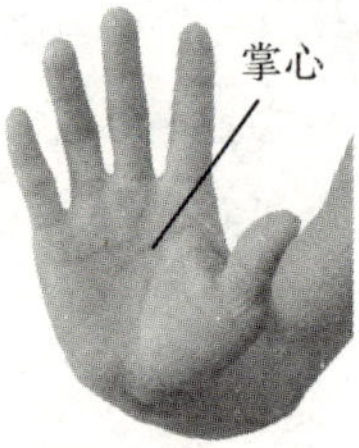

图 2-2-3　荷叶掌

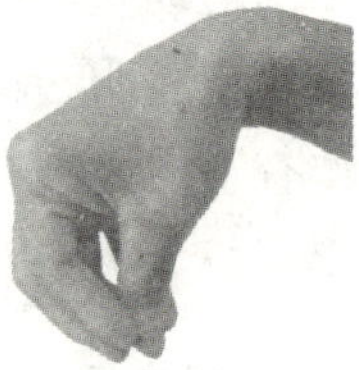

图 2-2-4　勾手

3. 勾手

屈腕，五指指尖自然靠拢(图 2-2-4)。

二、锦太极拳的步型

1. 并步

两脚并拢，上体直立，重心在两脚正中(图 2-3-2)。

2. 平行步

两脚平行向前，两脚间距一拳宽，上体中正，重心在两脚正中(图 2-3-48)。

3. 肩宽步

两脚平行向前，两脚间距一肩宽，上体直立，重心在两脚正中(图 2-3-4)。

4. 马步

两脚平行向前，或两脚尖稍外撇，两脚距离与肩同宽或略大于肩宽，两腿屈蹲，上身中正，重心在两脚正中(图 2-3-6)。马步可高可低，根据各人情况而定。

5. 宽弓步

前腿屈膝前弓，膝不过脚尖；后腿向后自然伸直，后脚尖内扣，后脚尖和前脚尖约成 45 度夹角；两脚横向距离一肩宽，前后距离一步长，步长随各人行架高低而定；两脚掌全掌着地；重心在两脚间但倚重于前脚；上体中正，胸与前脚同向(图 2-3-9)。

6. 窄弓步

前腿屈膝前弓，膝不过脚尖；后腿向后自然伸直，后脚尖内扣，后脚尖和前脚尖约成60度夹角；两脚横向距离约一拳宽，前后距离一步长，步长随各人行架高低而定；两脚掌全掌着地；重心在两脚间但倚重于前脚；上体中正，胸侧向和胯同向（图2-3-45）。

7. 虚步

后腿屈蹲，全脚掌着地，屈蹲高度随各人行架高低而定；前腿微屈舒展于前，脚掌或脚跟轻轻点地；后脚尖和前脚尖约成45度夹角；重心在两脚间但几乎全在后脚；上体中正，胸与前脚同向（图2-3-12）。

8. 扑步

一腿屈蹲，脚尖外撇；另一脚侧向伸出一步长，步长随各人行架高低而定，脚尖内扣；两脚掌全掌着地；重心在两脚间但倚重于屈蹲之脚；上体中正安舒（图2-3-74和图3-1-28）。

9. 独立步

一腿独立，膝部微屈，脚尖外撇，全掌着地，五趾抓地；另一腿屈膝上提于体前，膝高于腰腹，小腿垂直，脚面微绷；重心在独立脚掌内；上体中正安舒，胸与前面提起之脚同向（图2-3-77）。

10. 丁步

一腿屈蹲（屈蹲高度随各人行架高低而定），脚尖外撇，全掌着地，五趾抓地；另一脚脚尖在屈蹲脚侧一拳宽处轻轻点地，脚面微绷，脚趾上翘；重心在两脚间但几乎全在屈蹲之脚；上体中正安舒，胸向前（图2-3-43和图3-1-29）。

第三节　锦太极拳的招式名称及图解

一、锦太极拳的招式名称

锦太极拳有26个招式（图2-3-1）。假设起势面向南，套路在东西向运行5个循环。前后运行不超过一步，左右运行不超过两步。锦太极拳适宜于室内外行架和集体锻炼。

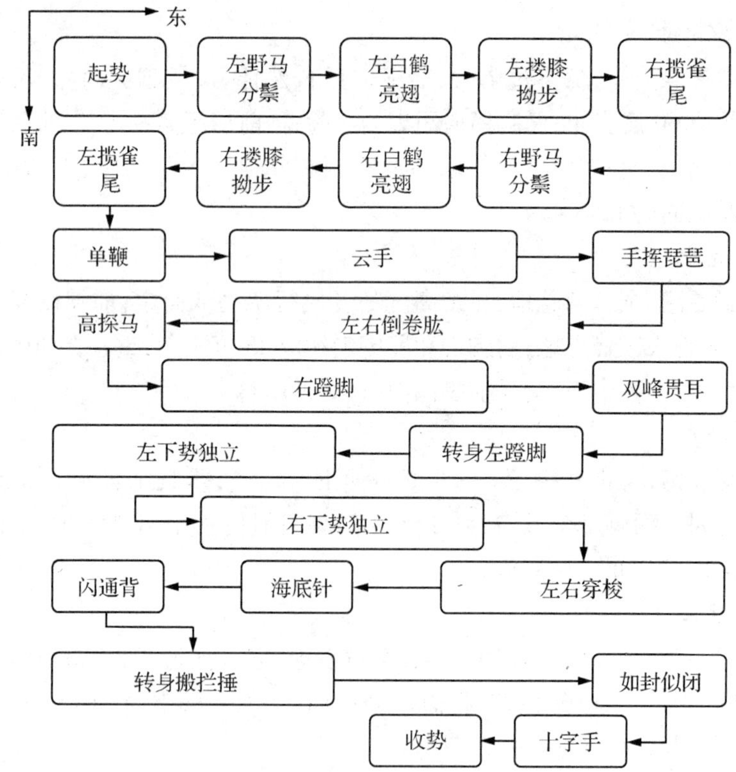

图 2-3-1　招式顺序图

二、锦太极拳的招式图解

1. 起势(图 2-3-2 至图 2-3-6)

起势有两个分动:(1)肩宽步;(2)马步按掌。

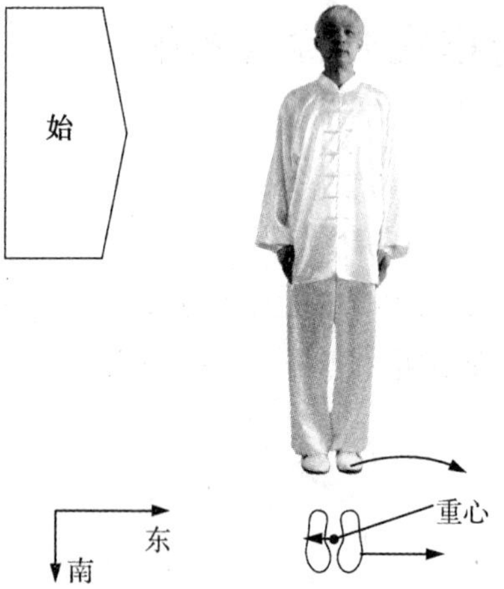

图 2-3-2　预备

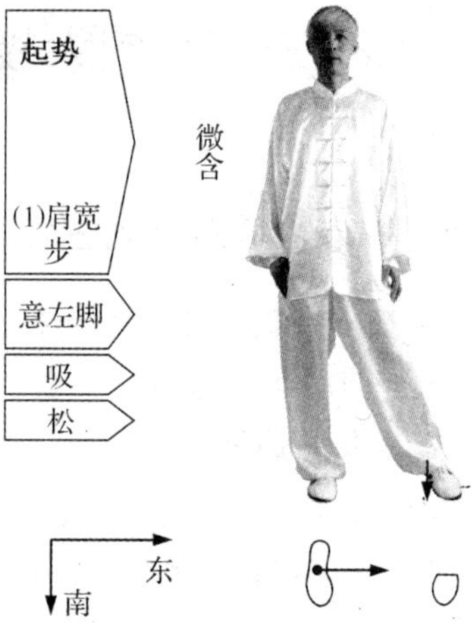

图 2-3-3　脚尖点地

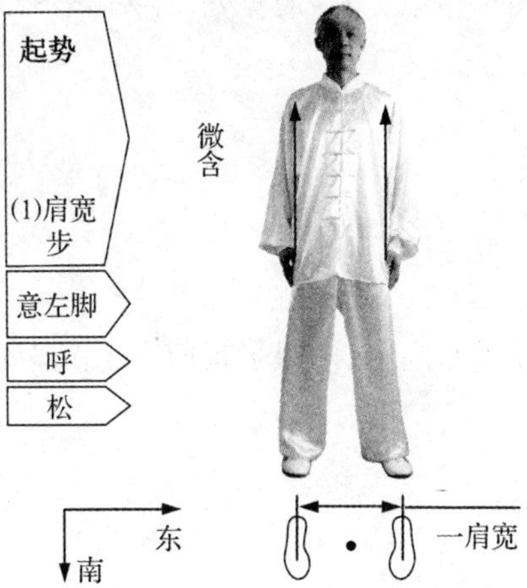

图 2-3-4　肩宽步定式

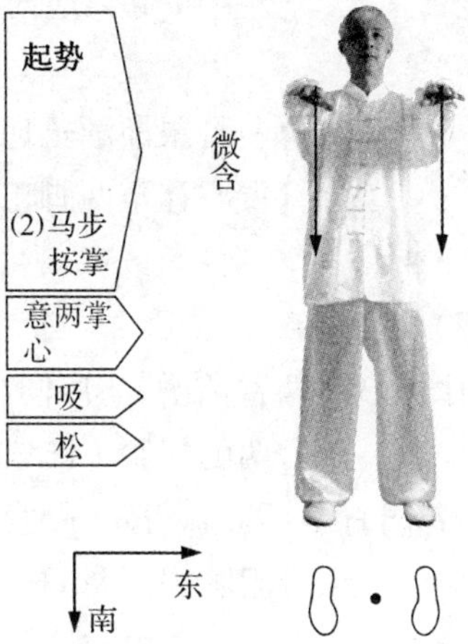

图 2-3-5　两臂前举

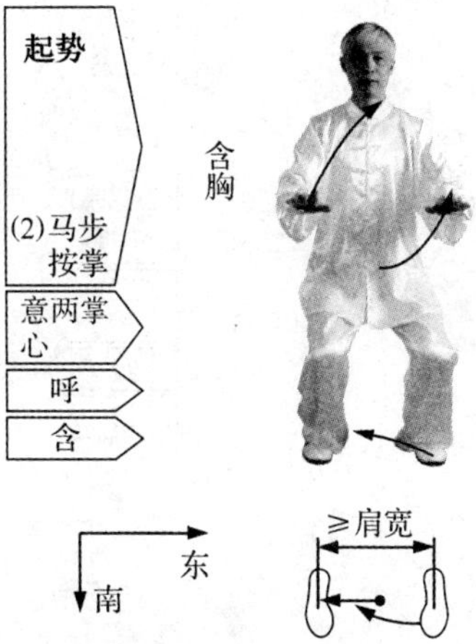

图 2-3-6　起势定式

预备(图 2-3-2):并步,面向南,左手东,右手西,后为北,两眼平视前方。这里约定预备式面向南,在俯视图中设立了一个方向坐标系,以便于下面讨论各招式的运行方向。实际打拳时方向可因情况而定,如面对大湖,背对大树,置身于静室之中,等等。

(1) 肩宽步

由图 2-3-2 同时做{左脚跟离地；重心移到右脚}

接着同时做{重心保持在右脚
左脚提起离地约半拳高向左侧移至一肩宽处，脚尖轻轻点地

至图 2-3-3

接着同时做{左脚跟渐渐落地
重心移至两脚正中

至图 2-3-4

(2) 马步按掌

由图 2-3-4 两臂前举，与肩同高同宽，手心向下，两眼平视前方至图 2-3-5

接着同时做{两腿屈膝下蹲成马步
两掌下按于腰腹前
眼随视两掌间

至图 2-3-6

2. 左野马分鬃(图 2-3-6 至图 2-3-9)

左野马分鬃有三个分动：(1) 收脚抱球；(2) 剪掌出脚；(3) 弓步分掌。

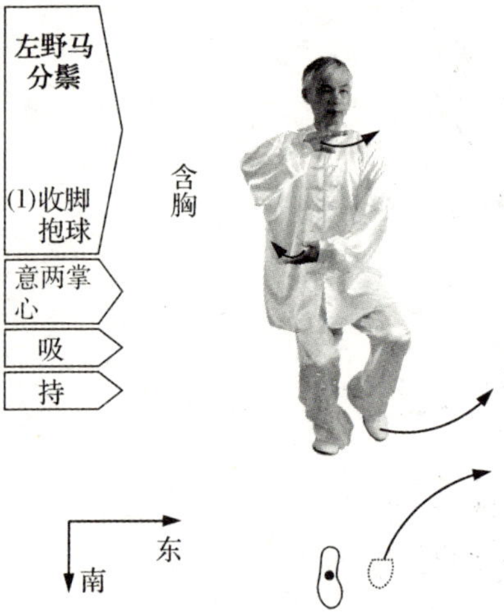

图 2-3-7　收脚抱球定式

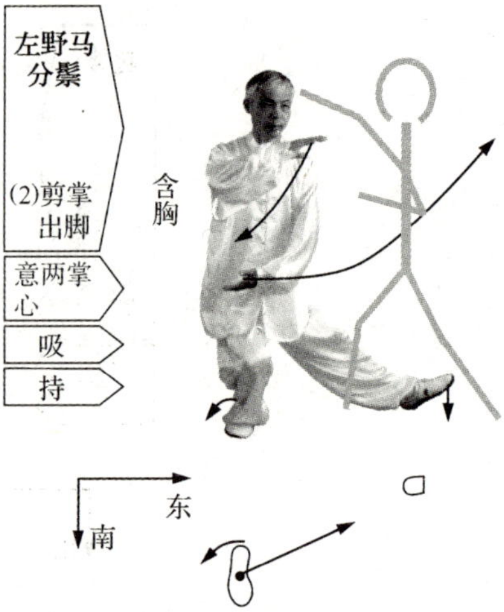

图 2-3-8　剪掌出脚定式

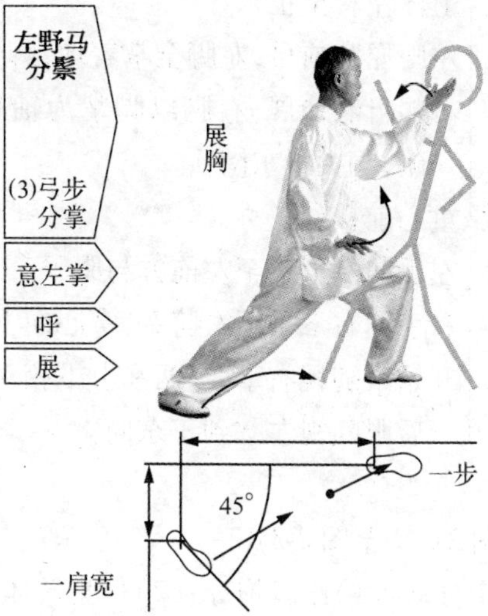

图 2-3-9　左野马分鬃定式

（1）收脚抱球

由图 2-3-6 同时做：
- 上体微右转
- 重心移到右脚 接着 左脚收起提至右脚旁一拳宽半拳高处
- 右手向左上划圆弧，左手向右下划圆弧 } 掌心相对呈抱球状
- 眼随视右掌

至图 2-3-7

（2）剪掌出脚

由图 2-3-7 同时做：
- 上体开始左转
- 重心保持在右脚
- 左脚向左后方出一步，脚跟轻轻点地
- 右手向左上移，左手向右下移 } 两掌微相剪
- 眼随视右掌

至图 2-3-8

（3）弓步分掌

由图 2-3-8 同时做
- 上体左转至正东
- 左腿屈膝前弓，左脚全掌着地，脚尖指东
- 右腿自然伸展，右脚以脚掌为轴脚跟外碾，脚尖指东南
- 重心前移

（以上成左宽弓步）

- 左手向左上捌至左前方与眼平
- 右手向右下采至右胯旁，掌心向下，掌指朝前
- 开始眼随视右掌，当两掌上下相对时，眼改视左掌，然后眼随视左掌到正东向

至图 2-3-9

3. 左白鹤亮翅（图 2-3-9 至图 2-3-12）

左白鹤亮翅有三个分动：（1）跟脚抱球；（2）后坐转体；（3）虚步分掌。

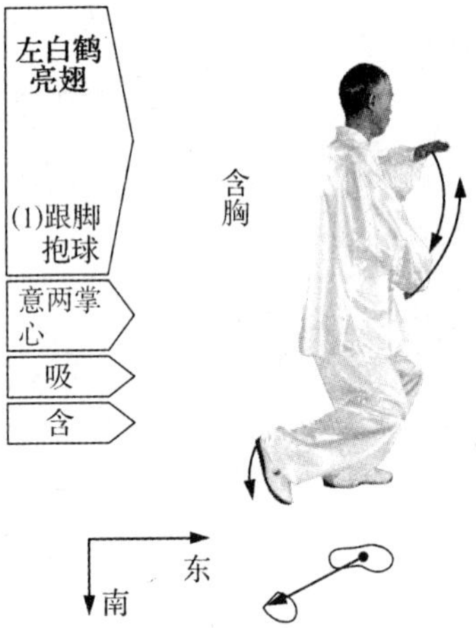

图 2-3-10　跟脚抱球定式

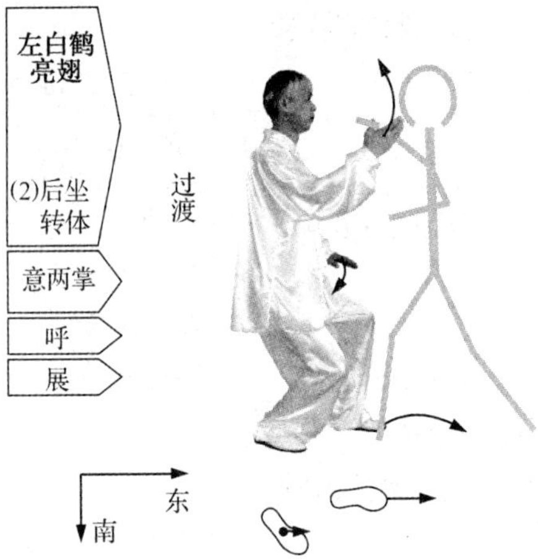

图 2-3-11　后坐转体定式

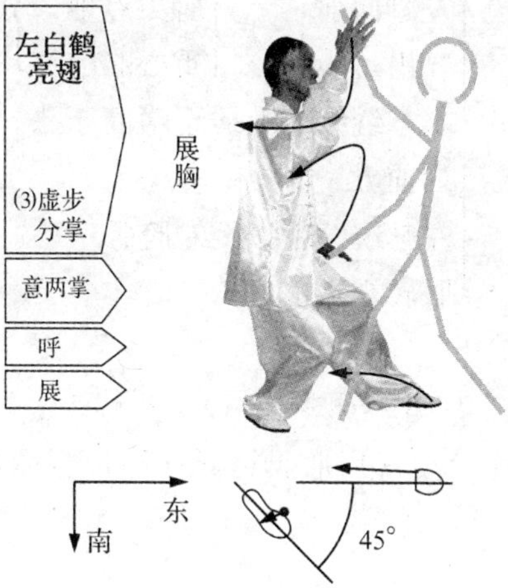

图 2-3-12　左白鹤亮翅定式

（1）跟脚抱球

由图 2-3-9 同时做：
- 上体微左转
- 重心移到左脚　接着　右脚跟进半步，脚尖落于左脚内后侧一拳处
- 左手翻掌向下，屈肘于胸前；右手翻掌向上，向左移至腰前 } 抱球于左前方
- 眼随视左掌

至图 2-3-10

（2）后坐转体

由图 2-3-10 同时做：
- 上体右转后坐
- 重心移到右脚
- 右掌向右前上托
- 左掌向左下按
- 开始眼随视左掌，当两掌交叉时，眼改视右掌，然后眼随视右掌

至图 2-3-11

（3）虚步分掌

由图 2-3-11 同时做
- 上体微左转向正东
- 左脚向前出一步，然后：脚尖点地、重心略前移，成左虚步
- 右掌继续向上插至略高于头，小臂外缠至掌心向左前方
- 左掌继续下按至左胯旁
- 眼转视正前方

至图 2-3-12

4. ***左搂膝拗步***（图 2-3-12 至图 2-3-15）

左搂膝拗步有三个分动：(1) 收脚运臂；(2) 出脚运掌；(3) 弓步搂推。

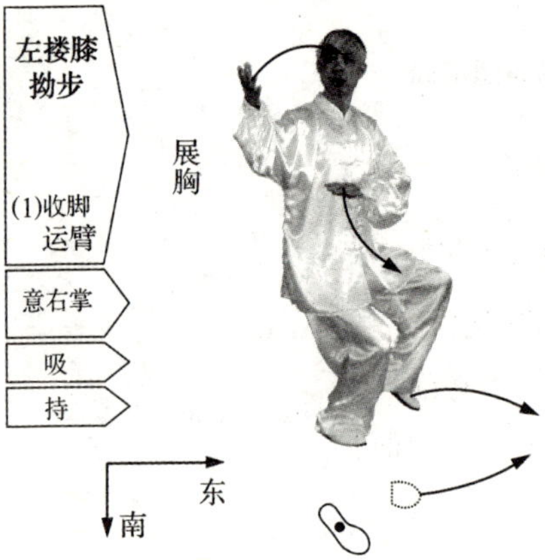

图 2-3-13　收脚运臂定式

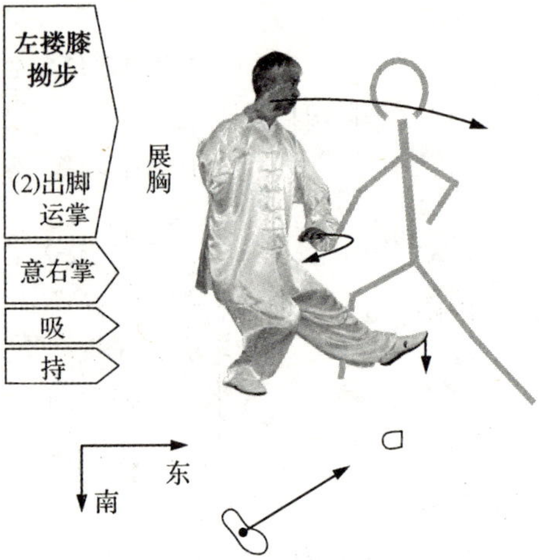

图 2-3-14　出脚运掌定式

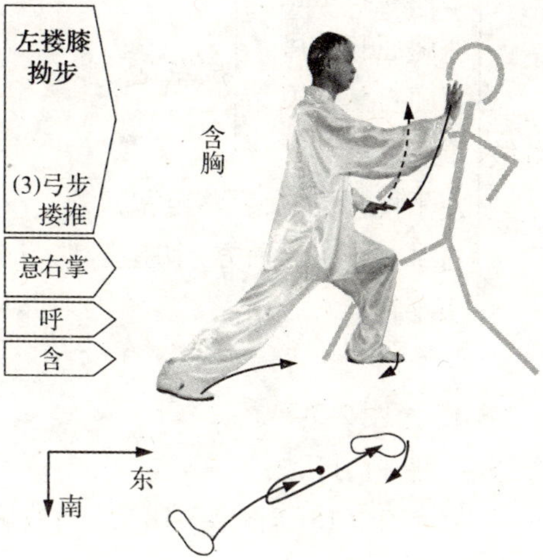

图 2-3-15　左搂膝拗步定式

（1）收脚运臂

由图 2-3-12 同时做：
- 体微左转然后右转后坐
- 重心移到右脚 接着 左脚收于右脚前内侧一拳处，离地半拳高
- 左手翻掌向左上划弧，继之向右上划弧，再下右划弧至右胸前，掌心向下
- 右手向左下划弧，继之向右下划弧，再向右上划弧至右侧与耳同高，掌心斜向上
- 眼随视右掌至左侧，继之随视左掌至右胸前，再随视右掌至右侧

至图 2-3-13

（2）出脚运掌

由图 2-3-13 同时做：
- 上体开始左转
- 左脚前跨一步，脚跟轻轻落地
- 右臂屈肘，右手移至耳侧
- 左手向下左前，按至左腰前
- 眼先随视右掌，然后平视正东

至图 2-3-14

（3）弓步搂推

由图 2-3-14 同时做：

- 上体左转至正东
- 左腿屈膝前弓
- 右腿自然伸展
- 重心前移

（以上四项）成左宽弓步

- 左手搂左膝前，后移至左胯旁
- 右掌前推于右前方，坐腕立掌，与鼻同高
- 眼平视前方

至图 2-3-15

5. *右揽雀尾*（图 2-3-15 至图 2-3-24）

右揽雀尾有四个分招：掤、捋、挤、按。

分招“掤”有三个分动（图 2-3-15 至图 2-3-18）：（1）收脚抱球；（2）剪掌出脚；（3）右弓步掤。

图 2-3-16 收脚抱球定式

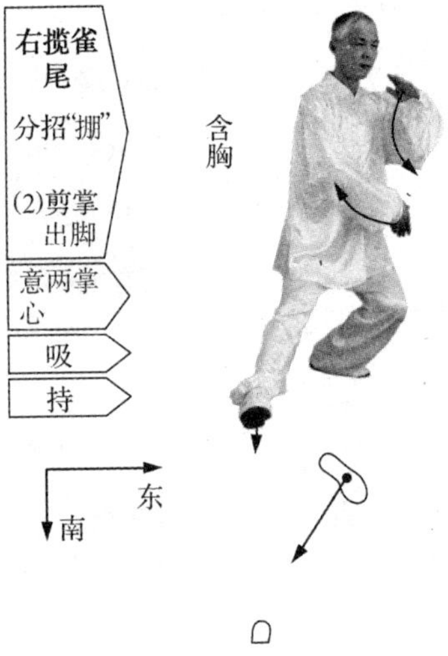

图 2-3-17 剪掌出脚定式

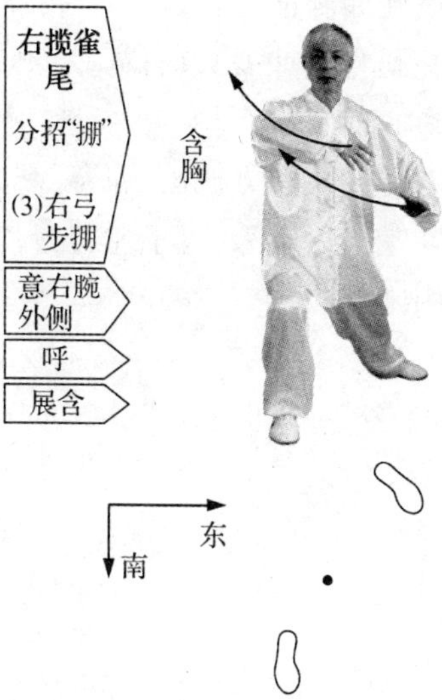

图 2-3-18　右弓步掤定式

（1）收脚抱球

由图 2-3-15 同时做
- 上体右转
- 重心微移向右脚 / 左脚内扣，脚尖指东南 —— 接着 [重心移到左脚] 接着 [右脚收于左脚前一拳宽半拳高处]
- 左手向左上划弧 / 右手翻掌左下划弧 —— 两掌心相对，呈抱球状
- 眼随视左掌

至图 2-3-16

（2）剪掌出脚

由图 2-3-16 同时做
- 上体右转至正东
- 重心保持在左脚
- 右脚向右前方出一步，脚跟轻轻点地
- 右手向左下移 / 左手向右上移 —— 两掌微相剪
- 眼随视左掌

至图 2-3-17

（3）右弓步掤

由图 2-3-17 同时做：
- 右腿屈膝前弓
- 左腿自然伸展
- 重心前移

（以上三项）成右宽弓步
- 右臂向正前方掤出，屈臂，掌心向内
- 左掌向后下采，落于左胯旁，掌心向下，指朝前
- 眼随视右掌

至图 2-3-18

分招“捋”有两个分动（图 2-3-18 至图 2-3-20）：(1)转体伸臂；(2)坐腿后捋。

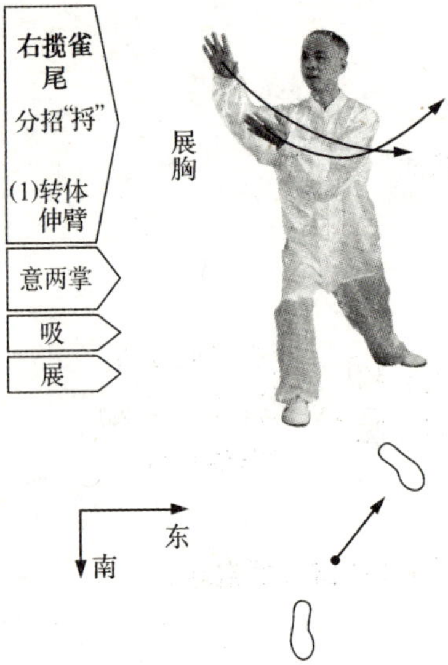

图 2-3-19　转体伸臂定式

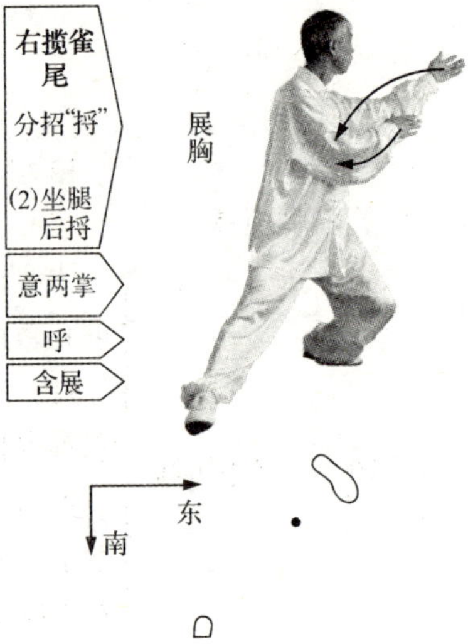

图 2-3-20　坐腿后捋定式

(1) 转体伸臂

由图 2-3-18 同时做：
- 上体微右转
- 右手向右前伸并翻掌
- 左手经腹前向右前上划弧并翻掌

（以上两项）两掌心斜相对
- 眼随视右掌

至图 2-3-19

(2) 坐腿后捋

由图 2-3-19 同时做
- 上体左转
- 重心移向左脚
- 左腿屈膝
- 右腿伸展，脚掌着地

（以上四项：上体坐于左腿）

- 左手经腹前向左后上划弧
- 右手经腹前向左后上划弧

（以上两项：划弧过程中两掌心相对）

- 眼随视两掌

至图 2-3-20

分招“挤”有两个分动（图 2-3-20 至图 2-3-22）：（1）转身十字手；（2）右弓步挤。

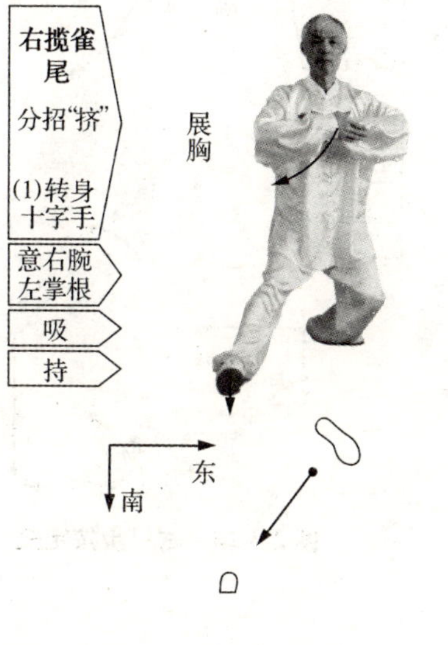

图 2-3-21　转身十字手定式

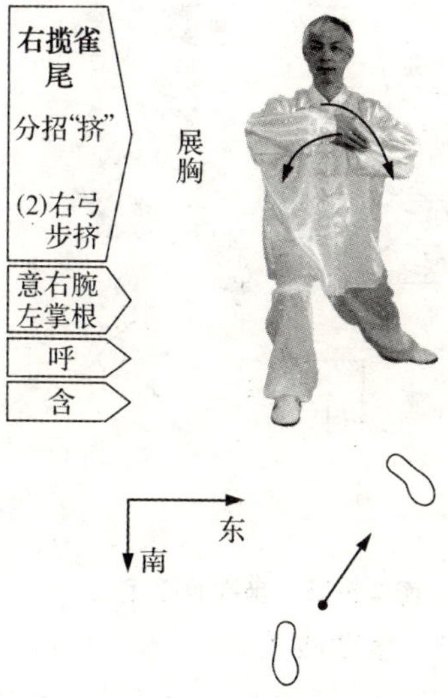

图 2-3-22　右弓步挤定式

（1）转身十字手

由图 2-3-20 同时做
- 上体右转至正南
- 左手屈臂向前下方运动至右掌后，掌心向外
- 右手向前下方运动，横臂于胸前，掌心向内

（以上两项：两掌根轻搭）

- 眼随视两掌

至图 2-3-21

（2）右弓步挤

由图 2-3-21 同时做：
- 右腿屈膝前弓，左腿自然伸展，重心前移——成右宽弓步
- 两手前挤，与胸同高
- 眼随视前方

至图 2-3-22

分招“按”有两个分动（图 2-3-22 至图 2-3-24）：（1）坐腿收手；（2）右弓步按。

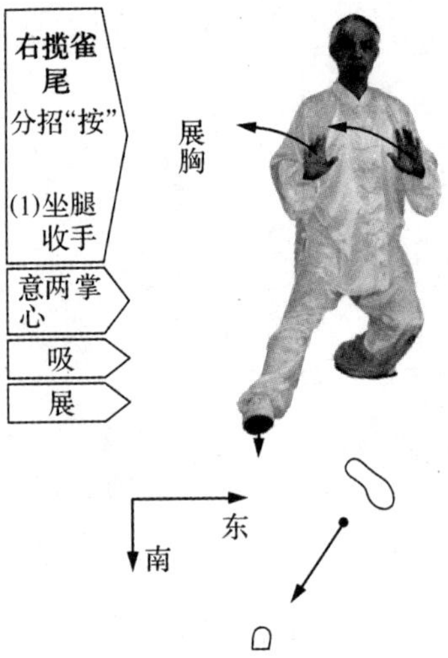

图 2-3-23　坐腿收手定式

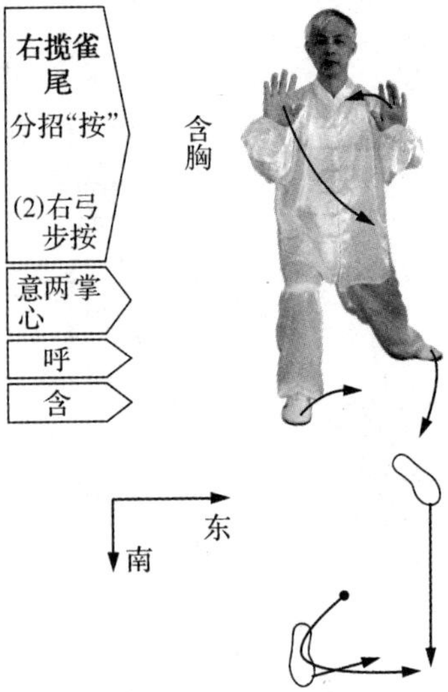

图 2-3-24　右弓步按定式

（1）坐腿收手

由图 2-3-22 同时做：
- 重心移向左脚，左腿屈膝，右腿伸展，脚尖略微上抬——上体坐于左腿
- 两掌左右分开与肩同宽，舒臂，掌心斜向下；再向后下弧形引至腰前，屈肘，坐腕
- 眼平视前方

至图 2-3-23

（2）右弓步按

右图 2-3-23 同时做：
- 右腿屈膝前弓、左腿自然伸展、重心前移（成右宽弓步）
- 两掌向前上弧形按出，垂肘，坐腕
- 眼平视前方

至图 2-3-24

6. ***右野马分鬃***（图 2-3-24 至图 2-3-27）

右野马分鬃有三个分动：（1）收脚抱球；（2）剪掌出脚；（3）弓步分掌。

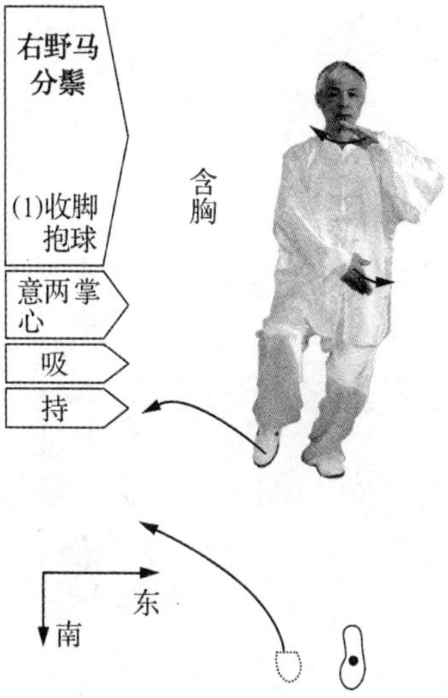

图 2-3-25　收脚抱球定式

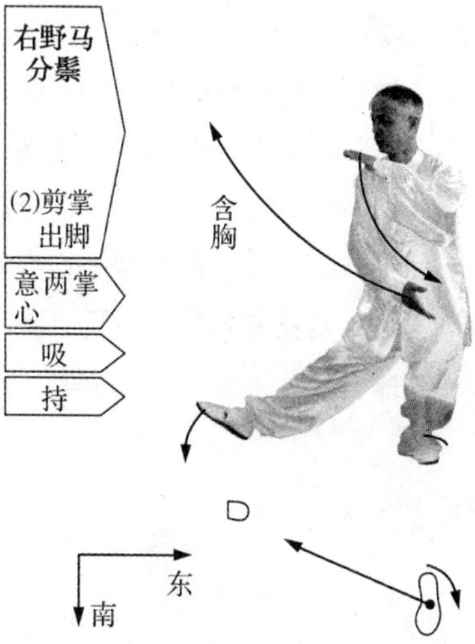

图 2-3-26　剪掌出脚定式

图 2-3-27　右野马分鬃定式

(1) 收脚抱球

由图 2-3-24 同时做：
- 重心移到右脚 接着 左脚跟进落于右脚左侧一肩宽处 然后：
  - 上体微左转
  - 重心移到左脚 接着 右脚收起，提至左脚旁一拳、宽半拳高处
- 左手屈臂回收、右手向左下划圆弧 → 两掌心相对呈抱球状
- 眼随视左掌

至图 2-3-25

(2) 剪掌出脚(图 2-3-25 至图 2-3-26)

这个分动和第二式左野马分鬃(2)分动完全对称

(3) 弓步分掌(见图 2-3-26 至图 2-3-27)

这个分动和第二式左野马分鬃(3)分动完全对称

7. 右白鹤亮翅(图 2-3-27 至图 2-3-30)

右白鹤亮翅有三个分动:(1)跟脚抱球;(2)后坐转体;(3)虚步分掌。

图 2-3-28 跟脚抱球定式

图 2-3-29 后坐转体定式

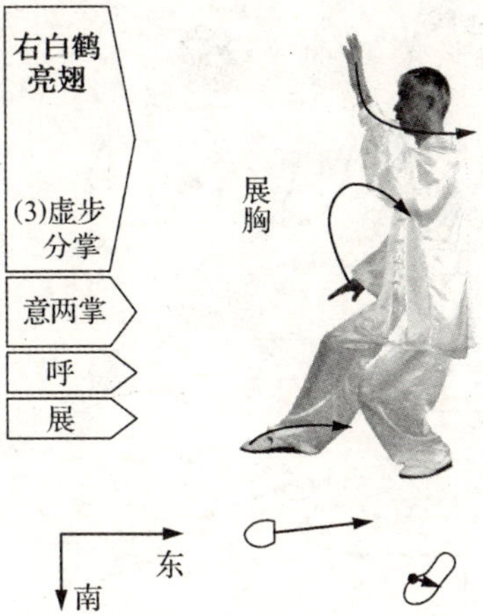

图 2-3-30　右白鹤亮翅定式

(1) 跟脚抱球(图 2-3-27 至图 2-3-28)

这个分动和第三式左白鹤亮翅(1)分动完全对称

(2) 后坐转体(图 2-3-28 至图 2-3-29)

这个分动和第三式左白鹤亮翅(2)分动完全对称

(3) 虚步分掌(见图 2-3-29 至图 2-3-30)

这个分动和第三式左白鹤亮翅(3)分动完全对称

8. 右搂膝拗步(图 2-3-30 至图 2-3-33)

右搂膝拗步有三个分动:(1)收脚运臂;(2)出脚运掌;(3)弓步搂推。

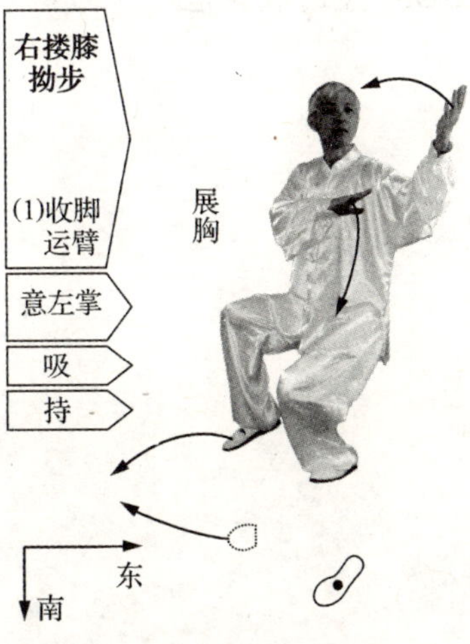

图 2-3-31　收脚运臂定式

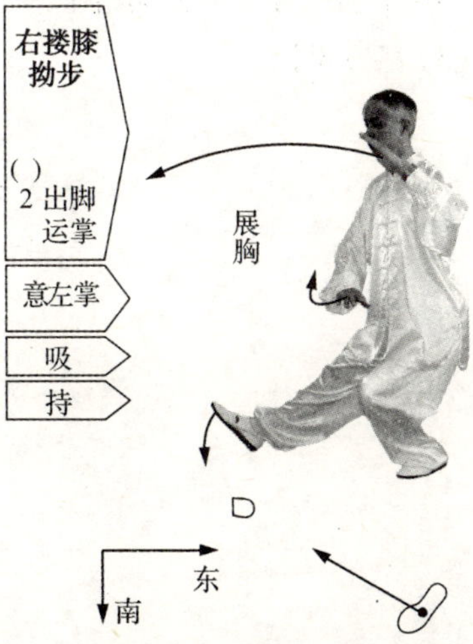

图 2-3-32　出脚运掌定式

图 2-3-33　右搂膝拗步定式

(1) 收脚运臂(图 2-3-30 至图 2-3-31)

这个分动和第四式左搂膝拗步(1)分动完全对称

(2) 出脚运掌(图 2-3-31 至图 2-3-32)

这个分动和第四式左搂膝拗步(2)分动完全对称

(3) 弓步搂推(图 2-3-32 至图 2-3-33)

这个分动和第四式左搂膝拗步(3)分动完全对称

9. 左揽雀尾(图 2-3-33 至图 2-3-42)

左揽雀尾有四个分招:掤、捋、挤、按。

分招"掤"有三个分动(图 2-3-33 至图 2-3-36):(1)收脚抱球;(2)剪掌出脚;(3)左弓步掤。

图 2-3-34　收脚抱球定式

图 2-3-35　剪掌出脚定式

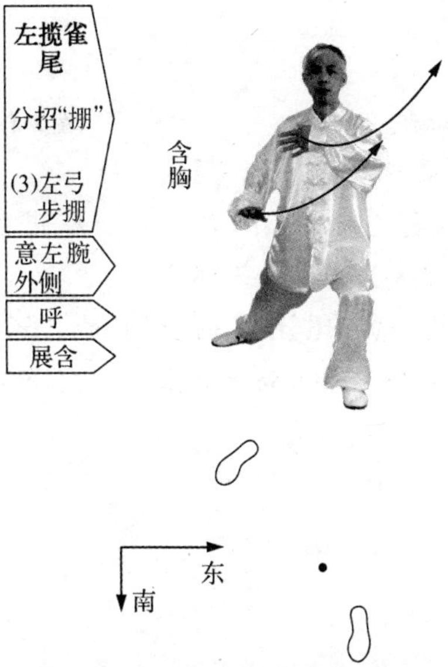

图 2-3-36　左弓步挒定式

(1) 收脚抱球(图 2-3-33 至图 2-3-34)

这个分动和第五式右揽雀尾分招“挒”(1)分动完全对称

(2) 剪掌出脚(图 2-3-34 至图 2-3-35)

这个分动和第五式右揽雀尾分招“挒”(2)分动完全对称

(3) 左弓步挒(图 2-3-35 至图 2-3-36)

这个分动和第五式右揽雀尾分招“掤”(3)分动完全对称

分招“捋”有两个分动(图 2-3-36 至图 2-3-38):(1)转体伸臂;(2)坐腿后捋。

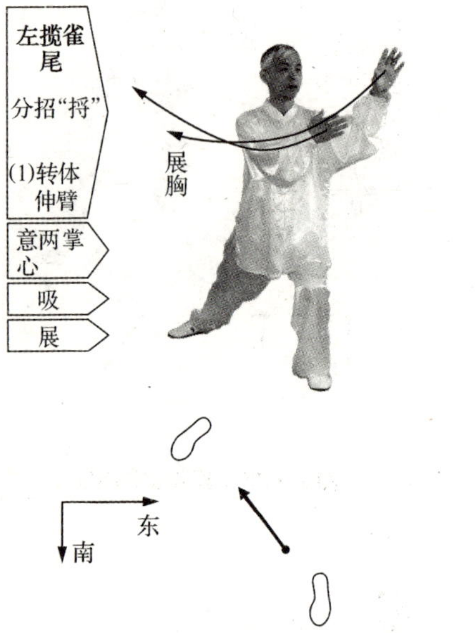

图 2-3-37 转体伸臂定式

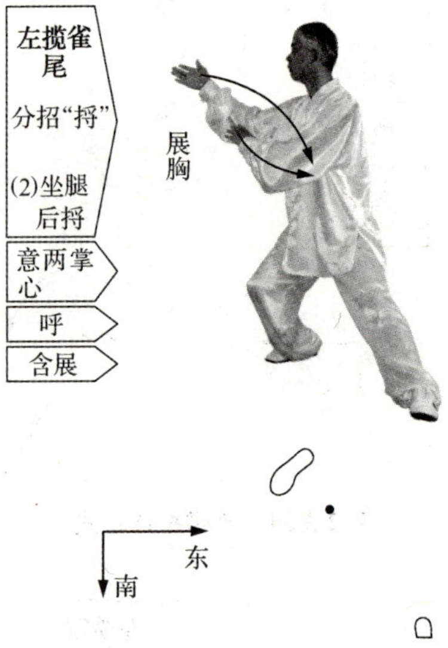

图 2-3-38 坐腿后捋定式

(1) 转体伸臂(图 2-3-36 至图 2-3-37)

这个分动和第五式右揽雀尾分招“捋”(1)分动完全对称

(2) 坐腿后捋(图 2-3-37 至图 2-3-38)

这个分动和第五式右揽雀尾分招“捋”(2)分动完全对称

分招“挤”有两个分动(图 2-3-38 至图 2-3-40):(1)转身十字手;(2)左弓步挤。

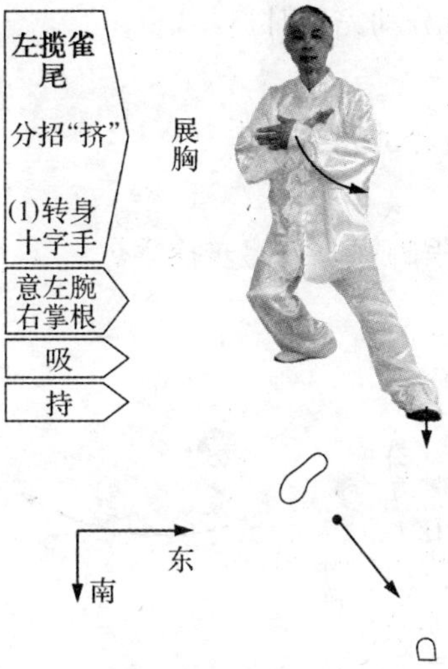

图 2-3-39　转身十字手定式

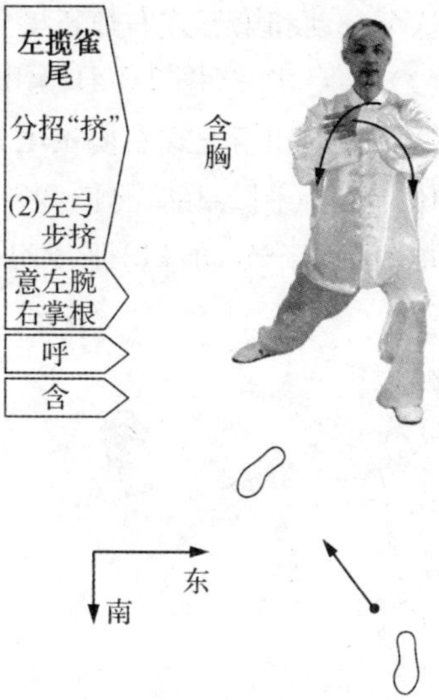

图 2-3-40　左弓步挤定式

(1) 转身十字手(图 2-3-38 至图 2-3-39)

这个分动和第五式右揽雀尾分招“挤”(1)分动完全对称

(2) 左弓步挤(图 2-3-39 至图 2-3-40)

这个分动和第五式右揽雀尾分招“挤”(2)分动完全对称

分招“按”有两个分动(图 2-3-40 至图 2-3-42)：(1)坐腿收手；(2)左弓步按。

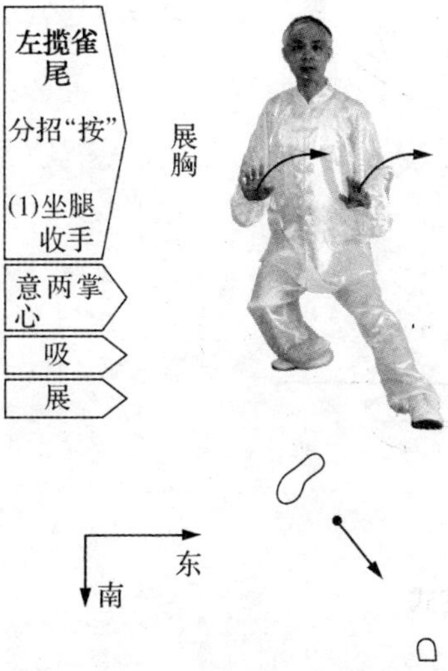

图 2-3-41　坐腿收手定式

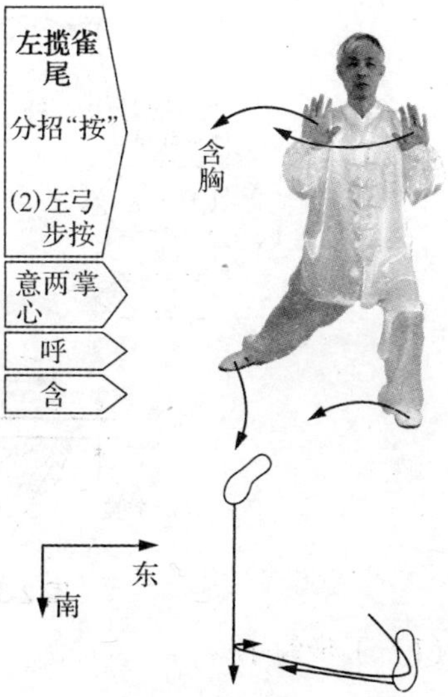

图 2-3-42　左弓步按定式

(1) 坐腿收手(图 2-3-40 至图 2-3-41)

这个分动和第五式右揽雀尾分招“按”(1)分动完全对称

(2) 左弓步按(图 2-3-41 至图 2-3-42)

这个分动和第五式右揽雀尾分招“按”(2)分动完全对称

10. 单鞭(图 2-3-42 至图 2-3-45)

单鞭有三个分动:(1)丁步勾手;(2)转体出脚;(3)左弓步拴掌。

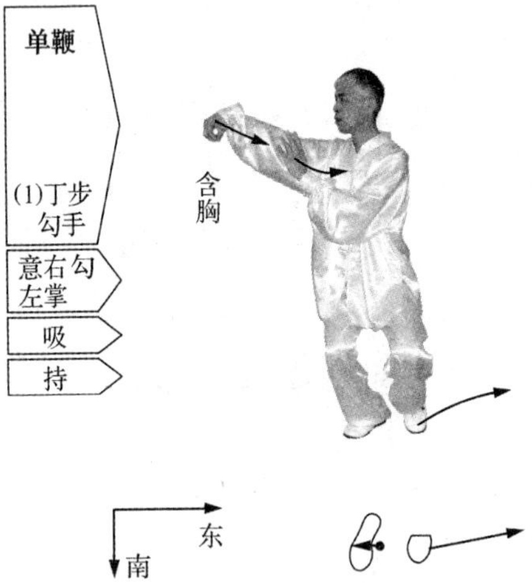

图 2-3-43　丁步勾手定式

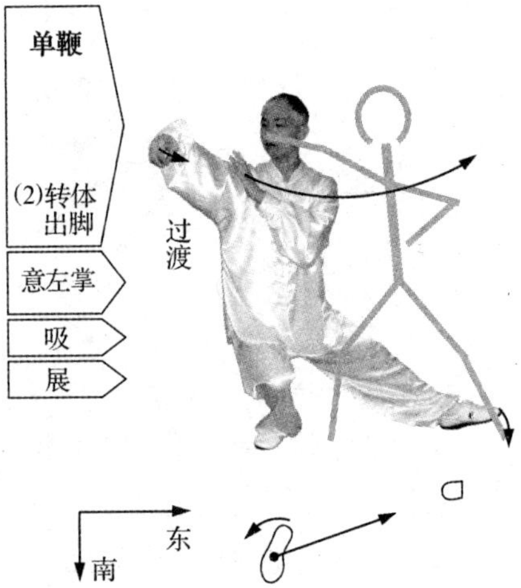

图 2-3-44　转体出脚定式

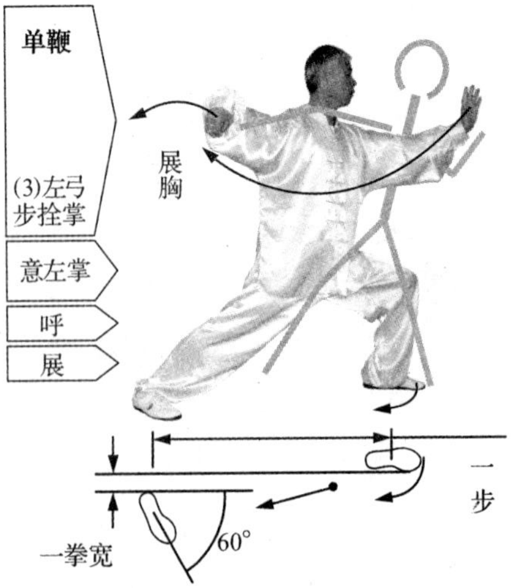

图 2-3-45　单鞭定式

(1) 丁步勾手

由图 2-3-42 同时做：

- 重心移到左脚 → 接着 → 右脚跟进落于左脚右侧一肩宽处 → 然后：
  - 上体微右转
  - 重心移到右脚 → 接着 → 左脚收起提至右脚旁一拳宽处，脚尖轻轻点地 → 接着 → 重心微移到右脚侧，成丁步
- 右手向右舒臂成勾手，垂肘，手略高于肩
- 左掌向右划弧至右胸前，掌心向后
- 眼随视右手

至图 2-3-43

（2）转体出脚

由图 2-3-43 同时做：

- 上体开始左转
- 重心回移到右脚 → 接着 → 左脚向左方出一步，脚跟轻轻点地
- 左手随肩臂运动向左移
- 眼随视左掌

至图 2-3-44

（3）左弓步拴掌

由图 2-3-44 同时做：

- 上体左转至南偏东向
- 左腿屈膝前弓
- 右腿自然伸展
- 右脚尖内扣
- 重心前移
  - （以上）成左窄弓步
- 左手向左前方拴掌至东方，垂肘，坐腕立掌
- 右手保持勾手随体微左转
- 眼随视左掌

至图 2-3-45

11．云手（图 2-3-45 至图 2-3-50）

云手有两个分招：一云手和二云手。

分招“一云手”有两个分动（图 2-3-45 至图 2-3-47）：（1）转体右云；（2）转体左云。

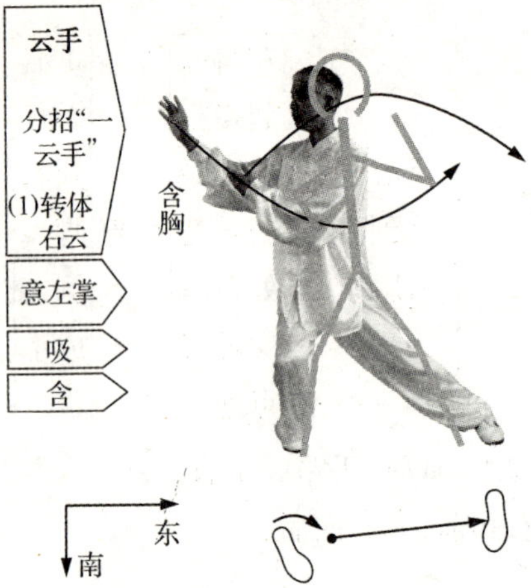

图 2-3-46 转体右云定式

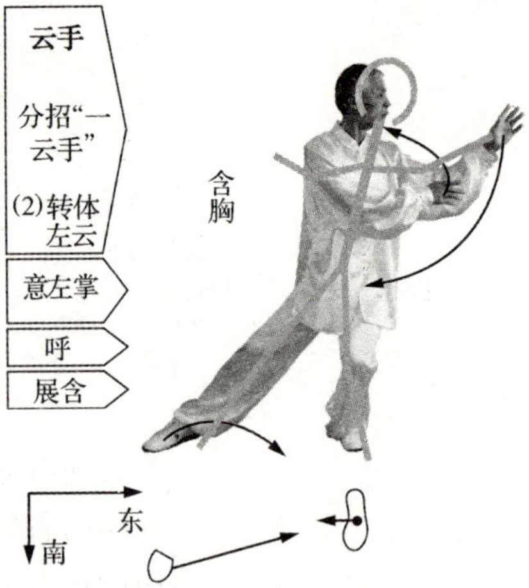

图 2-3-47 转体左云定式

(1) 转体右云

由图 2-3-45 同时做：
- 上体右转
- 重心移向右脚
- 左脚尖内扣
- 左手翻掌向右下方经腹前再向右上划弧至右前，掌心斜向后
- 右手由勾变掌，屈臂，掌心斜向前
- 眼转视右掌

至图 2-3-46

(2) 转体左云

由图 2-3-46 同时做：
- 上体左转
- 重心移到到左脚
- 右脚跟内扣离地
- 左手翻掌向左上方经颈前再向左下方划弧至左肩前，掌心斜向前
- 右手翻掌向左下方经腹前再向左上方划弧至左前，掌心斜向后
- 眼随视左掌

至图 2-3-47

分招“二云手”有三个分动(图 2-3-47 至图 2-3-50)：(1)平行步右云；(2)出脚右云；(3)转体左云。

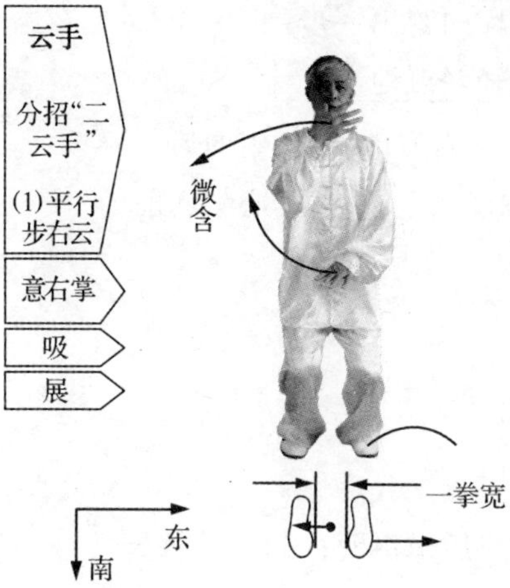

图 2-3-48　平行步右云定式

图 2-3-49　出脚右云定式

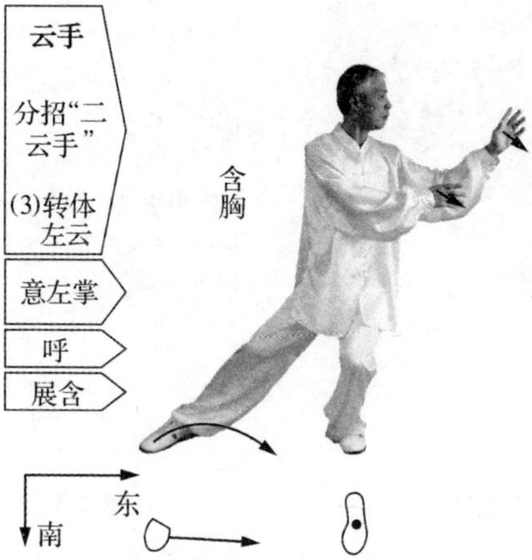

图 2-3-50　转体左云定式

（1）平行步右云

由图 2-3-47 同时做：
- 上体右转至向前
- 右脚横向收回，轻轻落于左脚右侧一拳宽处　接着　重心移到两脚正中，成平行步
- 左手翻掌向右下方划弧至腹前，掌心向内
- 右手向右上方划弧至颈前，掌心向内
- 眼随视右掌

至图 2-3-48

（2）出脚右云

由图 2-3-48 同时做：
- 上体右转
- 重心移到右脚 接着 左脚横向跨出一步，脚尖轻轻点地
- 左手向右上方划弧至右肩前，掌心斜向后
- 右手翻掌向右下方划弧至右前，掌心斜向前
- 眼转视右掌

至图 2-3-49

(3) 转体左云(图 2-3-49 至图 2-3-50)

这个分动和"一云手"(2)分动完全一样

12. 手挥琵琶(图 2-3-50 至图 2-3-53)

手挥琵琶有三个分动：(1)转体落脚；(2)后坐撑臂；(3)虚步挥臂。

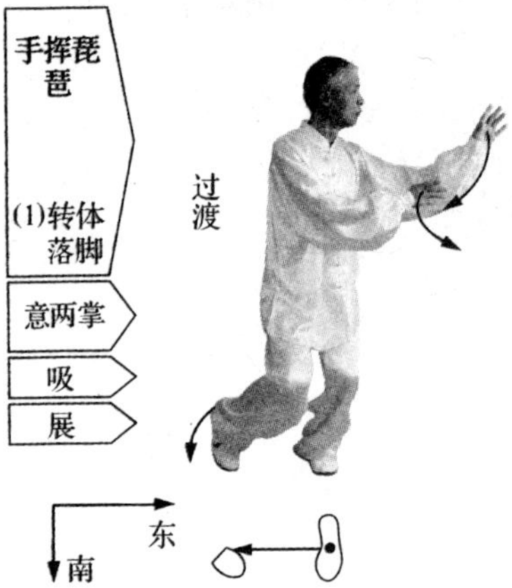

图 2-3-51　转体落脚定式

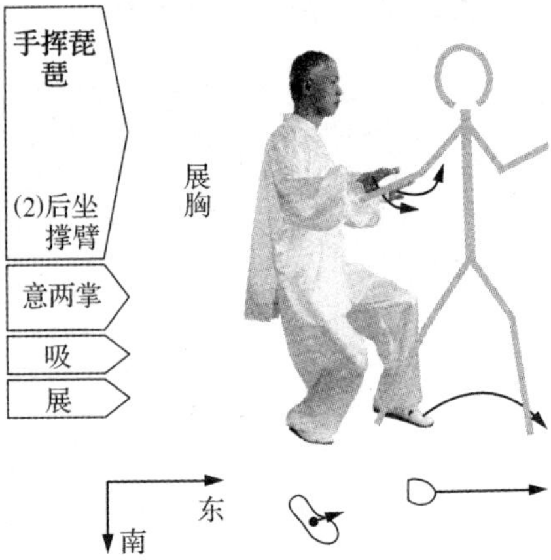

图 2-3-52　后坐撑臂定式

图 2-3-53　手挥琵琶定式

（1）转体落脚

由图 2-3-50 同时做：
- 上体微左转
- 右脚收至左脚后半步处，脚尖轻轻点地，左右脚尖间约成 45 度夹角
- 两手随体微向左摆
- 眼转视右掌

至图 2-3-51

（2）后坐撑臂

由图 2-3-51 同时做：
- 上体左转至向东
- 右脚跟落地，脚尖指东南
- 右腿后坐
- 重心移到右脚
- 两手臂向两侧撑开，掌心向前下
- 眼视前方

至图 2-3-52

（3）虚步挥臂

由图 2-3-52 同时做：
- 左脚向前出一步，然后：
  - 脚跟点地
  - 重心微前移

  成左虚步
- 左手内旋向上向内划小半个圆弧停于左前方，与鼻同高，掌心向右
- 右手内旋收至左肘内侧，掌心向左
- 眼视前方

至图 2-3-53

13. *左右倒卷肱*（图 2-3-53 至图 2-3-59）

左右倒卷肱有两个分招：（1）右卷肱；（2）左卷肱。

分招“右卷肱”有三个分动（图 2-3-53 至图 2-3-56）：（1）转体展臂；（2）退步屈肘；（3）虚步推掌。

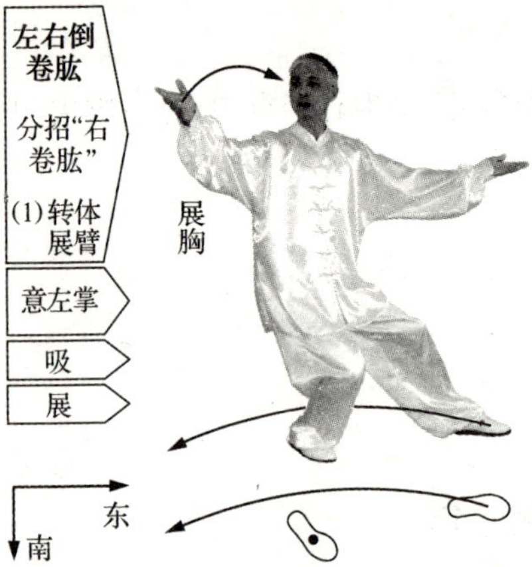

图 2-3-54 转体展臂定式

图 2-3-55 退步屈肘定式

图 2-3-56 右倒卷肱定式

（1）转体展臂

由图 2-3-53 同时做：
- 上体右转微后坐
- 重心移到右脚
- 左手臂外旋，至掌心向上
- 右手向右下经腹侧再向右上方划大弧至指尖，与耳同高，掌心斜向上
- 眼随视右掌

至图 2-3-54

（2）退步屈肘

由图 2-3-54 同时做
- 上体左转
- 左脚提起向后退一步，脚尖轻轻点地
- 右手屈肘至掌于耳侧，掌心向前下方
- 眼转视左掌

至图 2-3-55

（3）虚步推掌

由图 2-3-55 同时做
- 上体左转至向东
- 重心移到左脚近前处 ┐
- 右腿舒展屈膝，脚尖轻轻点地 ┘ 成右虚步
- 右手向前推出，垂肘，坐腕立掌
- 左手屈肘收至左胯旁，掌心向上
- 眼转视右掌

至图 2-3-56

分招“左卷肱”有三个分动（图 2-3-56 至图 2-3-59）：（1）转体展臂；（2）退步屈肘；（3）虚步推掌。

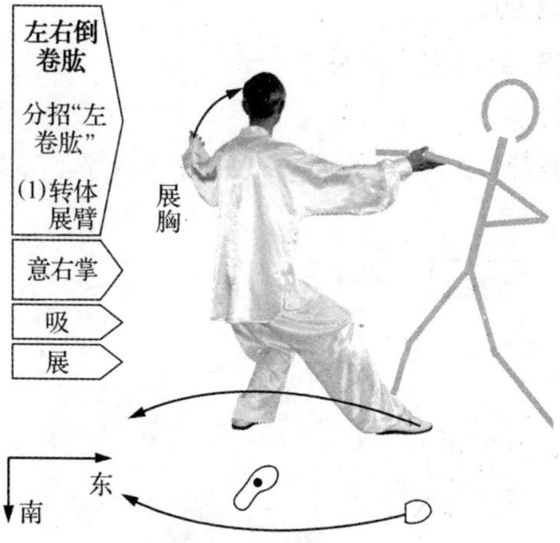

图 2-3-57　转体展臂定式

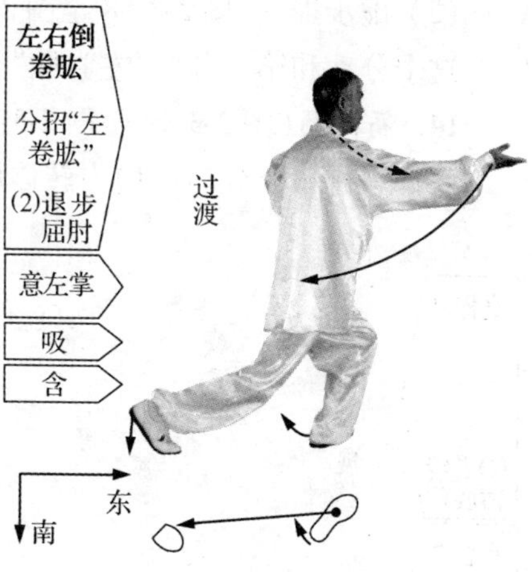

图 2-3-58　退步屈肘定式

图 2-3-59　右倒卷肱定式

(1) 转体展臂(图 2-3-56 至图 2-3-57)

这个分动和第一分招“左卷肱”(1)分动完全对称

(2) 屈肘退步(图 2-3-57 至图 2-3-58)

这个分动和第一分招“左卷肱”(2)分动完全对称

(3) 虚步推掌(图 2-3-58 至图 2-3-59)

这个分动和第一分招“左卷肱”(3)分动完全对称

14. 高探马(图 2-3-59 至图 2-3-62)

高探马有三个分动:(1)右转体展臂;(2)左转体屈肘;(3)虚步探掌。

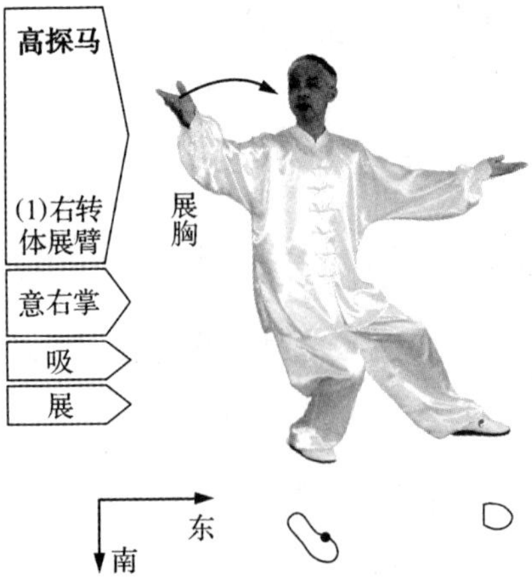

图 2-3-60　右转体展臂定式

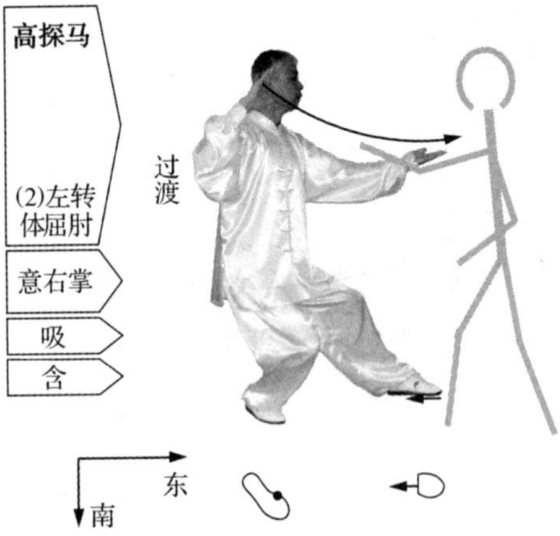

图 2-3-61　左转体屈肘定式

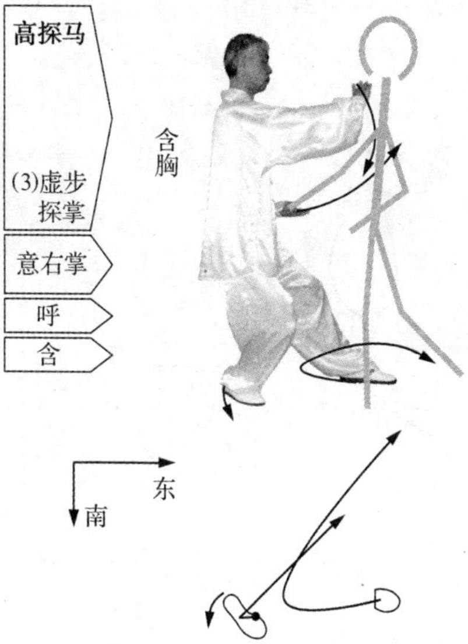

图 2-3-62　高探马定式

（1）右转体展臂

由图 2-3-59 同时做：
- 上体右转
- 右手向右上方划弧至手与耳同高，掌心斜向上
- 左手臂外旋，至掌心向上
- 眼随视右掌

至图 2-3-60

（2）左转体屈肘

由图 2-3-60 同时做：
- 上体左转
- 右手屈肘至掌于耳侧，掌心向前下方
- 眼转视左掌

至图 2-3-61

（3）虚步探掌

由图 2-3-61 同时做：
- 上体左转至正东并微上拔；左脚随上体上拔微回拖（成左高虚步）
- 右掌向前探，掌指斜向左前方，掌心斜向前下方，掌指与颈部同高
- 左手屈肘收至左胯旁，掌心向上
- 眼转视右掌

至图 2-3-62

15. 右蹬脚（图 2-3-62 至图 2-3-65）

右蹬脚有三个分动：（1）弓步穿掌；（2）独立合抱；（3）蹬脚分掌。

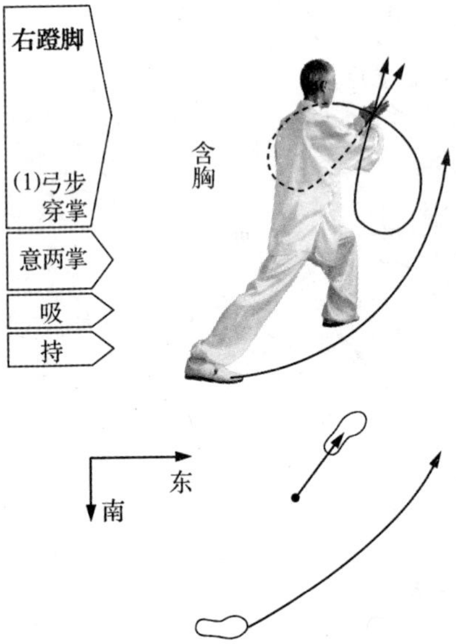

图 2-3-63　弓步穿掌定式

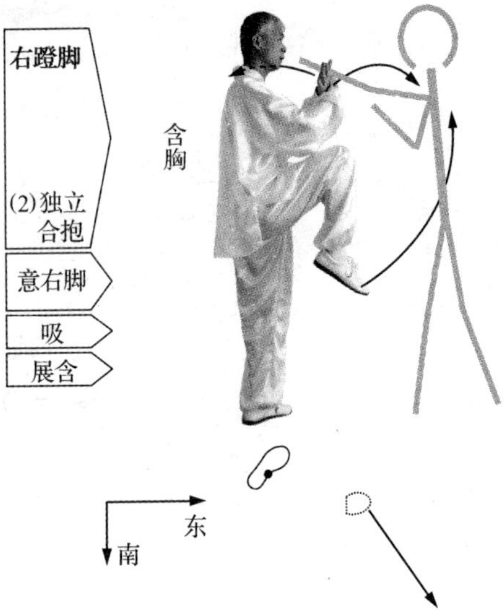

图 2-3-64　独立合抱定式

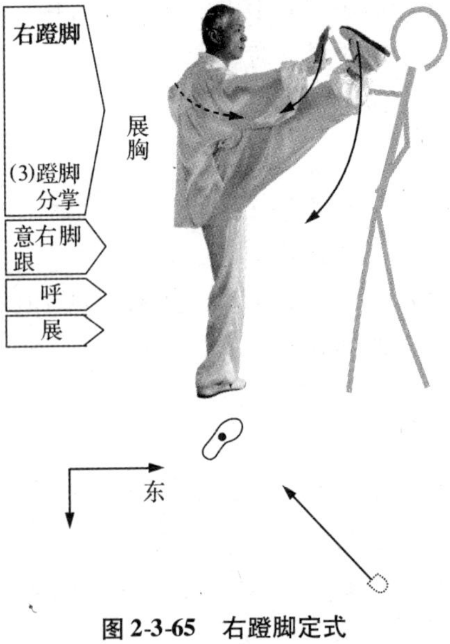

图 2-3-65　右蹬脚定式

（1）弓步穿掌

由图 2-3-62 同时做：
- 上体左转向东北
- 重心移到右脚 接着 左脚先回收后向东北方向跨一步，脚跟轻轻点地 然后 { 重心移向左脚；左腿屈膝前弓；右腿自然伸展，脚跟外碾 } 成左宽弓步
- { 右手屈臂微回收；左手向右腕上方穿出 } 两腕交叉，两掌背相对
- 眼随视两掌

至图 2-3-63

（2）独立合抱

由图 2-3-63 同时做：
- 上体右转向东
- 重心移到左脚 接着 右脚提至左脚侧 然后 { 左腿起立；右腿屈膝上抬 } 成左独立步
- { 左手向左划圆，经腹前回至胸前；右手向右划圆，经腹前回至胸前 } 两掌交叉合抱，掌心向内，右手在外
- 眼随视两手前方

至图 2-3-64

（3）蹬脚分掌

由图 2-3-64 同时做：
- 上体保持正直，微右转
- 重心保持稳定
- 右脚尖微内勾，脚跟向右前东南方蹬出，膝部自然伸展，脚的高度适中
- 两掌翻掌向左右推开，平举，坐腕立掌
- 眼随视右掌

至图 2-3-65

16. 双峰贯耳（图 2-3-65 至图 2-3-68）

双峰贯耳有三个分动：（1）独立收臂；（2）出脚垂臂；（3）弓步贯拳。

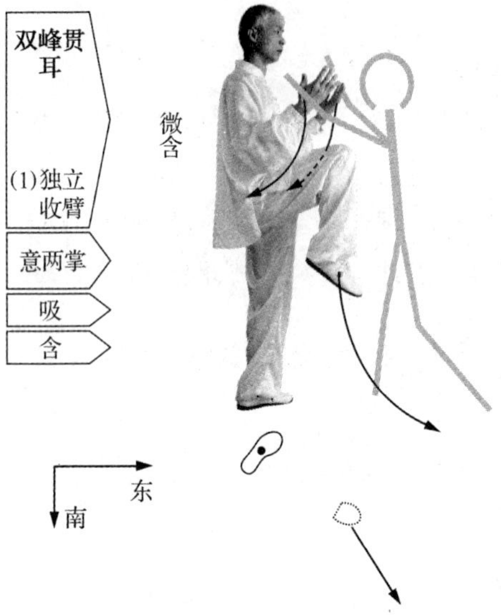

图 2-3-66　独立收臂定式

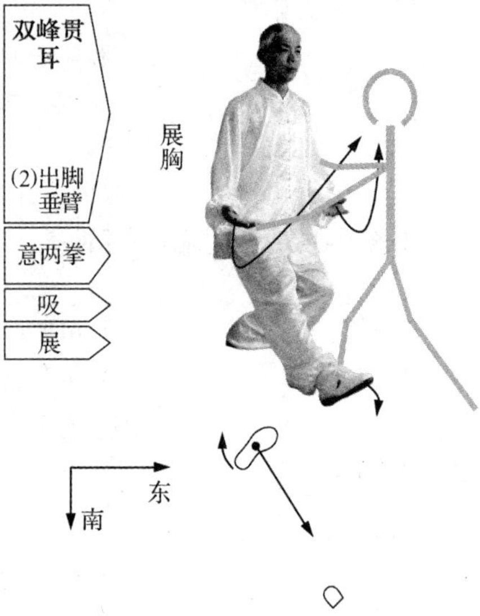

图 2-3-67　出脚垂臂定式

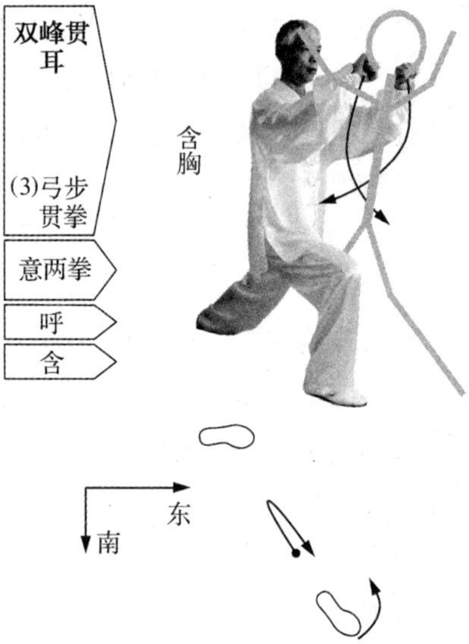

图 2-3-68　弓步贯拳定式

（1）独立收臂

由图 2-3-65 同时做：
- 上体保持正直，微左转 ┐
- 重心保持稳定 ├ 成独立步
- 右脚背舒展后右脚屈膝回收 ┘
- 两掌屈肘回收于胸前，掌与肩同高，掌心斜向内上
- 眼平视前方

至图 2-3-66

（2）出脚垂臂

由图 2-3-66 同时做：
- 上体右转至东南
- 左腿屈膝下蹲 接着 右脚向右前东南向出一步，脚跟轻轻点地
- 两掌向两侧下方划弧分落于两胯旁，掌心向上，掌指朝前
- 眼平视前方

至图 2-3-67

（3）弓步贯拳

由图 2-3-67 同时做：
- 重心移向右脚 ┐
- 右腿屈膝前弓 ├ 成右宽弓步
- 左腿自然伸直，脚跟外碾 ┘
- 两小臂内旋，由掌变拳，同时两手向两侧划弧；然后两拳向前上击至面部前方，两拳相距一拳宽，两虎口相对，沉肩垂肘
- 眼平视前方

至图 2-3-68

17．转身左蹬脚（图 2-3-68 至图 2-3-71）

转身左蹬脚有三个分动：（1）转身扣脚；（2）独立合抱；（3）蹬脚分掌。

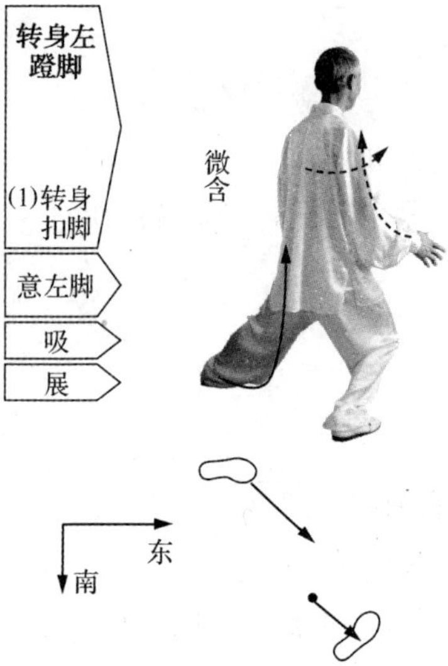

图 2-3-69　转身扣脚定式

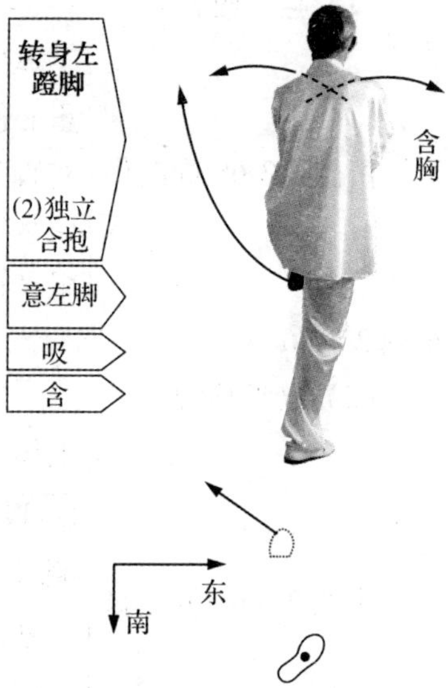

图 2-3-70　独立合抱定式

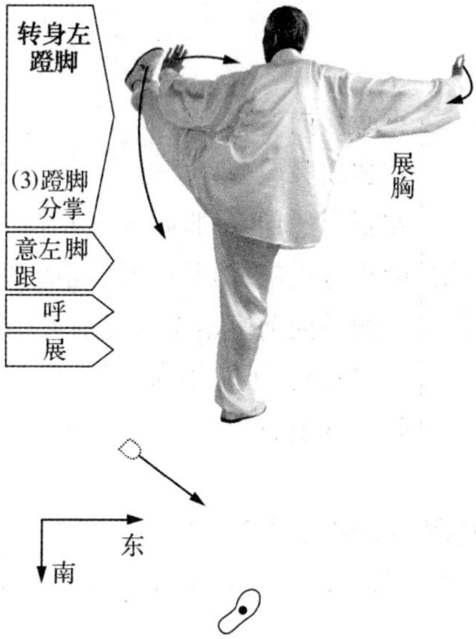

图 2-3-71　左蹬脚定式

（1）转身扣脚

由图 2-3-68 同时做：
- 上体左转向东北
- 重心移向左脚
- 右腿略舒展
- 右脚尖内扣
- 左脚略后坐
- 两拳变掌向两侧分开至与鼻同高，掌心向外
- 眼随视右掌

接着：
- 重心移向右脚
- 右脚屈蹲
- 左脚舒展
- 两掌向下向内划弧至腰侧前方，掌心相对
- 眼转视左前方

至图 2-3-69

（2）独立合抱

由图 2-3-69 同时做：
- 上体左转向北
- 重心移到右脚，接着：
  - 右腿起立
  - 左脚提起后屈膝上抬
  - 成独立步
- 左手经腹前向右上划弧至胸前
- 右手经腹前向左上划弧至胸前
  - 两掌交叉合抱，掌心向内，左手在外
- 眼视左前方

至图 2-3-70

（3）蹬脚分掌（见图 2-3-70 至图 2-3-71）

这个分动和第十五式右蹬脚（3）分动完全对称

18. 左下势独立（图 2-3-71 至图 2-3-77）

左下势独立有六个分动：（1）独立收手；（2）出脚勾手；（3）探脚扑步；（4）下势穿掌；（5）弓步挑掌；（6）金鸡独立。

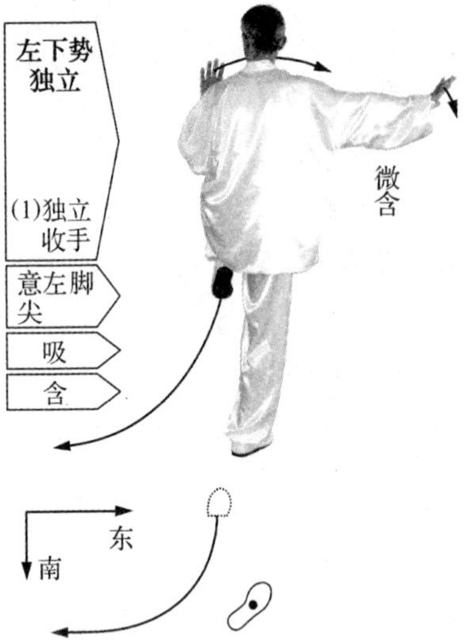

图 2-3-72　独立收手定式

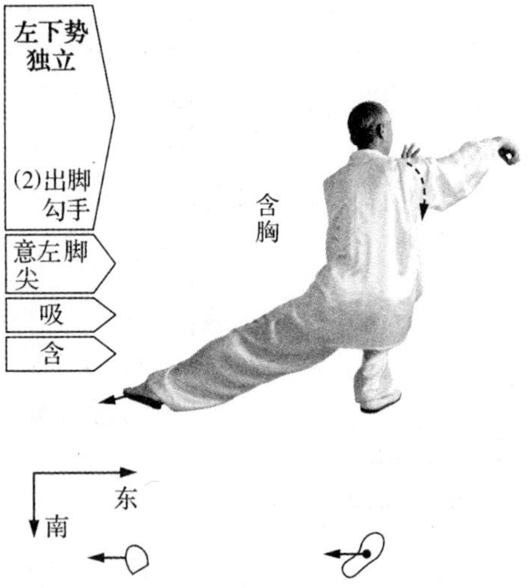

图 2-3-73　出脚勾手定式

图 2-3-74　探脚扑步定式

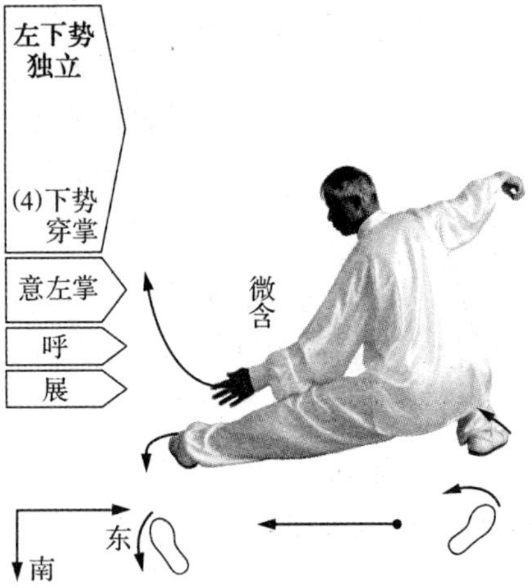

图 2-3-75　左下势穿掌定式

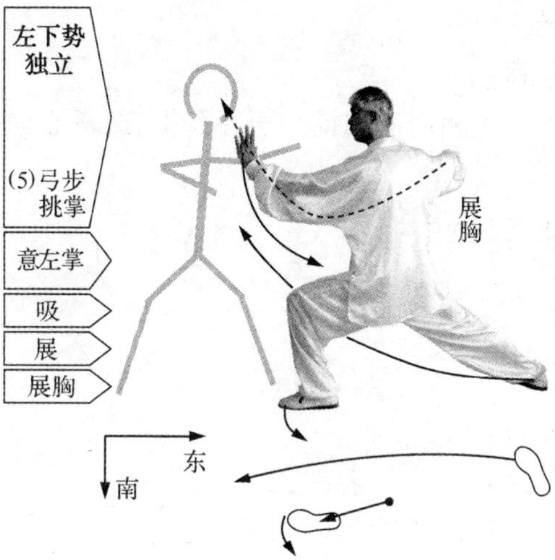

图 2-3-76　弓步挑掌定式

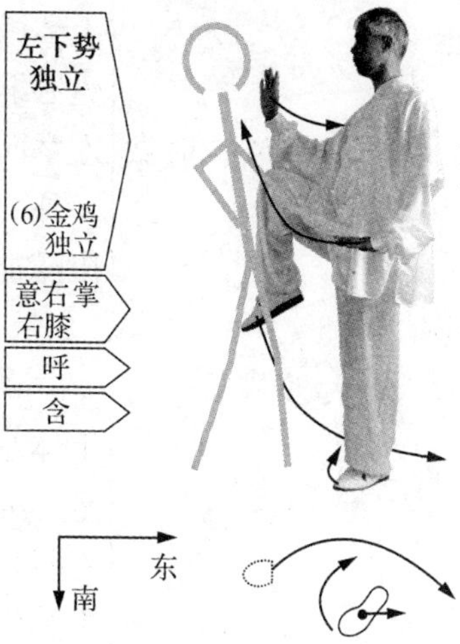

图 2-3-77　金鸡独立定式

（1）独立收手

由图 2-3-71 同时做：
- 左脚背舒展后左腿屈膝回收成独立步
- 左手屈臂收至左肩前
- 右掌舒腕
- 眼随视左掌

至图 2-3-72

（2）出脚勾手

由图 2-3-72 同时做：
- 上体微右转
- 右腿屈膝下蹲
- 左脚向左侧出步，脚尖轻轻点地
- 左手向右方划弧至右肩前
- 右手掌变勾
- 眼转视右手

至图 2-3-73

（3）探脚扑步

由图 2-3-73 同时做：
- 左脚向左侧略探出 ｝成左扑步
- 右腿继续下蹲 ｝成左扑步
- 重心微左移 ｝成左扑步
- 左手向下划弧至右胸前
- 眼视右手

至图 2-3-74

(4) 下势穿掌

由图 2-3-74 同时做：
- 上体微左转
- 重心继续左移
- 左掌向左下经大腿内侧向前穿至左脚上方，掌心向外
- 眼随视左手

至图 2-3-75

(5) 弓步挑掌

由图 2-3-75 同时做：
- 上体左转
- 成左窄弓步：
  - 重心继续左移
  - 右腿自然伸展
  - 右脚尖内扣
  - 左脚尖外撇
  - 左腿屈膝前弓
- 左手上挑至与肩同高，坐腕立掌，掌心向右前方
- 右勾手向前下方划弧至后下方，小臂自然内旋
- 眼随视左手

至图 2-3-76

(6) 金鸡独立

由图 2-3-76 同时做：
- 上体左转向正西
- 左脚尖外摆 接着 重心移到左脚 接着 右脚提至左脚侧 然后 {左腿起立、右腿屈膝上抬} 成独立步
- 右手小臂外旋，勾变掌，经右腿外侧向前上方划弧，屈肘立掌于右腿上方，掌心向左，掌高齐眉
- 左手下按于左胯旁，掌心向下，指朝前
- 眼随视右手

至图 2-3-77

19. 右下势独立(图 2-3-77 至图 2-3-83)

左下势独立有六个分动：(1) 转体丁步；(2) 出脚勾手；(3) 探脚扑步；(4)下势穿掌；(5)弓步挑掌；(6)金鸡独立。

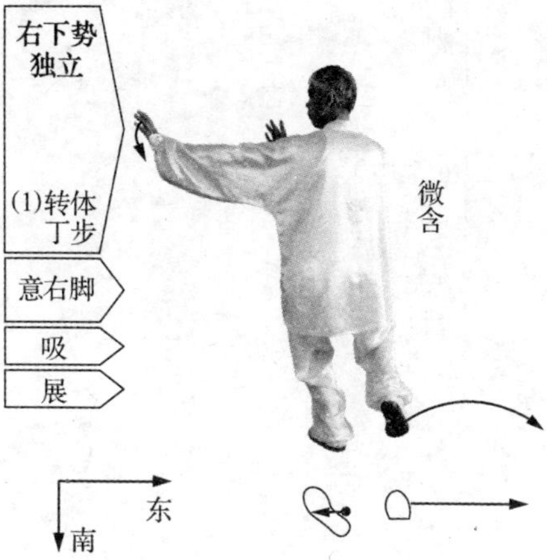

图 2-3-78　转体丁步定式

图 2-3-79　出脚勾手定式

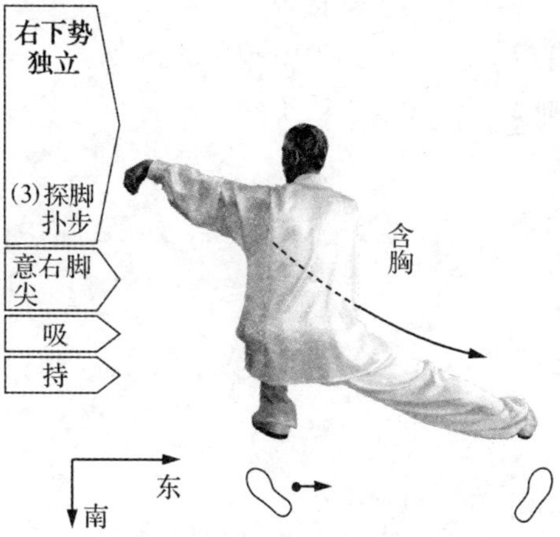

图 2-3-80　探脚扑步定式

图 2-3-81　右下势穿掌定式

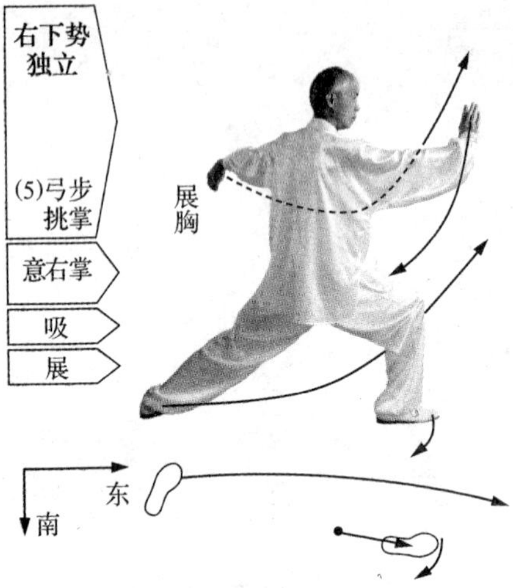

图 2-3-82　弓步挑掌定式

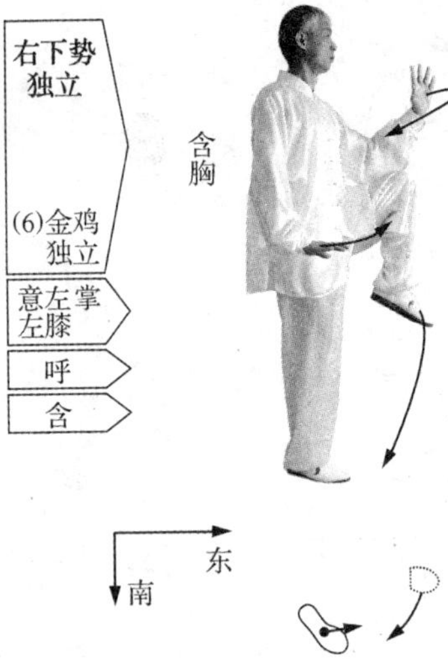

图 2-3-83　金鸡独立定式

（1）转体丁步

由图 2-3-77 同时做：
- 左腿下蹲
- 脚落于左脚右后方，脚尖点地
  - 接着：
    - 上体右转至北
    - 左脚尖内扣至北偏西
    - 重心移于两脚间
- 左掌向左方伸出
- 右掌移至左肩前
- 眼随视左掌

至图 2-3-78

（2）出脚勾手

由图 2-3-78 同时做：
- 上体微左转
- 重心移到左脚
  - 接着：
    - 左腿屈膝下蹲
    - 右脚向右侧出步，脚尖轻轻点地
- 右手向左方划弧至左肩前
- 左手掌变勾
- 眼转视左手

至图 2-3-79

（3）探脚扑步（图 2-3-79 至图 2-3-80）

这个分动和第十八式左下势独立（3）分动完全对称

（4）下势穿掌（图 2-3-80 至图 2-3-81）

这个分动和第十八式左下势独立（4）分动完全对称

（5）弓步挑掌（图 2-3-81 至图 2-3-82）

这个分动和第十八式左下势独立(5)分动完全对称

(6) 金鸡独立(图 2-3-82 至图 2-3-83)

这个分动和第十八式左下势独立(6)分动完全对称

20. ***左右穿梭***(图 2-3-83 至图 2-3-89)

左右穿梭有两个分招:右穿梭和左穿梭。

分招“右穿梭”有三个分动(图 2-3-83 至图 2-3-86):(1)落脚抱球;(2)出脚掤臂;(3)弓步架推。

图 2-3-84 落脚抱球定式

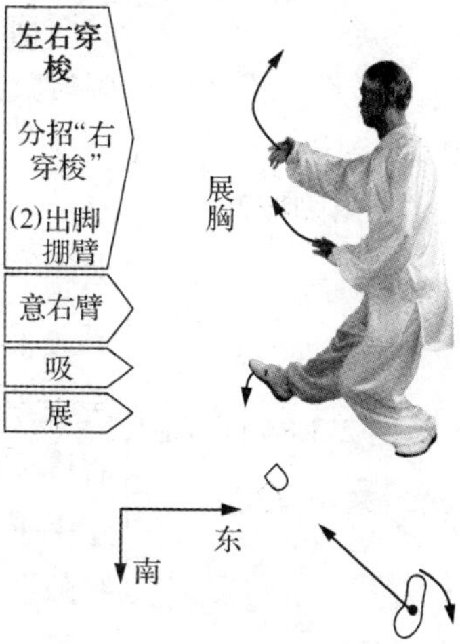

图 2-3-85 出脚掤臂定式

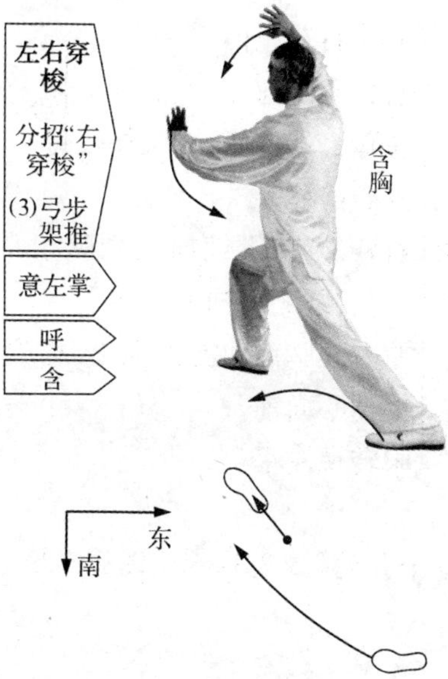

图 2-3-86 右穿梭定式

（1）落脚抱球

由图 2-3-83 同时做：
- 上体右转
- 左腿屈蹲
- 右脚内撇落于左脚侧 接着 重心移到两脚间
- 左手小臂内旋由立掌变平掌，屈臂于左肩前，掌心向下；右手翻掌向左前方划弧，屈臂于左腹前，掌心向上 —— 抱球于左前方
- 眼转视左手

至图 2-3-84

（2）出脚掤臂

由图 2-3-84 同时做：
- 上体继续右转
- 重心移到左脚 接着 右脚提起向右前西北跨一步，脚跟轻轻点地
- 右臂外旋向右上方掤至与肩同高
- 左手下沉至左腰侧，坐腕
- 眼随视右手

至图 2-3-85

（3）弓步架推

由图 2-3-85 同时做：
- 上体右转至西北；右腿屈膝前弓；左腿自然伸直，脚跟外碾；重心前移 —— 成右宽弓步
- 右臂外旋，继续向上划弧架掌于头部上方，略高于头，掌心斜向前上方
- 左掌经胸前向前方推出，指尖与鼻同高，坐腕立掌，掌心向前
- 眼转视左手

至图 2-3-86

分招“左穿梭”有三个分动（图 2-3-86 至图 2-3-89）：（1）收脚抱球；（2）出脚掤臂；（3）弓步架推。

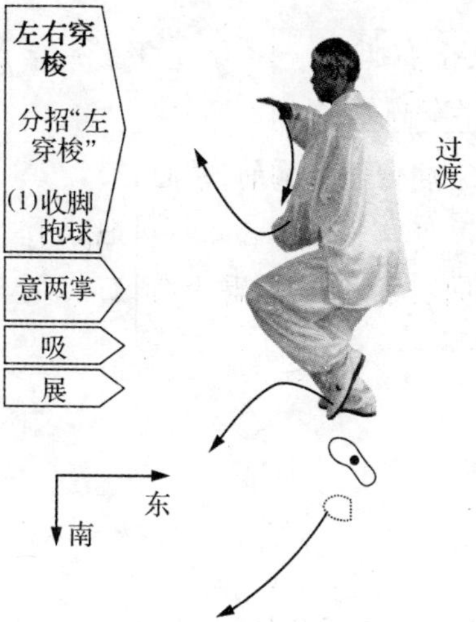

图 2-3-87　收脚抱球定式

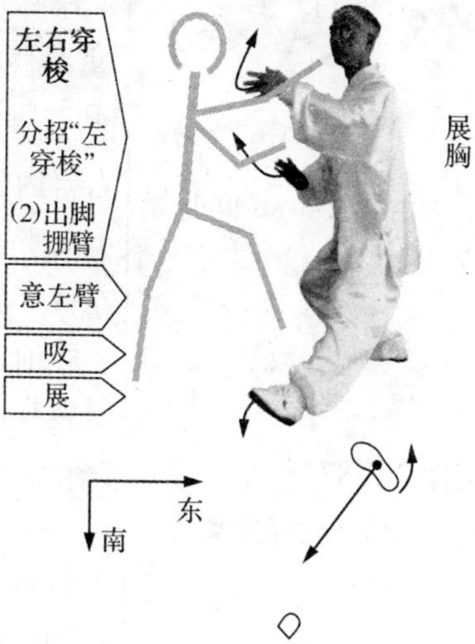

图 2-3-88　出脚掤臂定式

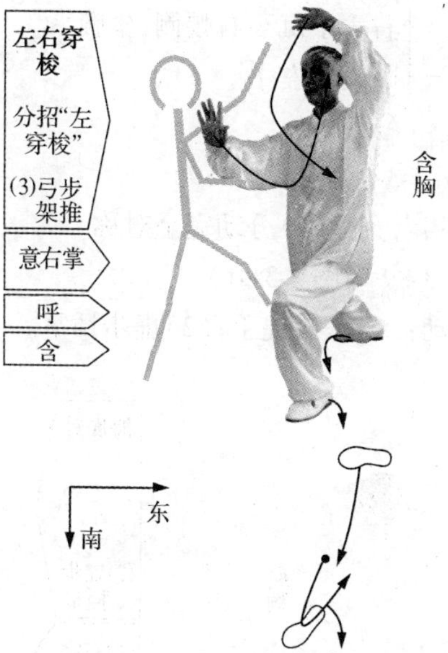

图 2-3-89　左穿梭定式

(1) 收脚抱球

由图 2-3-86 同时做：
- 上体微右转
- 重心移到右脚 接着 左脚收于右脚侧一拳宽、半拳高处
- 右臂内旋，右手向内下屈臂于右胸前，掌心向下；左臂外旋，左手翻掌向右下划弧，屈臂于右腹前，掌心向上 —— 抱球于右前方
- 眼转视右手

至图 2-3-87

(2) 出脚掤臂

由图 2-3-87 同时做：
- 上体左转
- 左脚提起向左前西南跨一步，脚跟轻轻点地
- 左臂外旋向左上方掤至与肩同高
- 右手下沉至右腰侧，坐腕
- 眼随视左手

至图 2-3-88

(3) 弓步架推(图 2-3-88 至图 2-3-89)

这个分动和一分招右穿梭(3)分动完全对称

21. 海底针(图 2-3-89 至图 2-3-91)

海底针有两个分动：(1)跟步提手；(2)虚步插掌。

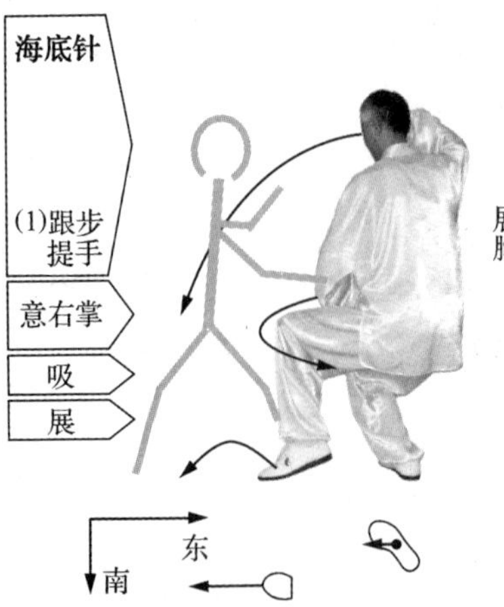

图 2-3-90 跟步提手定式

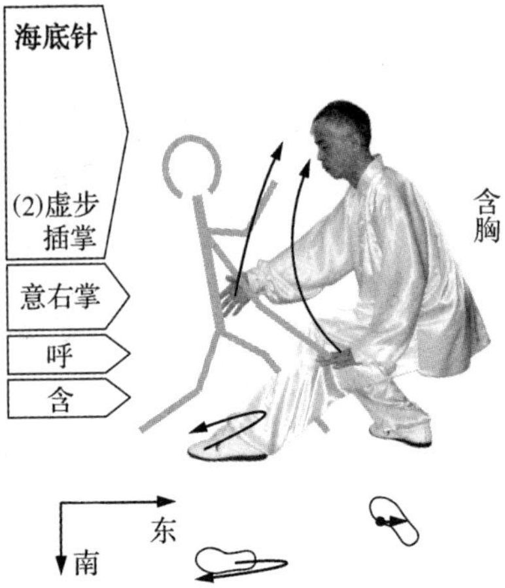

图 2-3-91 海底针定式

（1）跟步提手

由图 2-3-89 同时做
- 重心移到左脚 接着 右脚跟进半步，脚尖轻轻点地 然后
  - 上体右转
  - 右脚跟落地
  - 左脚跟离地外撇
  - 重心后移到右脚
- 右掌先自然向后下收回至腹前，然后向右上后划弧至右耳侧，掌心向左
- 左掌先向前下，后向后下划弧自然下落于腹前，掌心向下
- 眼视左前方

至图 2-3-90

（2）虚步插掌

由图 2-3-90 同时做
- 上体左转并微前倾
- 右腿下蹲、左脚尖轻轻前点 接着 重心下沉并微前移 成低左虚步
- 右掌向前下划弧插于左膝右前方，掌心向左，手指斜朝下
- 左手向左后下搂膝划弧于左胯旁
- 眼随视右手

至图 2-3-91

22. 闪通背（图 2-3-91 至图 2-3-93）

闪通背有两个分动：（1）跨步环臂；（2）弓步推掌。

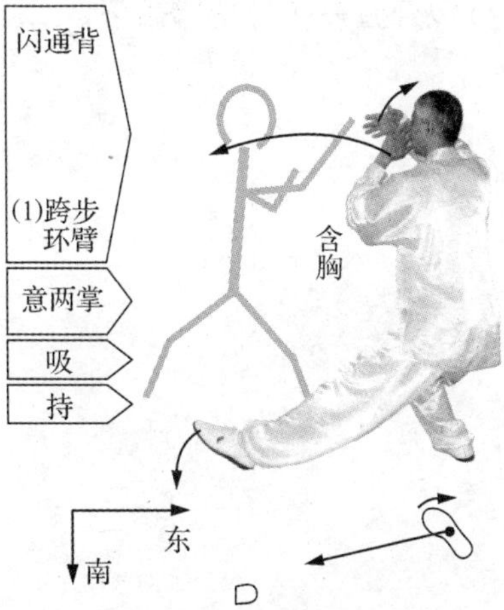

图 2-3-92　跨步环臂定式

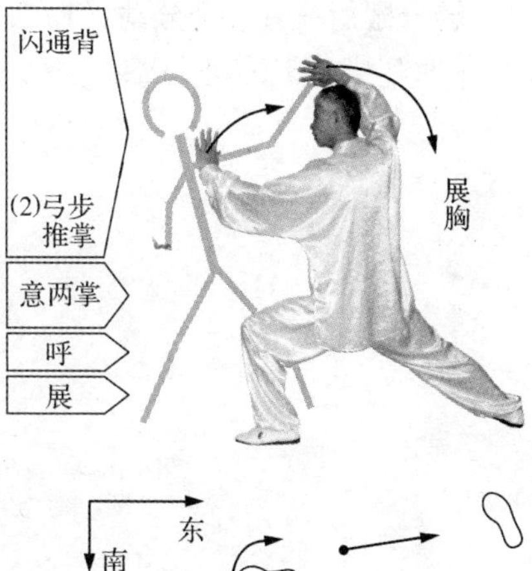

图 2-3-93　闪通背定式

(1) 跨步环臂

由图 2-3-91 同时做
- 上体引直右转
- 重心移到右脚 接着 左脚提起收回 接着 左脚向前跨一步，脚跟轻轻点地
- 右手屈臂向右后上划弧至耳高，掌心向左 ⎫
- 左手向右后上划弧至右掌前下方一拳宽处，掌心向右 ⎭ 左右两臂成环状，两掌心相对
- 眼随视左手

至图 2-3-92

(2) 弓步推掌

由图 2-3-92 同时做
- 上体微右转 ⎫
- 左腿前弓，脚掌落地 ⎬ 成左窄弓步
- 右腿自然伸直，脚尖微外碾 ⎭
- 重心前移
- 右肘向后撑，右臂外旋，右掌翻掌向后上方向划弧至略高于头，掌心向右，掌指向前
- 左肘向前撑，左掌向前推出，掌心向右，坐腕，立掌，指尖与鼻同高
- 眼随视左手

至图 2-3-93

23. 转身搬拦捶（图 2-3-93 至图 2-3-98）

转身搬拦捶有五个分动：(1)后坐扣脚；(2)转身握拳；(3)落脚搬拳；(4)上步拦掌；(5)弓步打拳。

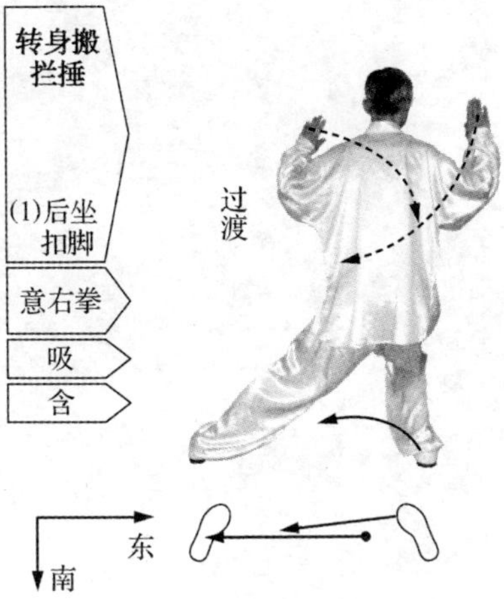

图 2-3-94　后坐扣脚定式

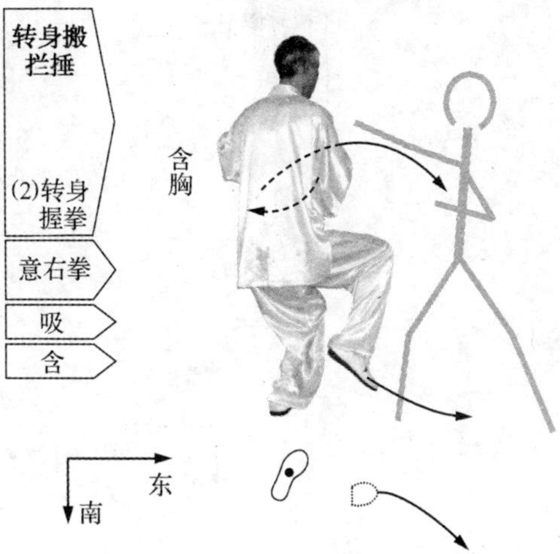

图 2-3-95　转身握拳定式

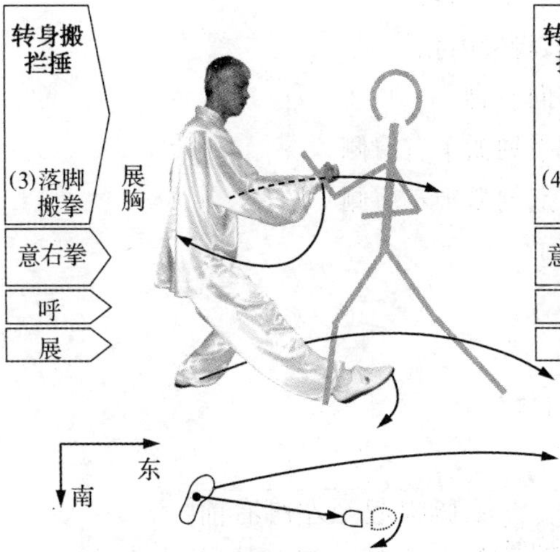

图 2-3-96　落脚搬拳定式

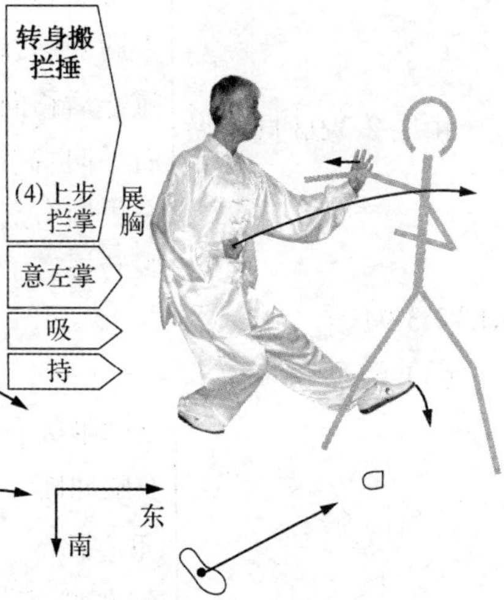

图 2-3-97　上步拦掌定式

图 2-3-98　搬拦捶定式

（1）后坐扣脚

由图 2-3-93 同时做：
- 上体右转后坐于右腿
- 左腿舒展，脚尖内扣
- 重心后移向右脚
- 右手向右下划弧于右肩侧
- 左手向右上划弧于左肩侧
- 眼转视右手

至图 2-3-94

（2）转身握拳

由图 2-3-94 同时做：
- 上体继续右转
- 左腿屈蹲
- 重心移到左脚　接着　右脚提起至左脚右前侧半拳高、一拳宽处
- 右小臂内旋，右手由掌变拳，向左下经腹前再向左上划弧至左肋旁，拳背向内上
- 左掌下落于右胸前
- 眼视右前方

至图 2-3-95

（3）落脚搬拳

由图 2-3-95 同时做：
- 上体右转
- 右脚向右前出步，脚跟落地
- 右小臂外旋
- 右拳经胸前先向右前上再向右前下以肘关节为轴弧形搬出，拳背向右下
- 左掌压于左胯旁
- 眼视右拳

至图 2-3-96

（4）上步拦掌

由图 2-3-96 同时做：
- 上体右转
- 右脚屈蹲，脚尖外撇落地，脚尖指东南 —— 接着 —— 重心移到右脚 —— 接着 —— 左脚收起，经右脚侧向前出一步，脚跟轻轻点地
- 左手先向左前再向右前划弧拦掌于左前方，坐腕立掌，掌心向左前，沉肩垂肘
- 右小臂内旋；右拳向右后划弧至右腰侧远处，拳心向下 —— 接着 —— 右小臂外旋；右拳向内下划弧至右腰侧近处，拳心向上
- 眼转视左掌

至图 2-3-97

（5）弓步打拳

由图 2-3-97 同时做：
- 上体左转；左腿屈膝前弓；右腿自然伸直；重心前移 —— 成宽左弓步
- 右小臂内旋；右拳向前打出 —— 拳与胸同高，拳面向前，拳眼向上
- 左掌微后，收于右小臂侧压掌
- 眼视右拳

至图 2-3-98

24. 如封似闭（图 2-3-98 至图 2-3-101）

如封似闭有三个分动：(1)穿手翻掌；(2)后坐收掌；(3)弓步推掌。

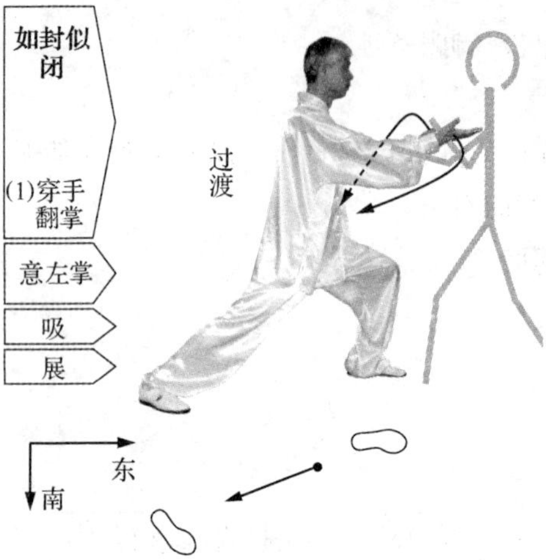

图 2-3-99 穿手翻掌定式

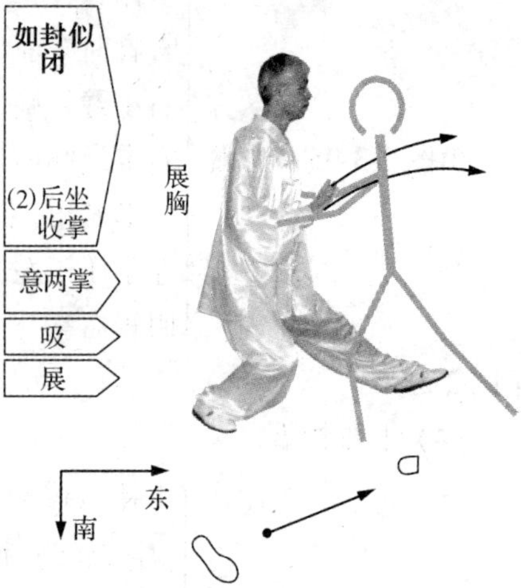

图 2-3-100 后坐收掌定式

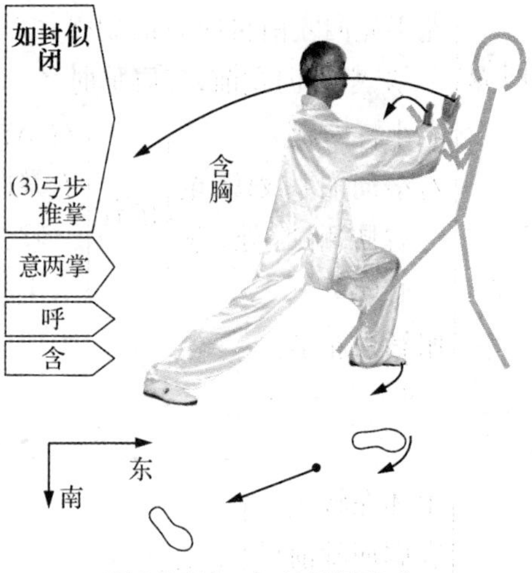

图 2-3-101 如封似闭定式

(1) 穿手翻掌

由图 2-3-98 同时做{先左手由右腕下向前穿，掌心向下}接着{左小臂外旋；左掌翻掌并向左移；右小臂外旋；右拳变掌并向右移}两掌心向上，两掌间距同肩宽；眼视前方}

至图 2-3-99

(2) 后坐收掌

由图 2-3-99 同时做：
- 上体后坐
- 右腿屈蹲
- 左腿自然伸直，脚尖微上翘
- 重心后移
- 两小臂内旋
- 两臂屈肘，两掌向两侧分开再向内收，同时向后下方回收，转腕翻掌按于腹前，坐腕，掌心朝前下方
- 眼视前方

至图 2-3-100

(3) 弓步推掌

由图 2-3-100 同时做：
- 左腿屈膝前弓、右腿自然伸直、重心前移——成宽左弓步
- 两掌向前上方弧形推出，沉肩垂肘，坐腕立掌，掌高与肩平，两掌间距同肩宽
- 眼视前方

至图 2-3-101

25. 十字手(图 2-3-101 至图 2-3-105)

十字手有四个分动:(1)转体运臂;(2)转体平臂;(3)收脚合抱;(4)十字手。

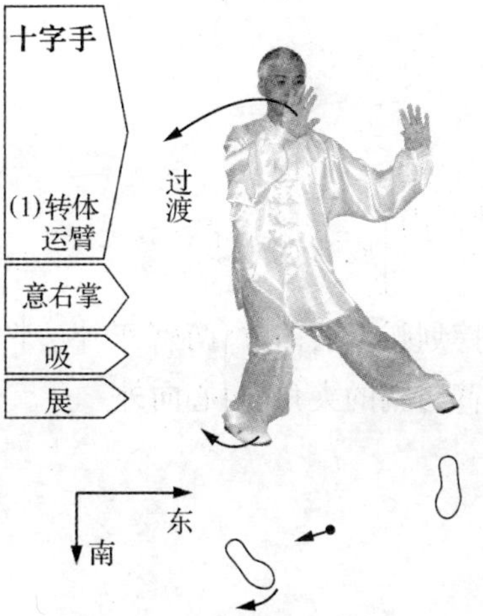

图 2-3-102　转体运臂定式

图 2-3-103　转体平臂定式

图 2-3-104　收脚合抱定式

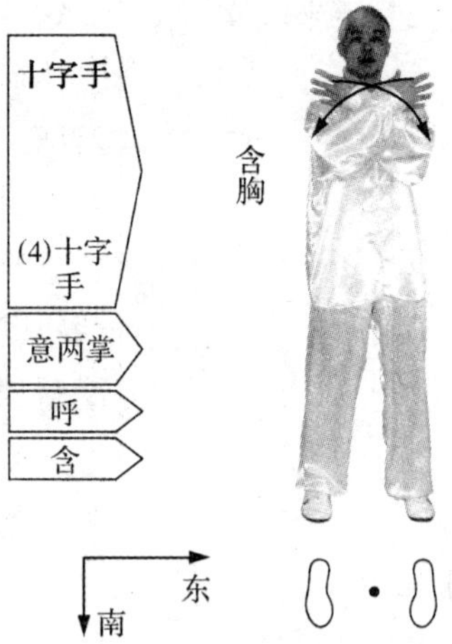

图 2-3-105　十字手定式

（1）转体运臂

由图 2-3-101 同时做：
- 上体右转后坐于右腿
- 右腿屈蹲
- 左腿舒展
- 左脚尖内撇，落地向南
- 右手随转体右平摆划弧至胸前
- 随转体时展开左臂与胸的夹角
- 重心移向右腿
- 眼随视右掌

至图 2-3-102

（2）转体平臂

由图 2-3-102 同时做：
- 上体继续右转
- 右脚尖外撇，落地西南；重心移向右腿 —— 成右宽弓步
- 右手随转体右平摆划弧至右前方；随转体时展开右臂与胸的夹角 —— 两臂平举，掌心向外
- 眼随视右掌

至图 2-3-103

（3）收脚合抱

由图 2-3-103 同时做：

- 上体左转；左腿屈蹲；重心移向左腿；右腿舒展；右脚尖内扣，脚掌落地 —— 接着 [重心移到左脚] 接着 [右脚提起收回脚尖轻轻落于左脚侧一肩宽处] 然后 {左脚跟落地；重心右移至两脚中间}
- 两手向下划弧至腰侧，掌心斜向上
- 眼转视前方

至图 2-3-104

（4）十字手

由图 2-3-104 同时做：

- 上体上引
- 双腿逐渐伸展
- 两手经腹前交叉向上划弧成十字手于胸前，掌心向内，右手在前
- 眼平视前方

至图 2-3-105

26. 收势（图 2-3-105 至图 2-3-109）

收势有四个分动：（1）翻掌举臂；（2）落手；（3）收脚；（4）还原。

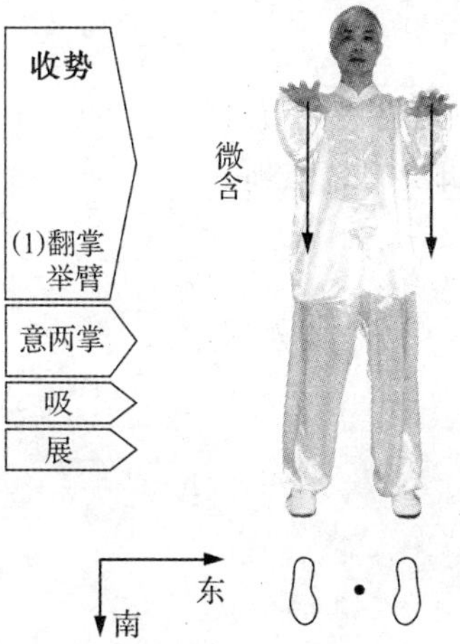

图 2-3-106　翻掌举臂定式

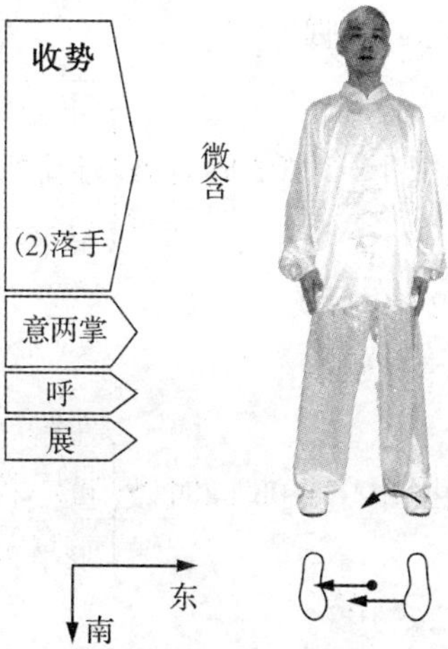

图 2-3-107　落手定式

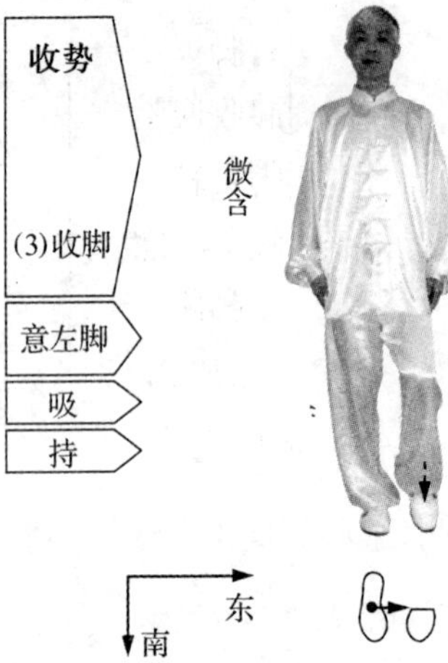

图 2-3-108　收脚定式

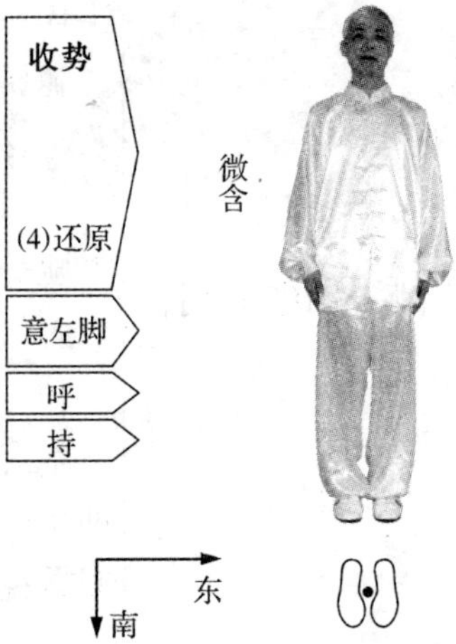

图 2-3-109　收势定式

（1）翻掌举臂

由图 2-3-105 同时做 { 两小臂内旋
两掌翻掌前伸，两臂平举，与肩同高同宽，掌心向下
眼平视前方

至图 2-3-106

（2）落手

由图 2-3-106 同时做 { 两手下落至体侧，掌心向内掌指朝下
眼平视前方

至图 2-3-107

（3）收脚

由图 2-3-107 同时做 { 重心移到右脚 接着 左脚提起，收于右脚侧，脚尖轻轻点地
眼平视前方

至图 2-3-108

（4）还原

由图 2-3-108 同时做 { 左脚跟落地
重心移于两脚间
眼平视前方

至图 2-3-109

第四节　意念与攻防含义

一、意念

人的一举一动都由意念来指挥。比如说,中国人用筷子夹菜是由一系列意念指挥手指协调完成的动作。一日三餐,夹菜吃饭,用筷子似乎是一件容易的事情(图2-4-1至图2-4-2)。但对许多外国朋友来说,用筷子夹蛋简直是个奇迹。对他们来说,不要说夹个蛋,就连夹块肉片都很困难。这里,就有个意念问题。意念包括主意识和下意识。主意识是主动思维。主意识指导动作时,人们用思维来想象,来训练,来帮助实现动作。对初学者而言,主意识指导动作特别必要。随着动作的重复和熟练程度的提高,下意识逐渐融入并提高对动作的控制程度。下意识是通常所说的直觉,好像不用想就能做一个动作。直觉是一种自然而来的感觉,来得快,来得顺。但直觉指导的动作有惯性,容易走样,缺少纪律。所以,思维对熟练者仍然很重要。人们往往只有在思维的指导下,在直觉的帮助下,才能把一个动作做到家。中国小孩从小就学用筷子,这是一种由主意识引导的带有强制性的学习。小孩开始吃得满脸都是,或吃得不很顺利,但还得使用筷子。渐渐地,筷子越用越自然,下意识越来越多地参与对筷子的控制。到后来,不用想就能夹菜。这其实是在靠直觉夹菜。因而中国人吃饭,一日三餐都用筷子,一点不费脑子。当然,要夹一个蛋,就得费点周折,得有点策略。要夹住蛋的横方向,以免打滑;要夹住蛋的中部,才能将蛋平衡提起;用力要适中,而不至于把蛋夹破;等等。这是一系列的主意识。由此可见,只有同时运用主意识和下意识才能指导好夹蛋的动作。外国朋友缺少从孩提时代就培养起来的下意识,他用足了主意识,但还是夹不住蛋。

图 2-4-1　筷子分开

图 2-4-2　筷子夹蛋

意念是打太极拳的灵魂。杨澄甫在《太极拳说十要》中指出:"此全是用意……""用意"就是用主意识和下意识一起来打拳。主意识是有逻辑思维能力的主动意识。下意识则是没有逻辑过程的直接意识。下意识指导下所做的事仍然符合逻辑,但这逻辑已经实现过很多次并被编成了程序,下意识无需再思考,而仅仅执行程序。王宗岳在《太极拳论》中说:"由着熟而渐悟懂劲,由懂劲而阶及神明。"要用思维来指导打拳,要想而打之。特别是初学者或学新拳,想得透彻,才能体会得透彻。用主意识打拳,加之日复一日的练功,才能达到"着熟"。这时,下意识已养成功效。下意识是直觉,有不唤自来的神通,敏感而快捷,这其实是久练的结果。但直觉做事有惯性,没有适应性,需要控制。"着熟"是"阶及神明"的必经之路。在意念指导下,即由思维主导,又在直觉帮助下,才能把拳打得出神入化,而达到"阶及神明"的境界。

太极拳的意念就是用意来指导招式并想象招式的攻防含义。王宗岳在《十三势歌》中说:"若言体用何为准?意气君来骨肉臣。"这里,"体"是指招式和肢体的运动,"用"是指攻防用途,"意气"是指意念,"骨肉"是指"体用"。古人用"君"和"臣"来比喻主导和被主导地位。两句古言可意译成:"如何做好招式并实现其攻防目的呢?一定要用意念来指导它们。"

散打和推手是招式的灵活运用,套路是招式的有机串联。散打的目的是训练临场运用招式的攻防技术,套路可为散打提供训练基础。在冷兵器年代,太极拳的武技曾威震全国。太极拳的套路又具有独到的养身价值。早在太极拳创立的年代,王宗岳就在《十三势歌》中说:"想推用意终何在?益寿延年不老春。"到现代,在很大程度上是套路的养身价值为太极拳赢得了广泛的群众基础。大部分太极拳爱好者只练套路,不一定介入推手和散打。那么,练套路里的招式,是否有必要知道其攻防含义呢?答案是明确的。不但要知道其攻防含义,还要用攻防含义来指导招式的训练。本来太极拳的招式设计都体现了攻防含义。演练套路是打拳,打拳的原始动机是攻防。练套路时,要用意念指导两桩事:意念指导实现招式的动作;意念想象招式的目的——攻防含义。只做第一桩事却不想第二桩事,会缺失对招式设计的理解,因而难以将招式做得恰到好处。而只想第二桩事却不做第一桩事,那是求无本之木。只有同时实现两桩事,才能把套路练到家,练入神,练上身,获得最佳的养身效果。特别要指出的是,这两桩事都由意念来指导。意念指导本身就有重要的养身意义。

前面一节重点讨论了锦太极拳的招式。这里将讨论锦太极拳各招式的攻防含义。要用意念来指导实现锦太极拳的一招一式,要用意念来想象攻防含义的实现。要有一个想象中的对手,你与对手在想象中比较武技。友谊第一,比赛第二。太极拳应能一势三变,随机应变。不同的流派也可能对同一势解释出不同的用途。本书只演示出一种攻防的可能性。拳友应能举一反三。

二、攻防含义

1. 起势的攻防含义

对方进步,右拳向我攻击。我双臂上抬掤对方肘臂以化解对方的攻势(图 2-3-4 至图 2-3-5 和图 2-4-3),接着随上体下蹲双掌向前下方推按对方胸腹部,使对方后仰(图 2-3-5 至图 2-3-6 和图 2-4-4)。

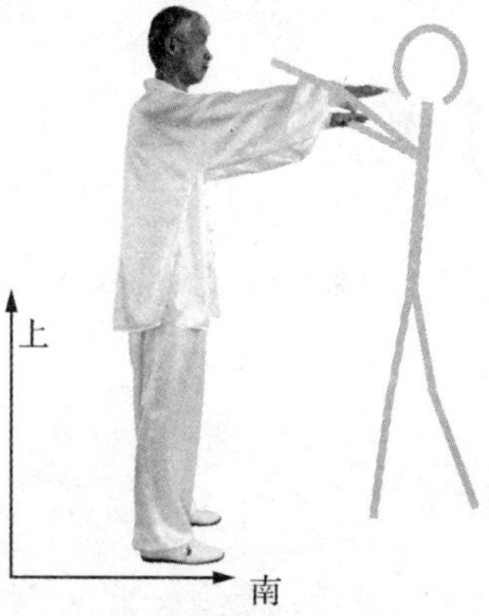

图 2-4-3　双臂上掤

图 2-4-4　向前下方按推

2. 左野马分鬃的攻防含义

对方右脚前进,右拳向我上部攻击(图 2-3-8)。我闪开对方的拳,左脚前进,套住对方右脚,左臂挒对方上体,使对方旋转失稳(图 2-3-9)。

3. 左白鹤亮翅的攻防含义

对方左脚前进,左拳向我上部攻击(图 2-3-11)。我右手将对方左手向上采,左手将对方右手向下采,左足提起攻击对方下部(图 2-3-12)。

4. 左搂膝拗步的攻防含义

对方右脚前进,右拳向我下部攻击(图 2-3-14)。我左手捋开对方右拳,右掌推按对方胸部,将对方发出(图 2-3-15)。

5. 右揽雀尾的攻防含义

(1) 分招"掤"的攻防含义

对方右脚前进,双掌向我胸部攻击(图 2-4-5)。我右腿前弓,右臂撑圆,向前接住对方的掌(图 2-4-6)。如果对方攻势强,我前掤之臂回缩化解对方的攻势(图 2-4-7),同时将对方压缩我的能量积累于曲臂之中。对方发现攻入不测之地,以图后退。我趁势将积蓄的能量放出,并加力将对方发出(图 2-4-8)。如果对方攻势不强,我前掤之臂可直接发力使对方失稳。撑圆的掤臂有一部分自动的弹簧功能,可用于缓冲两方的碰撞,又利于反弹。我方胸胯为掤臂之反冲基地,我腿部还能前弓后坐。掤是外柔内刚、攻防兼备的战术。

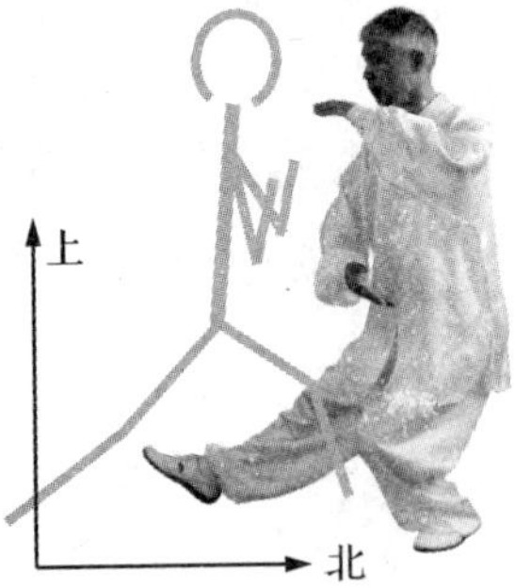

图 2-4-5　对方进

图 2-4-6　我前掤

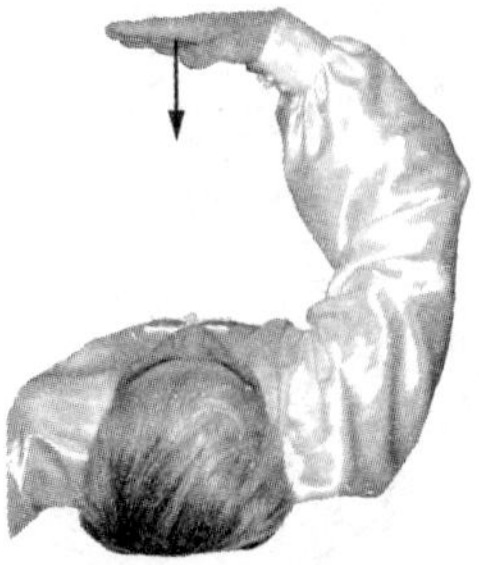

图 2-4-7　掤能回缩

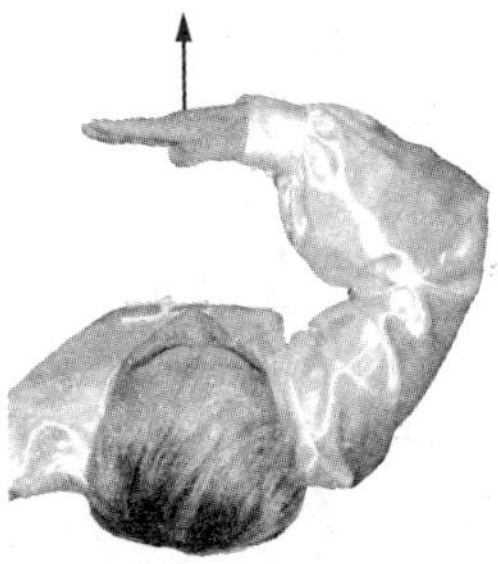

图 2-4-8　掤能反弹

掤的基本要义是能进能退的弹簧功夫。而进退取决于用触觉感知的对方攻势，通常称为“听”。太极八法为掤、捋、挤、按、采、挒、肘、靠。掤不但为八法之首，而且掤的弹簧功夫应能运用于其他七法之中。

（2）分招“捋”的攻防含义

对方左脚前进，左掌向我上体攻击（图2-4-9）。我将两手附于对方手臂，借对方的攻势顺势加力，并加以横力，把对方发至我重心左侧（图2-4-10）。

图2-4-9　准备捋

图2-4-10　向左后捋

（3）分招“挤”的攻防含义

对方坐腿，两手捋我右手（图2-4-11）。我两手相搭将对方重心推出支撑面（图2-4-12）。

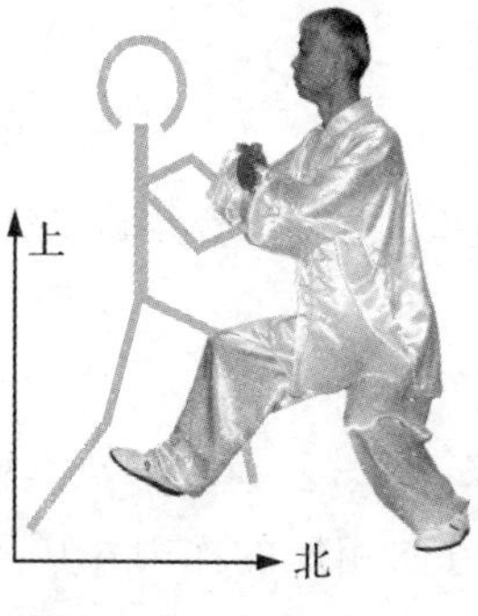

图2-4-11　向前挤

图2-4-12　挤定式

（4）分招“按”的攻防含义

对方右脚前进，环臂向我上体挤进（图2-4-13）。我用两掌按对方手臂，使对方后仰（图2-4-14）。

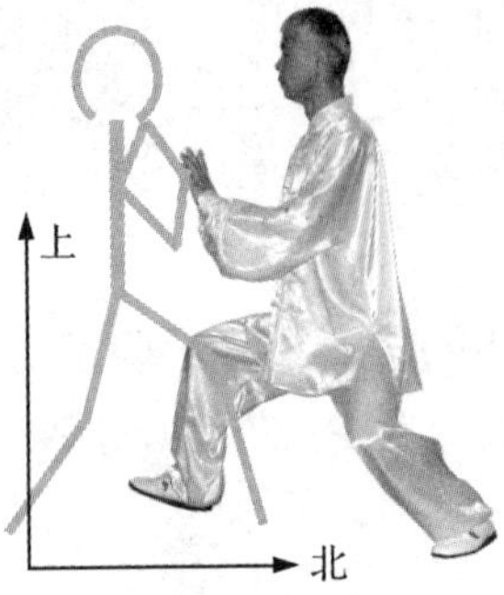

图 2-4-13　向前按

图 2-4-14　按定式

6. 右野马分鬃的攻防含义

右野马分鬃的攻防含义和左野马分鬃的攻防含义对称。

7. 右白鹤亮翅的攻防含义

右白鹤亮翅的攻防含义和左白鹤亮翅的攻防含义对称。

8. 右搂膝拗步的攻防含义

右搂膝拗步的攻防含义和左搂膝拗步的攻防含义对称。

9. 左揽雀尾的攻防含义

左揽雀尾的攻防含义和右揽雀尾的攻防含义对称。

10. 单鞭的攻防含义

对方右脚前进,右拳向我头部进攻(图 2-3-44)。我闪开后右手折住对方右腕,左脚封住对方的脚,左臂挒对方胸部(图 2-3-45)。

11. 云手的攻防含义

对方进逼,右拳向我头部进攻(图 2-3-46)。我转腰运腿,左手先掤,继捋,再采对方右手(图 2-3-47)。

12. 手挥琵琶的攻防含义

对方右脚前进,右拳向我上体进攻(图 2-3-52)。我左手执其臂上端向右挒,右手执其臂下端向左挒,两股大小相等方向相反的挒力作用于两掌之间的距离,形成力矩而将对方掀翻。

13. 左右倒卷肱的攻防含义

对方左脚前进,左拳向我上体进攻(图 2-3-56)。我右手执其腕,右臂外旋,将对方掀翻(图 2-3-57)。

14. 高探马的攻防含义

对方右脚前进,右拳向我上体进攻(图 2-3-61)。我左手采其腕,右掌切于对方颈脸间(图 2-3-62)。

15. 右蹬脚的攻防含义

对方右脚前进，右拳向我上体进攻。我十字手上架（图 2-3-64），起右脚蹬对方（图 2-3-65）。根据具体情况，可蹬对方上中下三部。

16. 双峰贯耳的攻防含义

对方右脚前进，双拳向我上体进攻（图 2-3-66）。我两臂搁开对方的拳，两臂又外撑下沉化解对方两臂的攻势（图 2-3-67）。我两拳攻击对方的头部（图 2-3-68）。

17. 转身左蹬脚的攻防含义

转身左蹬脚的攻防含义和右蹬脚的攻防含义类似。

18. 左下势独立的攻防含义

（1）左下势的攻防含义

对方右脚前进，右拳向我头部进攻；我仆步穿掌至对方胯下（图 2-4-15），左腿前弓，带动腰肩背上升，左臂将对方挑起（图 2-4-16）。

图 2-4-15　仆步穿掌

图 2-4-16　弓步上抬

（2）左独立的攻防含义

对方左脚前进，右拳向我头部进攻（图 2-3-76）；我左手向左后采对方右手，右掌上托对方喉腮，右膝顶对方腹部（图 2-3-77）。

19. 右下势独立的攻防含义

右下势独立的攻防含义和左下势独立的攻防含义类似。

20. 左右穿梭的攻防含义

（1）左穿梭的攻防含义

对方左脚前进，左拳向我头部进攻（图 2-3-88）；我左臂外旋上架搁起对方右手，左腿前弓，同时右掌按对方胸部（图 2-3-89）。

（2）右穿梭的攻防含义

右穿梭的攻防含义和左穿梭的攻防含义类似。

21. 海底针的攻防含义

对方右脚前进，右拳向我胸部进攻(图 2-3-90)。我左手向左后采对方右手，右掌插对方腹部(图 2-3-91)。

22. 闪通背的攻防含义

对方右脚前进，右拳向我头部进攻(图 2-3-92)。我右手向上后采对方右手，左掌推对方体侧将对方发出(图 2-3-93)。

23. 转身搬拦捶的攻防含义

对方右脚前进，右拳向我后方进攻(图 2-3-95)。我转身右手搬开对方右手(图2-3-96)。对方后退，但试图用右肘攻击。我左掌拦住对方肘部(图 2-3-97)，又用右拳攻击对方胸部(图 2-3-98)。

24. 如封似闭的攻防含义

对方右手采我右腕(图 2-3-98)。我左掌下绕，解除对方右手的控制(图 2-3-99)。对方从两侧向我进攻(图 2-3-99)，我后坐双掌由内扣住对方两手并向下后化解(图 2-3-100)。对方欲抽回时，我双掌弧形前按，把对方发出(图 2-3-101)。

25. 十字手的攻防含义

对方左拳攻我头部，我十字手架住来拳(图 2-4-17)。我左手翻掌向左采其腕，同时右手由外夹捋其臂(图 2-4-18)。

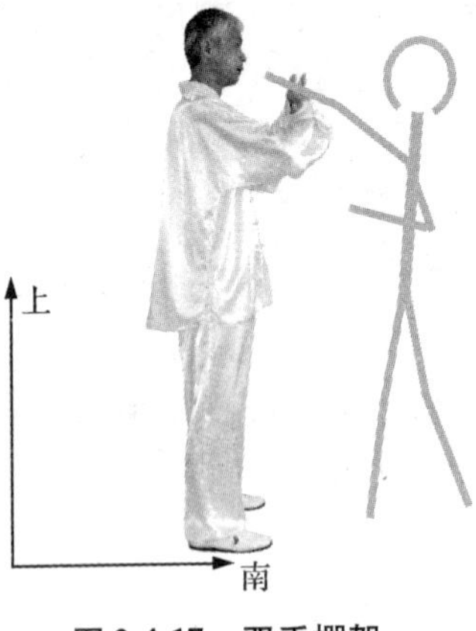

图 2-4-17　双手掤架

图 2-4-18　左采右捋

26. 收势的攻防含义

对方双拳向我上体进攻，我两掌扶压对方两臂(图 2-4-19)。我两掌向前下方推按对方，使其失稳(图 2-4-20)。

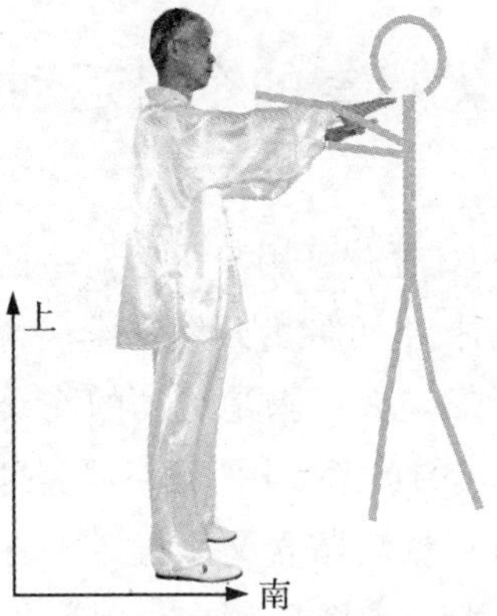

图 2-4-19　扶按

图 2-4-20　推按

三、意念点

前面说要用意念来指导招式的实现,并想象招式的攻防含义。所以,打拳要同时意想我方和对方。有很多头绪要想,而且要用立体思维。初学者不容易抓住全部。即使是久练者,也需要提纲挈领。意念点的概念就是主要意想我体的几个关键部位,而关顾敌我双方的全部运动。双方接手时,意念点通常是我方与对方的接触点。例如,右揽雀尾分招“掤”的意念点是我右腕外侧(图 2-3-18)。双方接手前,意念点通常是我方将与对方接触的点。例如,右揽雀尾分招“挤”的意念点是我右腕外侧和左掌根(图 2-3-21)。在攻防含义还不明确时,意念点通常是我方运动的主要肢体部位。例如,左野马分鬃(1)分动“收脚抱球”的意念点是我两掌心(图 2-3-7)。图 2-3-2 至图 2-3-109 中标出了锦太极拳运架全过程中的意念点(图左侧的第二个箭头)。

四、意念点和气

意念点和气有很大的相关度。这里的气是气功之气,不是空气之气。在第一章中我们定义气为意念波。意念能引导气。气是扰动的传播,扰动传播能量。呼吸的运动蠕动腹腔和胸腔里的内脏,在丹田部位产生气。人体肌肉和其他器官中的血液循环也产生气。气可以由意念引导而走经串脉,气也可以由意念引导而调集于意念点。久练太极拳的人有气感,在发掌时掌部有膨胀、麻热的感觉。太极拳发掌讲究后发先至,这是将肢体运动的机械能量适时地传递到发力处。现在,同时把气的能量也调集到发力处。两种能量叠加,这掌就发得浑厚,外柔内刚。

第五节　胸的含展及太极拳的全身运动

胸的运动是太极拳的绝技。在散打中,含胸可用于化解对手的攻击。含胸拔背拥动双肩,可发力于靠,或传力至肘,更可催力到拳和掌。含胸的负向运动是展胸。展胸可用于胸前靠和背后靠。太极胸是运动的胸,含胸、展胸应从动态的角度来理解。散打是套路招式的灵活应用,套路是散打招式的有机串联。在套路中,是含胸还是展胸,可根据攻防含义来确定。有的招式做含胸,有的招式做展胸。招式串成套路,胸就时含时展,含变展,展变含。太极套路中胸的含展运动具有重要的养身效果。如果把展胸拗背理解成负的含胸拔背,那么杨澄甫的名言"能含胸则自然能拔背,能拔背则能力由脊发,所向无敌也"则蕴含了太极拳中胸运动的所有精义。

一、胸的动静

在日常生活中,人们不太注意胸的运动。这一方面是因为胸的运动范围本来就不大;另一方面是人们常将胸保持在一个习惯的位置上后就很少再用主意识去控制它的运动。挺胸或凹胸,常由生理的原因而定。有人腹宽,帮助挺胸。坐椅工作时间长的人,倾向于胸微凹。妇女穿高跟鞋,美观又利于挺胸。年纪大了,胸自然凹一点。但很少看到有人每天早上保持挺胸,每天下午却坚持凹胸。这是因为改变胸的位置是很花费能量和精神的事。

胸是人体的中枢部位,上支持头,左右指挥两手,下连着腰。上部由于颈椎的功能使头有相对大的活动余地。肩关节有万向节的功能,使手成为全身最能干的"运动员"。下部的腰提供上下弯腰和左右旋腰的功能。胸的情况跟航空母舰有点相似。航空母舰是飞机出击的基地,是发射导弹的中心,是军火库,是海军陆战队的集结点,是指挥中心,是打炮、放水雷等常规战术网站,但它本身的速度却快不起来。胸左右上下运筹头、手、腰的运动,本身的运动范围却相对较小。电影导演不考虑机器人胸的运动,电影中机器人的胸大多只是个装硬件的箱子。

二、胸的运动是太极拳的绝技

虽然运动范围小,胸还是能运动的。胸可以坚挺,可以深凹,或者运行于坚挺和深凹两极之间的中间位置,当然也可以保持习惯位置。胸部和背部的肌肉可以帮助实现这些运动。胸部和背部的肌肉群多而且富有力量，所以胸是竞技中的一个宝藏。但是，大多数拳种没有关于胸的理论，胸往往支持其他肢体的运动，但待到对手近距离攻击时，其本身的攻防能力却没有被列入作战方案。太极拳棋高一着。杨澄甫在《太极说十要》中有精辟的论述："含胸者，胸略内涵，使气沉于丹田也。胸忌挺出，挺出则气拥胸际，上重下轻，脚跟易于浮起。"

"含胸拔背"是练太极拳的一个众所周知的要领。然而各个流派对这个要领的理解却可以说是各有千秋。一种理解把"含胸拔背"当做是对于胸部维持一个固定不变姿势的要求。这种理解加练法在拳友中并不少见。这种理解一笔勾销了胸在太极拳中的攻防含义，也不利于发挥太极拳的养身效果。似乎练太极拳倾向于把胸练得凹进去，"拔背"则大有鼓励驼背之嫌。

另一种看法是把"含胸"理解成松胸的手段。太极拳讲究全身放松，胸也不例外。中华拳武术协会在推广新编太极拳套路的系列丛书中指出："要求'含胸'。即胸部平正，不挺不缩，不凸不凹，肩锁关节放松，两肩微向前合，两肋微内敛……""含胸"与"拔背"是互相联系的。当"含胸"时，背部肌肉往下松沉。松胸在套路练习中至关重要。但是，这种看法仍然没有突出"含胸"的动态效应。经过杨禄禅、杨健侯、杨澄甫三代人承前启后的努力，杨式太极拳的技击功能已是举世无双。"含胸"作为松胸之说未能解释杨澄甫"力由脊发，所向无敌也"之论。

祝大彤在《太极拳内功解秘》中提出："在胸部放松时，含胸动作把握不准确，引向背部的放松，背部不松，影响周身松净。笔者认为以展胸为佳……"

究竟是含胸为佳还是展胸为佳？其实，含胸和展胸并不矛盾，含胸和展胸是一个运动的两种状态。我们应该从动态角度来理解"含胸拔背"的全面意义。

三、含胸和展胸的动态理解

含胸是个名词，也是个动词。胸部微凹的位置是名词的含胸。胸部从一个位置变得多凹一点的过程是动词的含胸。杨澄甫的"含胸"既是名词也是动词。名词的含胸可以解释松胸的要领，动词的含胸才能解释"力由脊发，所向无敌也"。

图 2-5-1 列出了胸的五个可能位置的顶视图：坚凹、含胸、微含、展胸和坚挺。这些是名词的胸的位置。坚凹和坚挺是两个极端的位置。太极拳的任何动作都讲究留有余地，出掌要垂肘，蹬脚要屈膝。胸的运动也不例外。所

以，太极拳不会用到这两个极端位置。

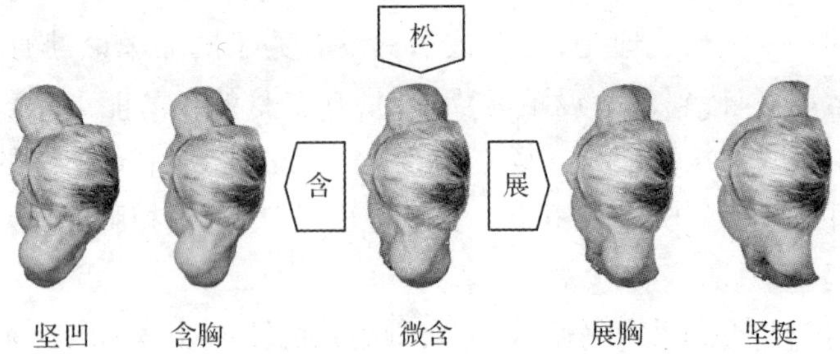

图 2-5-1　胸的含展

中间位置"微含"应体现松，胸部和背部的肌肉都不用力，胸部平正，不挺不缩，不凸不凹，肩锁关节放松，两肩微向前合，两肋微内敛。微含位置是根据个人的习惯位置意向性内含一点的位置，主要目的是松，但含的动意盈然其间。

从微含位置通过动作"含"达到位置"含胸"。箭头里的"含"字是动词。胸部的肌肉和背部的肌肉以一个协调的速度一个收缩另一个扩张，这是一个变化过程。在此过程中，相对地把胸含了进来，把肩向前送去。含胸可化解对方的进攻，前送肩则可用于催掌。例如，在左搂膝拗步中，左弓步左手搂膝右手推掌。右手推掌过程中，胸由展胸位置开始逐步将胸含至含胸位置（见图 2-3-14 至图 2-3-15）。含胸的过程中，右肩将右掌前催。定式时全身各部分到位，包括胸含到位。胸的变位幅度不大，所以催掌的进程也不大。但是，通常对手不防备胸的运动，所以含胸催掌大有出其不意的效果。特别是，含胸时胸背肌肉同时运作，能量很大，可把对方发出去的能源也充分运用了。胸背肌肉都根于脊椎，含胸的过程从力学原理上、从生理感觉上实现了"力由脊发"。杨澄甫的"所向无敌也"是画龙点睛的结论。

从微含位置通过动作"展"达到位置"展胸"。箭头里的"展"字是动词。胸部的肌肉和背部的肌肉以一个协调的速度一个扩张另一个收缩，这是一个变化过程。在此过程中，相对地把胸展了开来，把肩向后送去，把背向后靠去。展胸可以把对方从前面发出去，背后靠则可帮助拴掌。例如，在单鞭中，重心移到右脚，做右手勾，出左脚拴左掌，左弓步继续拴左掌（图 2-3-43 至图 2-3-45）。拴左掌过程中，胸由含胸位置开始逐步将胸展至展胸位置。在展胸的过程中，左肩向左催，左背向后靠，背靠帮助拴掌。定式时，全身各部分到位，包括胸展到位。虽然展胸幅度不大，但胸背部的肌肉协同帮助拴掌，这掌就拴得实力雄厚。

数学上有正数负数，都在一根数轴上。财务上有收入支出，支出是负的收入。类似地,含胸和展胸是一个运动的两个方向。如果把含胸定义成正运动,展胸就是负运动,或者说展胸是负的含胸。拗背与拔背反向,或者说拗背是负的拔背。能含胸则自然能拔背,能展胸则自然能拗背。展胸拗背是负的含胸拔背。这样来理解杨澄甫的名言,“含胸拔背”则包括了含胸的正向和负向全部动态和静态的意义。

四、含胸与散打

祝大彤在《太极内功解秘》中说:“杨禹廷大师胸部是一个摸不着的无底大深洞。”可见,大师的胸是其绝招的发源地。魏坤梁在他的文章中介绍了“含胸拔背”的动态意义,并引证:“金仁霖老师……将一手放到一位年轻人的胸部,未见金老师的手有明显的移动,这位年轻人就重重地撞到了距离一米左右的墙上,金老师发劲时就骤然呈现了圆拱形的拔背。”胸部运动的特点是动幅小,却能量大;出其不意,却能致对方于无力反抗之地。

动和静是一个事物的两个方面,相互依存,缺一不可。展胸位置和含胸位置是两个静态位置。展胸位置和含胸位置之间的互相转换是动态的体现。发力是一个动态过程。从展胸位置开始,胸部肌肉收缩,背部肌肉伸长,力由胸背部肌肉组合发生,不断积蓄能量,并把能量传给对手,达到含胸位置时向对手发了出去。

太极拳在散打和推手中最重要的特点是沾连粘随。手的沾连粘随比较容易理解。要理解胸的沾连粘随则必须先理解胸不是一块定形的板,而是暗藏能源的动态组织群。胸的动态变化是沾连粘随的机械原理。对手攻击我方胸部,我胸内含“沾”住对方。对手发现攻进了棉花,却不能自拔,被我胸“连”住。对方不知所措,我胸开始展开,“粘”住对方。对方发觉棉花变成了钢针,正想撤退,我展胸追“随”出击,把对方发了出去。

杨澄甫说:“胸忌挺出,挺出则气拥胸际,上重下轻,脚跟易于浮起。”“上重下轻”是形象之说。在力学上,挺胸并不是把下半身重量移到上半身。这里的“上重下轻”是指容易失稳。失稳的力学原理是重心移出支撑面。重心是一物体的综合平衡点。比如说天平,如果左盘的物体和右盘的物体一样重,则天平平衡。这是因为左右两物体的综合平衡点,也就是这两物体的共同的重心在中间,正好通过天平的支点。如果你在右盘里加哪怕一点点东西,天平就失稳,右盘下降。这是因为重心向右移了一小点。

人体是复杂的物体群,任何一个部位的移动都会影响整个人重心的位置。日常生活中,人体重心在很大程度上是由下意识控制的。比如,你伸手去拿桌上远处的一本书，你会发现臀部自动向后撅了出去。伸手把重心向前移，撅臀把重心向后移。在下意识控制下，保持身体的重心仍然在脚掌之间。而在太极拳中，我们运用更多的主意识来控制重心。太极拳鼓励"敛臀曲膝"。"敛臀曲膝"把重心向前移，我们需要把身体的什么部位向后移才能保持重心不变。"含胸拔背"正好可以把重心向后移。这样，"含胸拔背"和"敛臀曲膝"便是一对反向运动（图 2-5-2），可保持身体重心还在脚掌之间，因而避免"上重下轻"。这里，"含胸拔背"、"敛臀曲膝"都是微小的动作，是微含、微拔、微敛、微曲。微含放松胸部，微敛放松臀部，微曲放松膝关节，以利于气沉丹田。

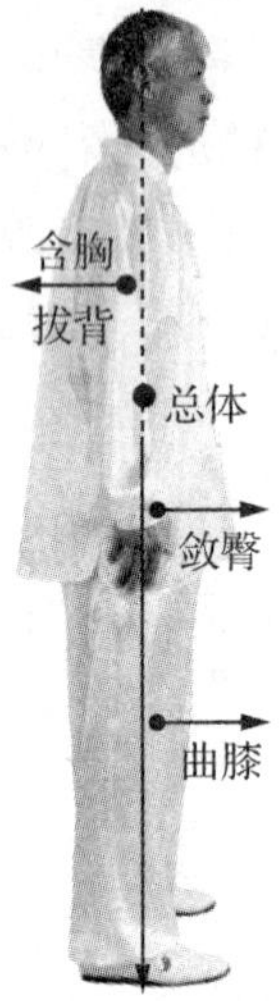

图 2-5-2　总体重心在脚掌内

您可以体会一下，如果您做挺胸，为了保持平衡，您会自动把臀部向后突出，这时您会有一种头重脚轻的感觉。反过来，如果您夸张地做曲膝并把臀部向前送，为了保持平衡，您会自动大幅度地把胸含进去，这时您会有一种头轻脚重的感觉。头重脚轻和头轻脚重都不利于平衡。太极拳取中庸之道，微含、微拔、微敛、微曲，以达到最佳的平衡效果。

更重要的是，我们要从动态角度来理解含胸对重心的影响。如果对方攻击我方胸部时，我胸纹丝不变，对方攻个正着，对方的力用于改变我的重心，我的重心可能被推出自己脚掌的支撑面。如果我动态地把胸含进来，因为这是主动含胸，身体的其他部分会下意识加主意识地帮助调整重心，使其仍在支撑面内，我就能立于不败之地。可见，胸的沾连粘随不但是克敌制胜的法宝，更首先是保住重心的自卫战术。王宗岳在《太极拳论》中讲太极拳"舍己从人"，字面的理解是敌进我退，胸运动的理解是"含胸"，拳术的理解是"沾"，力学的理解是保住重心。

含胸位置必须通过含的运动来做到。展胸位置必须通过展的运动来做到。含胸可用于催掌,从而把对手从正面发出去。展胸可以用于胸靠,也能把对手从正面发出去。展胸时肩膀向后运动,可以用于背靠。

含胸与展胸用胸背肌肉带动前后肋骨来完成。我们的肋骨都根植于脊椎,含展时发放能量是科学的“力由脊发”。在实用散打中,手和脚的运动比较明显,对方对手脚的进攻有预感。太极拳师有潜藏的胸运动,对方对此知之不多。太极拳师如将胸的运动和身体其他部位的运动组合起来,定能立于不败之地。这是杨澄甫“所向无敌”的科学根据。

野马分鬃是太极拳的典型招式。以左野马分鬃为例,我方出左脚堵住对方下盘的退路,以腰带动左手捌对方上盘。根据我方和对方的距离,选用远拳、近肘、贴身靠。如果距离很近,我方肩左侧与对方沾连。我方可以展胸拗背,力由脊发,用靠的战术向对方发出去。如果距离中等,我方的肘与对方沾连。我方可以展胸拗背,力由脊发,组合肩肘的运动,用肘的战术向对方发出去。如果距离稍远,我方的小臂与对方沾连。我方可以展胸拗背,力由脊发,组合整条左臂的力量,用拳的战术攻击对方。

太极拳最忌讳的是双重,无视阴阳。赵斌在《杨氏太极拳真传》中解释:“何为双重?通俗地讲,就是以重对重,表现为强顶硬抗,生拉硬扯。”胸的双重就是硬板一块,没有运动。太极拳的胸要体现阴阳。胸的阴阳能通过含展运动来实现。力有两种:静力和动力。举重运动员举起杠铃在头上方坚持数秒钟。杠铃向下压,运动员向上顶,平衡却没有运动,这是静力。举重是运用双重来赢得成绩的。太极拳不是举重,因此要避免双重。由此来看,杨澄甫的“力由脊发”应是动态的力。发力是个运动过程,应从运动的角度来理解。通过胸的含展运动才能实现“力由脊发”,进而“所向无敌”。

五、含胸与套路

散打与推手是套路招式的灵活应用,套路是散打精华招式的有机相连。近年来,太极拳的养身效果受到广大群众的青睐。大量群众加入太极拳运动,常常是只练套路,对推手是望洋兴叹,对散打更是敬而远之,但正是这一大群套路练习者给太极拳运动奠定了坚实的时代基础。随着人类文明的发展,拳术的技击功能已不为普通民众所必需。随着现代武库的发展,拳术的技击功能大大地降低了它的实用性。许多拳种的锻炼,常以超度运用人体功能为前提,有时难免造成损伤。太极拳创立于冷兵器时代,太极拳的养身效果却有超时代的意义。太极拳的技击功能举世无双,太极拳的养身效果更是鹤立鸡群。

“含胸拔背”是太极拳散打的绝招,也应是套路练习的关键。套路的招式来源于散打,因而每个招式都有胸的运动。又因为套路将许多招式连接起来,胸的运动就有起承转合。图 2-3-2 至图 2-3-109 示出了锦太极拳中对“含胸拔背”和“展胸拗背”的运用。每一幅照片中胸的附近注明了相应胸的位置。“微含”是放松的位置。“含胸”就是“含胸拔背”的位置,胸内含,背拔出,肩前催,充注“力由脊发”的意念。“展胸”就是“展胸拗背”的位置,胸前展,背外拗,肩后靠,同样有“力由脊发”的意念。图左方第四个箭头内注有由前图到本图胸的运动状态。“展”、“含”、“持”、“松”或其组合表示胸的运动方向。

六、含胸的养身效果

太极拳的技击功能在其创始之初即已登峰造极。是太极拳的养身效果赢得了它在新时代的地位。走遍五洲四海,我们都能找到太极拳友。醉翁之意不在酒,技击固然重要,养身更加实惠。

在套路中,不应把胸固定在一个位置上,哪怕是固定在“微含”上也是不应提倡的。“含胸拔背”的养身效果在套路中体现于胸的运动。在整个套路中,胸的位置在不断地变化。通过放松达到“微含”,“微含”可以转变成“含胸”或“展胸”再变回“微含”,“含胸”和“展胸”可以互相转变。在一个套路中,三者互相转换,往复循环。三个位置通过“含”或“展”互相转换,含展的运动周而复始。胸背部肌肉协同伸缩来实现含展的运动。肌肉带动前后肋骨运动,蠕动肋骨和脊椎间的关节群,因而也运动了脊椎本身。胸背的运动还促进肺的活动。胸背运动增加了锻炼的运动量,使血液流通,经脉舒畅,促进新陈代谢。有统计资料表明,练太极拳有利于抑制脊柱畸形,减少驼背的产生。

七、太极拳的全身运动

不但胸,全身的运动都应体现于散打、推手和套路中。在前节中,我们详细解释了锦太极拳的招式。太极拳的运动是全身运动。全身肢体:头,肩,两臂,两手,胸,腰,胯,两腿,两脚,要协调配合运动。人体 11 个主要的关节群:颈椎,肩,肘,腕,手指,胸椎,腰椎,髋,膝,踝,脚趾,都要松灵。发力要全身发力。“力由脊发”可由手臂、肩胸组合发“掌”;或由肩胸、腰胯组合发“靠”。

这都是全身发力的例子。张三丰在《太极拳论》中论述:“其根在脚,发于腿,主宰于腰,形于手指。由脚而腿而腰,总须完整一气。”力始于脚,经由膝、胯、腰、胸、肩、臂而传于手。这是典型的全身发力。在练太极拳时,要“一到全到,一静全静”。这是全身肢体运动的原则。运动应始于内,而形于外。这种彻里透外的运动不但提供了高超的发力依据,同时也提供了最佳的养身效果。

第六节 呼吸与拳势

对于呼吸是否要配合拳势、呼吸如何配合拳势,这在拳友中有许多讨论。本节将讨论一下呼吸与打拳的关系。

太极拳渊源于道家哲学。吐纳是道家的养身之道,也是太极拳的一个组成部分。吐纳的通俗解释是呼吸,吐是呼,纳是吸。但是吐纳是由意念指导的呼吸,而普通呼吸是一种由亿万年进化而成的自动功能。

呼吸的自动化程度很高。一个人坐着看书,呼吸自然均匀。如果做有氧运动,呼吸会自动急促起来以满足额外的氧气需求。人能在一定程度上控制呼吸,如有意识的深长呼吸可能更适合于有氧运动。长跑运动员使呼吸配合步伐,以达到最佳的锻炼和竞技效果。唱歌有类似情况。我们在小学里学唱歌,老师并不强调呼吸法。我们在自然呼吸中仍能唱得有声有色,感情丰富。职业歌手却需掌握呼吸与旋律的配合技巧,否则难以赢得众多的粉丝。

太极拳呼吸深长自然。初学时可让呼吸自动运行。动作熟练后,可根据个人的体会有意识地引导呼吸。编成套路的拳势是有韵律的,而呼吸也有频率。如果这两者不能配合默契,打拳会有别扭的感觉。《太极拳十三势行功心解》说:“能呼吸,然后能灵活。”前辈总结出“蓄吸发呼、起吸落呼、开吸合呼”的规律。将呼吸和拳势配合起来,呼吸可成为行架的有机成分。长此以往,习惯成自然。呼吸寓于内,拳势行于外。里应外合,才能做得灵活自然。

杨澄甫在《太极拳说十要》中说:“故练架子愈慢愈好。慢则呼吸深长,气沉丹田。”把呼吸配合于行架,行架愈慢,则呼吸愈长。如果呼吸快慢和行架的速度无关,即使行架愈慢,呼吸仍不能慢下来,也不能愈长。反之,一旦建立了配合关系,行架快则呼吸短,行架慢则呼吸长。动作熟练后,个人可将自然呼吸频率更好地配合于行架。渐渐地,行架慢下来,呼吸也渐趋深长。

张三丰诗云:“若言体用何为准?意气君来骨肉臣。想推用意终何在,益寿延年不老春。”吐纳主练内,行架主练外。呼吸按摩内脏,行架劳动躯肢。

呼吸配合行架,从里练到外。一趟拳练完,可达到透里彻外的松。

物理中的同步效应是说两种同时进行的振动之间的关系。两种不同频率的振动无法同步,它们同时进行时振动之和则应是 1 +1 =2。两个相同频率的振动,又同高同低,就是同步。它们之间会互相激励促增,共同进行时振动之和是 1 +1 >2,1 +1 =4,或者更多(图 2-6-1)。呼吸配合拳势有类似的同步效应。蓄、发是拳势的频率,吸、呼是呼吸的频率,蓄吸发呼就是同步的方法。呼吸同步于打拳,里外协作,养身效果和拳艺都能超常发挥。

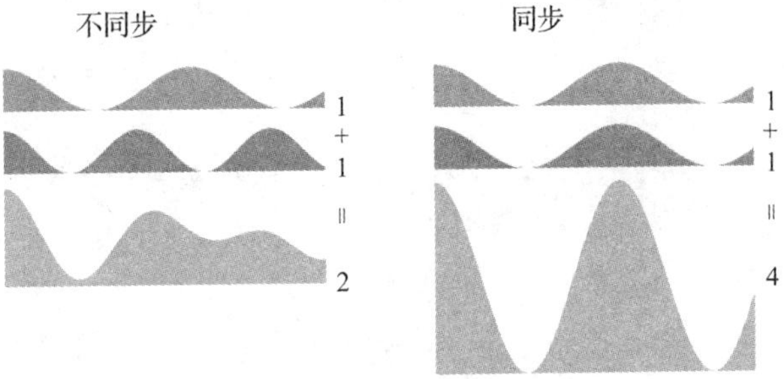

图 2-6-1　振动的叠加

太极拳是一项群众运动。呼吸是否要配合拳势,完全取决于拳友自己的选择。由于前面叙述的几个原因,这里建议将呼吸配合于锦太极拳的招式。

图 2-3-2 至图 2-3-109 是锦太极拳的 26 个招式。每两张图片间是吸或者呼。全套拳共有 40 次呼吸。图片左侧第三个箭头示出了两图间的呼吸运动。有的招式时间短,如右揽雀尾中图 2-3-20 至图 2-3-22 中的挤,呼吸就快一点。有的招式时间长,如图 2-3-63 至图 2-3-65 的右蹬脚,呼吸就慢一点。在将呼吸分配于招式时,已经尽可能虑及均匀性,所以在整套行架中,呼吸快慢相对变化不大。打一遍锦太极拳需要 3 ~5 分钟。平均呼吸频率是每分钟 8 ~13 次。如果加快拳势或减慢拳势,平均呼吸频率就随之改变。因而呼吸的频率范围可拓宽为每分钟 6 ~15 次。与成年人自然呼吸频率 12 ~20 次相比,练锦太极拳时呼吸略为深长,却还比较自然,完全在初学者能掌握的范围内,也适合于常年练习。

呼吸按照下面的准则配合于招式:

蓄吸发呼

起吸落呼

先吸后呼

开吸合呼

锦太极拳总共有 40 次呼吸,33 次属于蓄吸发呼,如野马分鬃;4 次属于起吸落呼，如起势；2 次属于先吸后呼，如云手；1 次是开吸合呼，即十字手。锦太极拳本身拳势如行云流水，招招式式相对均匀。呼吸寓于招式时也相对均匀深长，没有引用短暂小呼吸的必要。一呼连着一吸，下一吸连着前一呼，次次呼吸相互连接，没有屏气或喘气的必要。锦太极拳的呼吸应是逆腹式或腹式呼吸。

锦太极拳是杨式系列紧凑太极拳，优雅大方，易学耐练，老少皆宜。将呼吸配合于拳势，更能里腾外灵，养身延年。逆腹式呼吸并不神秘。我们做过一个小实验：请一些没有学过逆腹式呼吸的拳友将手放在腹部，做自然深呼吸，体会腹部的运动。80% 的人说吸气时腹部微有内收，20% 的人感觉不出差别。我们根据这个简陋的实验推测：初步的逆腹式呼吸其实是深呼吸的自然延伸。逆腹式呼吸是由意念引导在吸气时腹部的自然内收，呼气时小腹的自然外鼓。呼吸与拳势配合后，行架久了，习惯变自然，意念引导逆腹式呼吸逐渐增加了下意识的成分。呼吸要均匀悠缓。呼吸要深长，但不要吸得十分饱，也不要呼得十分尽。要放松流畅，吸连着呼，呼连着吸，不要憋气、堵气。要有“无为而有为”的心态。

第七节　锦太极拳催眠

本节提出一种自我催眠法，帮助你睡好觉。现代人生活节奏快，常有人抱怨失眠。失眠加重精神负担，并会导致严重后果。最好的治疗失眠的方法是物理疗法，而不是吃安眠药。催眠状态是从兴奋状态到睡眠状态的必经之路。睡觉时意想打太极拳可营造良好的催眠境界。前一节建议将锦太极拳的起承转合配合于呼吸。卧床时意想锦太极拳等于听一曲以呼吸为节拍、以拳势为旋律、以意念为主导的催眠曲。不消几分钟，这首催眠曲就会把你送入梦乡。

一、睡不好觉的危害

现代人的生活节奏快，压力大，失眠司空见惯。虽然大家都知道睡眠很重要，现代文明中的许多发明创造却旨在禁止睡眠。爱迪生发明了电灯，砍掉了不能在夜晚工作的借口。流水线生产鼓励企业 24 小时运行，工人们辛辛苦苦地三班轮换。电脑的网站信息引诱人整夜浏览。现代人的工作道德是少睡觉，或者根本不睡觉。当然，不睡觉是不可能的；不但不可能，而且不健康;不但不健康,而且有危害。即使是减少睡眠,也会影响人的精神状态及身心健康。缺乏睡眠会降低生活质量。缺乏睡眠的人有一些常见的感觉:疲劳、心情急躁、头痛、不自觉地揉眼皮、打哈欠、不容易集中精力、短期记忆力缺损等。

1986 年 4 月 25 日,乌克兰切诺贝(Ukraine, Chernobyl)原子反应堆的工作人员轮班作业,一些人还加班加点。他们的精神状态欠佳,需要睡眠,因此工作效率不高。在例行检查时,他们忘了检查几个自动安全系统,没有把它们打开。凌晨 1:25,反应堆发生异常增热现象。在场的工作人员精力不集中,不仅没有打开自动安全系统,反而关掉了紧急冷却系统,致使反应堆大爆炸,30 人当场死亡,核辐射碎片波及 2000 平方英里的地域,约 1700 万人遭受核辐射。

美国挑战号宇宙飞船(Challenger)爆炸,7 位宇航员全部罹难,经济损失达上亿美元。爆炸原因是一个垫圈失效。为了赶时间,宇航局人员平均每天工作 10~12 个小时,一些关键人员工作时间更长。长时间的疲劳战使人精力分散,工作效率降低。在发射挑战号前晚有一个电话会议,13 位重要经理参与了会议。会议开始时,大部分经理已经当了 12 个小时的班。其中两位经理前晚只睡了 3 个小时。生产垫圈的厂商确实提供了准确的设计数据。如果会议能合理评估该垫圈的设计限度,应能预计垫圈在发射中会失效。可是,到会人员都睡眼蒙眬,没能有效地交流信息、解决疑难,疏漏了对垫圈的评估,导致悲剧的发生。

睡眠对美国民众的日常生活有直接影响。大约 100 年前,被誉为流水线之父的亨利·福特的豪言壮语是让每个美国家庭都有私家车。他没有食言,但开车并非全然一件美事。不说开车污染环境,不说开车耗费用度,安全行车本身就是一项艰巨的任务。一项民意测验表明,有 50% 的人承认在开车时有瞌睡现象,25% 的人承认开车时睡着了。近年的调查表明,美国每年有 5600 次撞车事件是瞌睡开车造成的,其中有 1500 件是致死事件。笔者自己就有一次瞌睡开车的经历。因为赶做论文,在好长一段日子里没睡到一个好觉。一天下午开车时,不知不觉在音乐声中睡着了。短梦还没做完,车就滑下了一个小山坡,撞上了一个路标杆。幸亏车速不快,人没有受伤,但车的前挡护板给撞碎了,修车花了好多钱。大难中幸存,我立下宏愿,一定要把这些文字送给拳友。

二、怎样帮助睡眠

服用安眠药是帮助睡眠的捷径,但捷径不是最好的途径。多服安眠药的人会产生药物抗性,需要加大剂量以求同样的睡眠效果。一旦停药,睡眠更差。长期服用安眠药还有副作用。

失眠最好的治疗方法是物理疗法。美国喜剧演员菲尔德(W. C. Fields)有句名言:“最好的治疗失眠的方法是睡很多觉。”问题是怎样才能睡很多觉呢? 美国有众多的睡觉协会、心理门诊。一般来说,他们会建议你注意八个事项:

(1) 规定上床和起床时间,即使在周末也是如此。

(2) 睡前做一些助睡活动,诸如洗个热水澡,看几页书,听点轻松的音乐。

(3) 睡房应该暗淡、安静、舒适。睡房专用于休息,不要作他用,诸如用电脑、看电视。

(4) 有舒适的床垫、枕头、被子等。

(5) 在睡觉两三小时前吃完晚饭。

(6) 有规律地锻炼身体,但要在睡觉几小时前完成。

(7) 不要在睡觉前喝含咖啡因的饮料。

(8) 不要在睡觉前喝酒,喝酒对后半夜的睡眠有反作用。

其中第六条建议锻炼身体,如散步、长跑、游泳、骑自行车。统计资料表明,坚持锻炼的人睡眠状态比较好。近年来,太极拳逐渐受到美国人的青睐。太极拳柔和而具有韧劲,轻松却又功力深厚,意念引导达到入定的养身效果。一些美国医生已把太极拳列入理疗处方。

第二条建议睡前做一些习惯性活动。洗澡使人感到身体松软。看书可以把大脑活动引离日常事务,并加入倦意。音乐能使思维进入一种混沌状态,思维得以拿得起放得下。做了这些事,人的下意识想到了睡觉,引人进入催眠状态,入睡就容易多了。

三、催眠术帮助睡眠

催眠术可以帮助入睡。一些自我催眠的活动放慢大脑的思维节奏,转移大脑的思考方向,使大脑思考一些有重复感的事情。一些催眠专家总结有效经验,建议尝试如下几种自我催眠的活动:

(1) 想象放松,做深长均匀的呼吸。

(2) 想象游荡,不要想工作上的事。

(3) 配合呼吸数数,从 1 到 100,每次呼吸增加 1。

(4) 想象唱歌或背诗。

(5) 想象过去快乐的事件或将来快乐的事件。

可以看出这些活动的要义只有三个词:“放松”、“放放松”、“放松放松”。

大脑有四个工作状态:贝嗒(β)状态,阿尔法(α)状态,西嗒(θ)状态,代尔嗒(δ)状态。

贝嗒状态:大脑兴奋,处于有意识的日常工作状态。这种状态适合于做决定、推理、逻辑思考。脑电波约每秒13周或多于13周。

阿尔法状态:这种状态的脑电波是每秒8~13周,比贝嗒脑电波频率低。这时,大脑处于有意识和下意识之间。这种状态使我们更容易地接触大脑的记忆库,并储存新的信息。我们的创造性思考能力增加,想象力丰富,也比较容易接受建议。比如,我们看电影看得入神,我们的感情跟着电影的情节走,哪怕我们知道电影是演员演的,情节都是人构思的,我们的下意识却把故事当成真的。这其实是一种催眠状态。我们好像在做白日梦。我们的想象力、意识、下意识都汇集到一个方向,对其他的环境因素视而不见、听而不闻。有时催眠师能将一个主意引入我们的意识中,引导我们回想在一般情况下想不起来的往事。其实我们自己就可引导自己进入催眠状态。催眠状态是介于兴奋状态和睡眠状态的一个中间状态。每天,我们必须从卧床,经过催眠状态,才能到睡着。类似地,我们每天早上又从睡着,经过催眠状态,到醒来。所以,从定义上讲,催眠状态并不神秘。我们每年要经过约730次自我催眠状态。

西嗒状态是做梦。代尔嗒状态是沉睡。睡觉的循环示意图如下(图2-7-1)。催眠法就是引导大脑从有意识活动过渡到下意识活动。

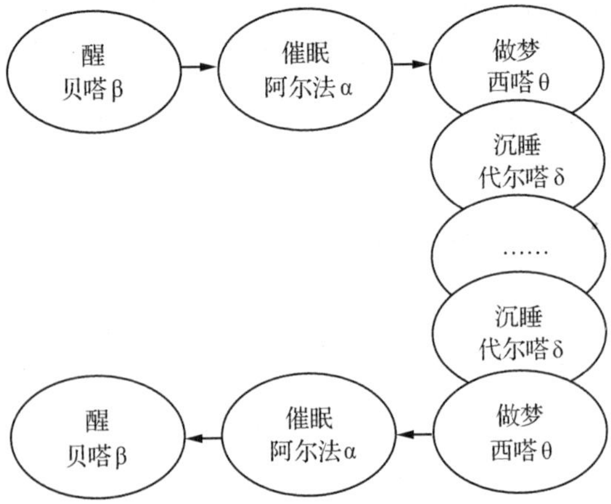

图2-7-1 睡觉的循环

四、意想太极拳催眠术

意想太极拳可以帮助入睡。意想太极拳是在意想中打太极拳。卧在床上，全身放松，闭上眼睛，均匀呼吸，默想太极拳的招式，这样进入催眠状态，想不了多久就变成了睡眠状态。前面建议的催眠方法有几个共同的特点：想象熟悉或有重复感的事，放松，深长呼吸，节奏均匀自然，愉快或至少与世无争。意想太极拳具有所有这些特点。

太极拳的一个要点是用意念指导动作。意动形随，是说意念在先，动作听指挥。你一掌还没出，却早知道这一掌该出在什么地方。《孙子兵法》说不打无准备之仗，而太极拳不出无意念之掌。意想太极拳只有意念，没有动作。当你想象中的掌到了位，这一势就大功告成。意想太极拳可帮助你从工作或生活的烦心事中移开，把你的大脑活动方向移到太极拳上。如果会打太极拳，意想一遍不会太难。因为熟悉套路中的招招式式，意想那套路会有同样程度的熟悉感。意想太极拳引导熟悉感、重复感、枯燥感，培养一种与世无争的心态。

松是太极拳最基本的要领。在打拳之前就要以意念指导松开全身上下的大小关节，以达到气血经脉的畅通。松还必须贯穿于一切招式中，这样才能以意念指导行动，不为拙力所困，极柔软，然后极坚刚。意想太极拳也用意念指导松。这时，身体静卧，全身上下的各部分都在意想的一招一式中全程放松。这个松的要义正符合催眠术的一个要素。

打太极拳是一件愉快的事。你太极拳打得如行云流水，你的心情也会像行云流水一般。在意想太极拳时，这种行云流水的感觉诱导脑电波慢下来，稳定下来。不知不觉中，大脑兴奋的状态转变成了催眠状态。

人在焦虑时呼吸会变得急促。这时调整呼吸可以改变情绪。深长呼吸帮助人放松，有很好的催眠作用。钟摆的滴答声对许多人有催眠效果，均匀的节奏给人以平安而枯燥的感觉。催眠术运用这种感觉引导人从精神上放松。意想太极拳以深长平稳的呼吸为韵律，把意想中的招式配合于呼吸，使催眠过程平安而枯燥。

意想太极拳是以意念为指导、以放松为媒介、以呼吸为节拍、以拳势为旋律的愉快的催眠曲。

五、锦太极拳催眠曲

你可选一套自己钟爱的太极拳，把每一个动作和呼吸配合起来。拳势柔和、速度相对均匀、没有发力动作的套路较为适合。意想太极拳以深长均匀呼吸为基准，呼吸要比人的正常呼吸深长一些。即使是深长呼吸，还是有人呼吸较短，有人呼吸较长。呼吸短，意想拳的动作速度就快一点。呼吸长，意想拳的动作速度就慢一点。意想太极拳将呼吸作为时间准绳来控制每一个动作的起始和结束。

通常，杨式太极拳系列是很好的候选。国家套路二十四式或四十八式都是极佳选择。通常在几分钟内，太极催眠曲就能将人送入睡眠状态。所以，所选套路不必很长。锦太极拳是由二十四式改编成的紧凑太极拳，保持了杨式大架的风范。

意想太极拳的目的是催眠。卧床意想时不必像真正打太极拳时想得那么真切、仔细。意想太极拳的意念要能抓住主流，而让一些细节模糊混沌，营造一种似想非想、真想又不想的氛围。比如说左搂膝拗步，我们可以把意念点放在右掌上，想象右手向右向后运动，折肘扳耳朵，然后向前方推掌，完成！至于左搂膝拗步中的其他内容，如怎样站稳右脚，怎样出左脚，怎样做好宽弓步，怎样以腰带动，怎样左手搂膝，怎样拗步推掌，怎样一掌把对方发出（图2-3-14至图2-3-15）等，都可下意识地、若有若无地想想，甚而不想也无妨。

全套锦太极拳共有40次呼吸。想一遍锦太极拳需要3～5分钟，呼吸频率是每分钟8～13次。成人的正常呼吸频率是12～20次。所以，意想锦太极拳的呼吸略为深长，却还自然。意想太极拳时呼吸要趋于均匀，让拳势来配合呼吸。均匀呼吸给人以重复性节奏感，拳势给人以悠扬的旋律感。

前章建议将呼吸配合于锦太极拳的招式，这里建议将锦太极拳的招式配合于呼吸。两者并不矛盾。本来，锦太极拳招式的韵律相对均匀，与之合璧的呼吸也相对均匀。现在反过来以呼吸的韵律为基调，将招式配合于呼吸。而且招式仅仅在想象中实现，招式快慢有伸缩余地，可任其自然。

第三章　太极拳的力学原理

第一节　太极拳词汇

一、招式

招式是承转、准备、发招、定式的有攻防含义的全部运动过程。招式包括前招定式和本招定式间的全部动作和本招定式。例如，杨式招式左白鹤亮翅包括图 2-3-9 至图 2-3-12 间的全部动作过程和本招定式(图 2-3-12)。本招定式很重要，但仅仅是招式的一部分。前招定式(图 2-3-9)并不属于本招，但前招定式对本招的承转有很大影响。

二、定式

定式是指一个招式(分招、分动)的定型姿势，在很多情况下是招式的最后位置，如：杨式起势的按掌位置(图 2-3-6)、左野马分鬃的分掌位置(图 2-3-9)。

定式通常有典型的攻防含义。例如，杨式云手的定式是用左手采对方(图 3-1-5)。但定式不一定是攻防的全部。图 3-1-1 至图 3-1-5 是云手从开始到结束的全过程；图 3-1-2 至图 3-1-3 是以左手掤对方；图 3-1-3 至图 3-1-4 是我方左手以横力将对方捋向左方；图 3-1-4 至图 3-1-5 是我方左手翻腕扣住对方并向左下方采。由此可见，攻防含义体现于一个运动过程，定式只是这个过程的结束位置。在套路中，做定式要到位，只有到位才能把全部的攻防含义体现出来。从养身的角度来看，只有到位，才能做好动作的全过程。在意念中要想象定式的实现，这样，从一个定式到另一个定式，才能把套路做到位。只有把套路做到位，才能把两个定式间的全过程体现出来。但是，达到定式时不必停顿，定式不是亮相。打太极拳讲究行云流水，定式到位时应同时启动下一式。从攻防含义上讲，一招结束的同时应启动下一招，不留给对方任何可乘之机。

图 3-1-1　云手中位

图 3-1-2　向右云

图 3-1-3　左云掤位

图 3-1-4　左云捋位

图 3-1-5　左云采位

三、分招

分招是有自己的承转、准备、发招、定式的有攻防含义的运动过程。分招是组合招式的一部分。太极拳有典型的组合招式。例如,杨式揽雀尾由四个分招组合而成——掤、捋、挤、按。分招“捋”包括图 2-3-18 至图 2-3-20 间的全部动作过程和本分招定式(图 2-3-30)。前分招定式(图 2-3-18)并不属于本分招。

四、分动

为了练习方便,一个招式常被分成几个分动。分动的定式是该分动的最后位置。分动包括前分动定式和本分动定式间的全部动作和本分动定式。例如,杨式左野马分鬃可划分成三个分动:(1)收脚抱球(图 2-3-6 至图 2-3-7);(2)剪掌出脚(图 2-3-7 至图 2-3-8);(3)弓步分掌(图 2-3-8 至图 2-3-9)。分动不一定有明确的攻防含义,例如:(1)分动“收脚抱球”是一个承转准备过程。分动也可以有明确的攻防含义,例如:(3)分动“弓步分掌”用左脚套住对方，用左臂挒对方。打太极拳讲究“一动无有不动，一静无有不静”。

“一动无有不动”是说动的时候要全身各部位一起动。例如，左野马分鬃(1)分动“收脚抱球”要同时做体、脚、手、眼的动作：

上体微右转
重心移向右脚
左脚收起
右手向左向上划圆弧
左手向下向右划圆弧
眼随视右掌

不但要同时做，还要将各部协调起来做。这是一个过程(图 2-3-6 至图 2-3-7)。

“一静无有不静”是说到位时要全身各部位一起到位。例如，左野马分鬃(1)分动抱球的定式要同时让体、脚、手、眼到位(图 2-3-7)：

上体右转到位
重心移到右脚
左脚提至右脚旁一拳宽半拳高处
右手向左向上划圆弧 ⎫两掌心相对呈抱球状
左手向下向右划圆弧 ⎭
眼随视右掌到位

分动的定式为本招定义了一系列中间位置，分动本身定义了两分动定式间的运动过程。不同的参考资料把招式划分成不同的分动系列。我们可根据几个准则来界定分动：

(1) 分动实现有意义的动作，如承转、准备、发招等；

(2) 分动的名称体现分动的主要特点；

(3) 分动的定式是力学上平衡的姿势。

在演练太极拳时，和招式的定式一样，达到分动定式时不必停顿，分动定式不是亮相。分动定式到位时应同时启动下一分动。

五、散打

散打是将招式灵活运用于对打之中。就其原始意义来讲，散打是不附加任何条件的徒手搏击。从广义上讲，散打可使用冷兵器，如刀剑等。从狭义上讲，散打是各种拳术运用零散招式，按照一定规则进行的带有防护用具的徒手格斗。太极拳的招式可运用于散打。

六、推手

推手是将太极拳招式灵活运用于双人徒手对抗的练习。太极拳的战略是沾、连、粘、随,太极拳的战术是五步八法。推手是太极拳战略战术原则的实战运用。推手时要精神集中,仔细观察、感觉,尤其是通过身体触觉,准确判断对方的攻势,因对方的攻势而灵活制定攻防措施。对方伸展,我方曲就;对方曲缩,我方伸展;对方急进,我方急应;对方缓攻,我方缓随;对方进攻,我方顺势加力,引其攻入空档;对方向某方向发力,我方以横方向力改变其方向。在使对方落于被动后,我方集中优势发力,使其失稳。练推手所得的功夫可运用于散打或推手比赛。推手锻炼人体反应能力,提高身体灵敏度、平衡感、速度、力量、柔韧性等素质。

七、套路

套路是用招式组合成的单人(或双人)连贯运动。套路常是几代武术家研究的结晶,是从实战招式中提炼出来的精华。练习者通过单独训练领会和参悟其中的涵义。太极拳套路练习为推手、散打提供基本功。很大一部分太极拳爱好者不参与推手、散打,但练习套路仍能提高自卫能力。套路练习可以完全独立于推手练习,也不必连接于实用散打。套路练习有重要的养身意义,能舒通经脉,养神益脑,提高身体素质,增加平衡感,延年益寿。套路演练还能给人艺术上的享受。

八、荷叶掌

杨式太极拳的掌型是荷叶掌:五指自然舒展,掌心内含,虎口撑圆(图 2-2-3)。

九、瓦楞掌

陈式太极拳的掌型是瓦楞掌:五指舒展,拇指与小指向前倾,其余三指依序微向后仰,掌心内含(图 3-1-6)。

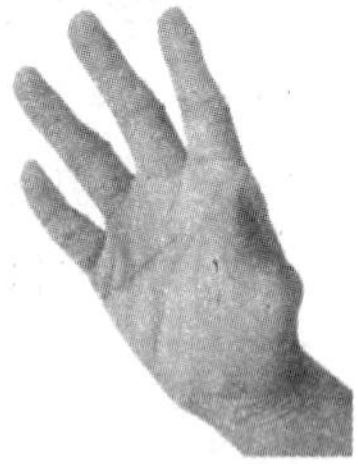

图 3-1-6　瓦楞掌

十、拳

五指里屈,拇指压于食、中指第二节上,握拳松紧适度,拳面要平(图 2-2-1)。

十一、勾手

屈腕，五指指尖自然靠拢（图 2-2-4）。

十二、立掌

立掌就是将掌指指向上方，如杨式金鸡独立定式中前面的掌（图2-3-77）、搂膝拗步前面的掌（图 2-3-15）。

十三、坐腕

坐腕是将掌后靠以减小掌面和小臂的夹角而使掌面与用力方向垂直（图 3-1-7）。形象地说，坐腕腕部的形状像一把椅子。

太极拳中掌的运用大大多于其他手型的运用。和拳及勾相比，掌面相对平整，面积较大。掌在接招时能把冲击力均匀分布在相对大的面积上，从而减少平均压力。掌在防御中是上乘的手型。

太极拳的一个重要特点是以守为攻。即使是进攻，太极拳的宗旨仍止于使对方于无反击能力的地步。哪怕是在对抗中，太极拳师也不愿使对方伤残。这些武德方面的考虑体现于招式的设计上就是多运用掌。我方发力时，掌能将力分布于较大的面积上，减轻对方受力处的局部变形，因而减少使对方受伤的可能性。同时，掌能将力传给对方的整体，有效地移动对方的重心，使其失稳。

要使掌面和对方有效接触，掌面需要和用力方向几近垂直。例如，右搂膝拗步中左掌水平推向正前方，左掌面应与水平方向垂直。这时，便需要坐腕（图 2-3-33）。

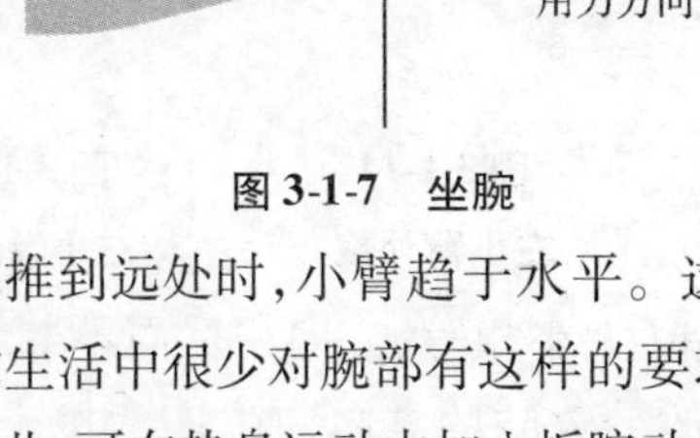

图 3-1-7　坐腕

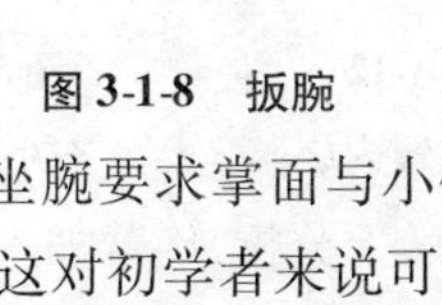

图 3-1-8　扳腕

当掌推到远处时，小臂趋于水平。这时，做坐腕要求掌面与小臂几近垂直。日常生活中很少对腕部有这样的要求，因而这对初学者来说可能有一些困难。为此，可在热身运动中加入扳腕动作（图 1-4-26 至图 1-4-29 和图 3-1-8）。

扳腕可帮助拉松腕部韧带，增加腕关节的灵活度。

垂肘是太极拳的一个要领。当掌推到远处时，肘部要略为下垂（图3-1-11）。这样，掌面的后靠可放松一点，而掌面仍能垂直。事实上，掌的坐腕程度应和出掌的远近位置相应。推掌由近及远。掌在近处时可能已经和对方接触，这时掌面应和推掌方向垂直。由于这时手臂还没有伸直，掌面和小臂的夹角远大于直角（图3-1-9）。掌在中等距离处，手臂运动趋向伸直，掌面和小臂的夹角应随之变小（图3-1-10）。由此可见，推掌过程中坐腕的程度由松到紧，但掌面始终保持垂直。

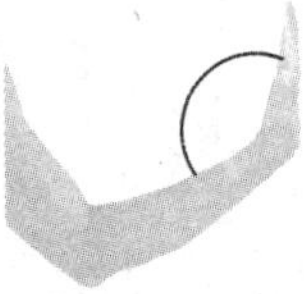

图 3-1-9 近距坐腕

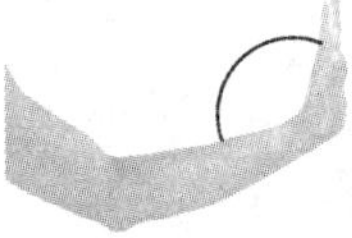

图 3-1-10 中距坐腕

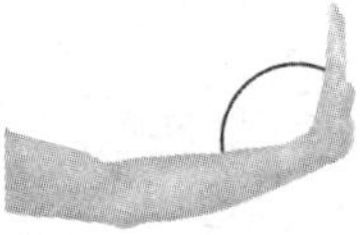

图 3-1-11 远距坐腕

坐腕和立掌可同时出现，例如搂膝拗步的前掌（图2-3-33）。坐腕不一定要立掌，如搂膝拗步的后掌（图2-3-33）。立掌不一定坐腕，如白鹤亮翅的上掌（图2-3-30）。

十四、旋臂

太极拳将小臂的旋转灵活运用于很多招式中。例如，在云手中随着两手上下左右画圆，两小臂需要时而内旋，时而外旋。图3-1-12至图3-1-15给出了内外旋的示意图。内旋、外旋的含义是：左小臂内旋时，眼顺左小臂看，左小臂顺时针旋（图3-1-12）；右小臂内旋时，眼顺右小臂看，右小臂逆时针旋（图3-1-13）；左小臂外旋时，眼顺左小臂看，左小臂逆时针旋（图3-1-14）；右小臂外旋时，眼顺右小臂看，右小臂顺时针旋（图3-1-15）。

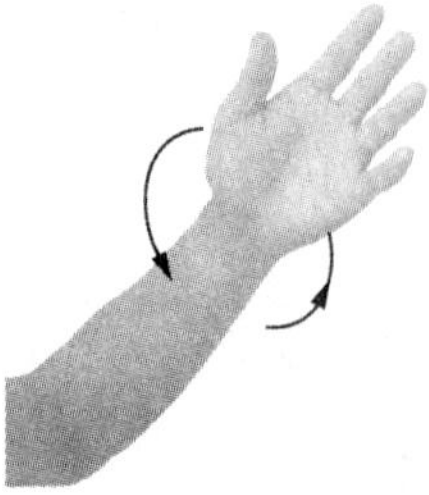

图 3-1-12
左小臂内旋

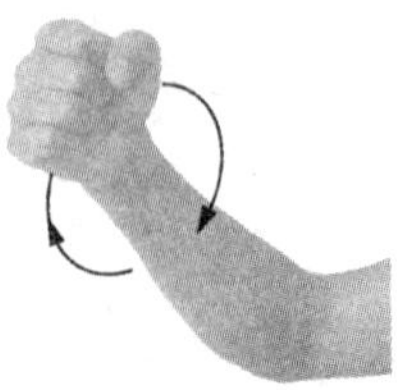

图 3-1-13
右小臂内旋

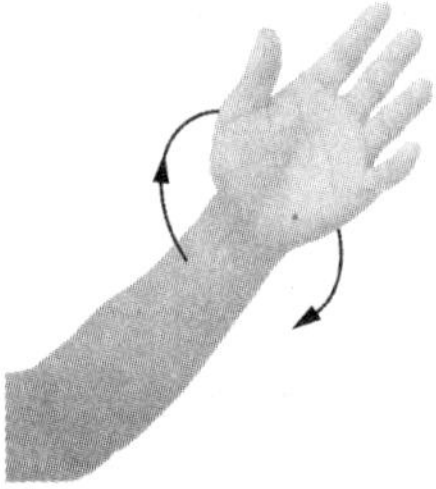

图 3-1-14
左小臂外旋

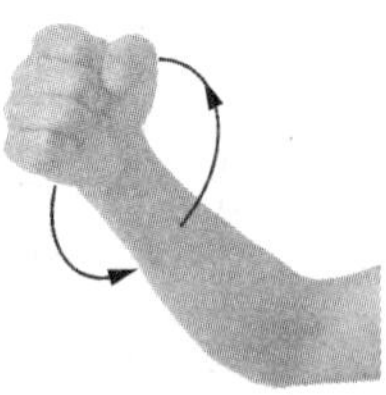

图 3-1-15
右小臂外旋

从力学上分析，旋臂加入一个力偶（大小相等、方向相反而不共线的两个平行力所组成的力系）。这个力偶能改变攻防的方向，有“四两拨千斤”的功能。旋臂运动的外形变化比较小，在攻防的运用中常有出其不意的效果。设想对方用一把折扇向我方进攻，我方以倒卷肱一式接招（图 3-1-16 至图 3-1-18）。我方右手垂肘立掌让过扇锋，翻腕套住扇骨，小臂外旋使对方失控。

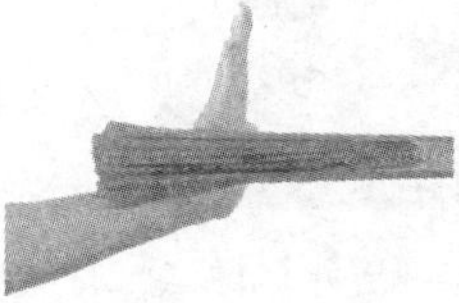

图 3-1-16　让过扇锋

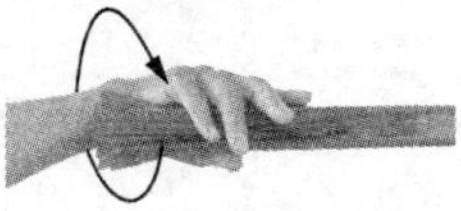

图 3-1-17　套住扇

图 3-1-18　外旋

从养身上看，旋臂运动增强小臂旋转功能，有防治该部位关节炎的功效。

十五、绷脚

通常在脚提起后，脚尖要向下，脚面要微绷。绷脚时，脚掌和小腿的夹角大于直角（图 3-1-19）。四十八式太极拳招式“分脚”要绷脚（图 3-1-22）。

脚在自然位置时，脚底和小腿垂直（图 3-1-20）。

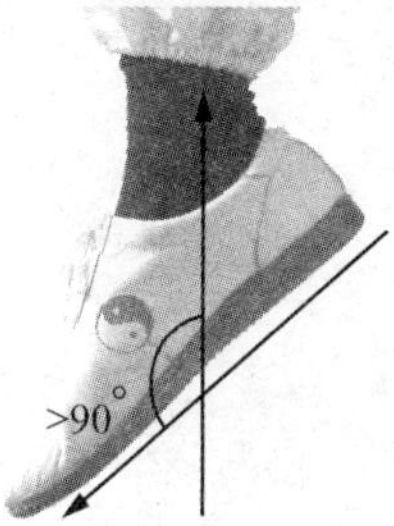

图 3-1-19　绷脚

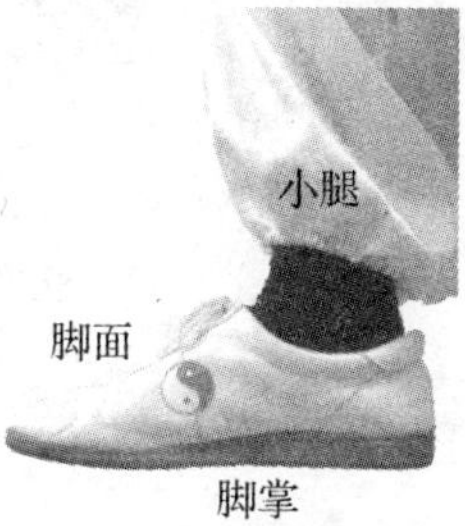

图 3-1-20　自然

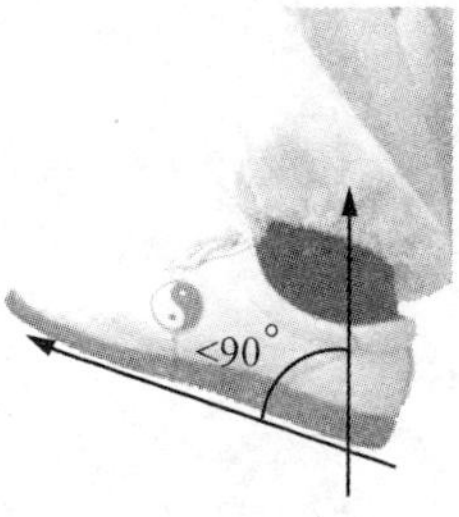

图 3-1-21　勾脚

十六、勾脚

二十四式太极拳蹬脚时脚尖要内勾（图 2-3-65）。这时，脚尖上勾，脚面要微上抬。勾脚时脚底和小腿的夹角小于直角（图 3-1-21）。

图 3-1-22　分脚

十七、五趾抓地

打太极拳时，要五趾抓地。平时站立时，脚掌自然踏地，五趾松松着地（图 3-1-23）。打太极拳全掌着地时，要将五个脚趾向下按（图3-1-24）。五趾抓地能增加脚与地的接触面积，因而可增加整体的平衡度。

图 3-1-23　脚掌自然着地

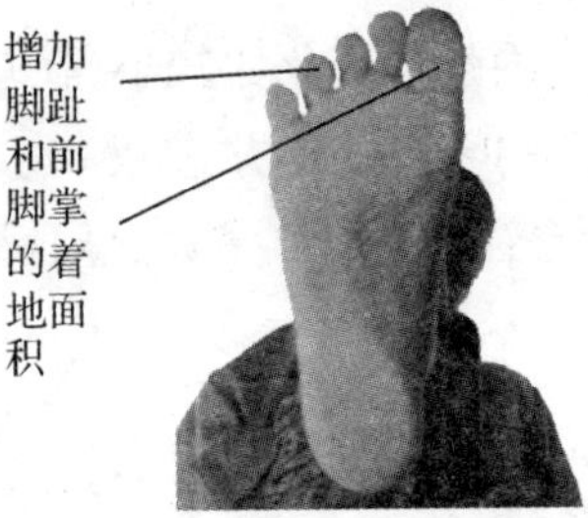

图 3-1-24　五趾抓地

十八、脚趾上翘

五趾抓地是将脚趾向下弯。与五趾抓地相反，脚趾上翘是将脚趾向上弯，因而脚趾和脚底间的夹角小于 180 度（图 3-1-25 至图 3-1-26）。脚提起时，通常脚尖最后离地，脚趾上翘帮助脚尖平稳离地（图 3-1-25）；脚落地时，通常脚尖先落地，脚趾上翘帮助脚尖平稳落地（图 3-1-26）。

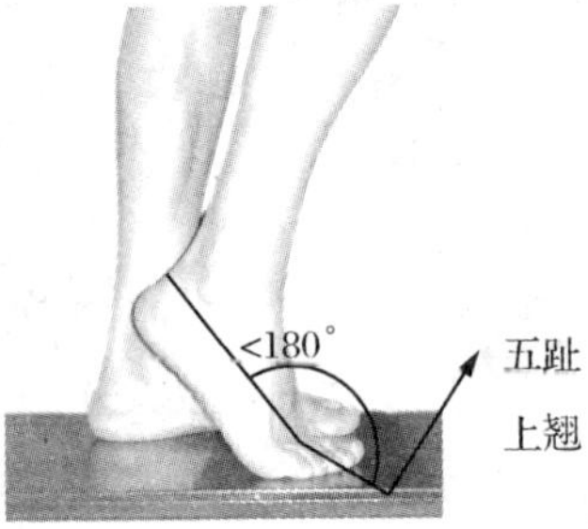

图 3-1-25　提脚翘趾

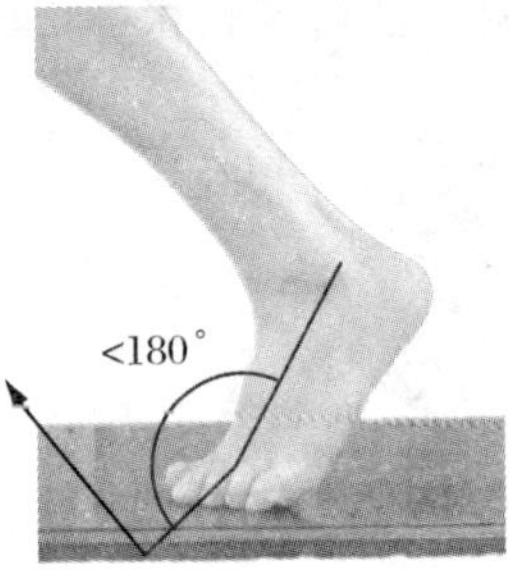

图 3-1-26　翘趾落脚

十九、并步

两脚并拢，上体直立，重心在两脚正中（图 2-3-2）。

二十、平行步

两脚平行向前，两脚间距离约一拳宽，上体直立，重心在两脚正中（图 2-3-48）。

二十一、肩宽步

两脚平行向前，两脚间距一肩宽，上体直立，重心在两脚正中（图 2-3-4）。

二十二、马步

两脚平行向前，或两脚尖稍外撇，两脚距离与肩同宽或略大于肩宽，两腿屈蹲，上身直立，重心在两脚正中（图 2-3-6）。马步可高可低，根据各人情况而定。

二十三、偏马步

两脚左右开立，两腿屈蹲，两脚相距 2 ~ 3 脚，重心在两脚间但偏于一脚，两脚尖外撇，偏重脚的脚尖外撇略多一点（图 3-1-27）。

图 3-1-27　偏马步

二十四、宽弓步

前腿屈膝前弓，膝不过脚尖；后腿向后自然伸直，后脚尖内扣，后脚尖和前脚尖约成 45 度夹角；两脚横向距离一肩宽，前后距离一步长，步长随各人行架高低而定；两脚掌全掌着地；重心在两脚间但倚重于前脚；上体正直，胸与前脚同向（图 2-3-9）。

二十五、窄弓步

前腿屈膝前弓，膝不过脚尖；后腿向后自然伸直，后脚尖内扣，后脚尖和前脚尖成约 60 度夹角；两脚横向距离约一拳宽，前后距离一步长，步长随各人行架高低而定；两脚掌全掌着地；重心在两脚间但倚重于前脚；上体正直，胸侧向和胯同向（图 2-3-45）。

二十六、虚步

后腿屈蹲，全脚掌着地，屈蹲高度随各人行架高低而定；前腿微屈舒展于前，脚掌或脚跟轻轻点地；后脚尖和前脚尖成约 45 度夹角；重心在两脚间但几乎全在后脚；上体正直，胸与前脚同向（图 2-3-12）。

二十七、扑步

一腿屈蹲，脚尖外撇；另一脚侧向伸出一步长，步长随各人行架高低而定，脚尖内扣；两脚掌全掌着地；重心在两脚间但倚重于屈蹲之脚；上体中正安舒（图 2-3-74 和图 3-1-28）。

图 3-1-28　扑步

图 3-1-29　丁步

二十八、独立步

一腿独立，膝部微屈，脚尖外撇，全掌着地，五趾抓地；另一腿屈膝上提于体前，膝高于腰腹，小腿垂直，脚面微绷；重心在独立脚掌内；上体中正安舒，胸与前面提起之脚同向（图 2-3-77）。

二十九、丁步

一腿屈蹲，屈蹲高度随各人行架高低而定，脚尖外撇，全掌着地，五趾抓地；另一脚脚尖在屈蹲脚侧一拳宽处轻轻点地，脚面微绷，脚趾上翘；重心在两脚间但几乎全在屈蹲之脚；上体中正安舒，胸向前（图 2-3-43 和图 3-1-29）。

三十、太极步

太极步是指在移动时要处处平衡的步法、步态。太极拳论中有“迈步如猫行”之说。这是说打太极拳迈步时要像猫一样轻灵、松沉。我们把这种步态称为太极步。力学上，实现轻灵就是要在全部移动过程中保持平衡。平衡就是要让人体重心位于支撑面内。支撑面是两脚或一脚与地的接触面。人体重心将人体各部位重量综合成一个点。由该点画垂线至地面，垂线与地面的交点在支撑面内则平衡（图 3-1-30），垂线与地面的交点在支撑面外则不平衡（图 3-1-31）。

图 3-1-30　平衡

图 3-1-31　不平衡

人的日常步态和太极步不同。日常步态不是处处平衡，步履较重，但走路效率高。太极步处处平衡，步履轻盈，耗能大，却利于攻防，还能帮助养身。

人向前走路就是不断地将重心移向前方。两脚前后替换，重心随之前移。有时前后两脚着地，这时支撑面拉得开，重心在支撑面内，人体平衡（图 3-1-32）。当后脚刚离地时，这时前脚单脚支撑，支撑面小，重心在支撑面外，人体不平衡。（图 3-1-33）。后脚由后向前运动，在经过另一脚时，有一段时间是单脚支撑，但重心在支撑面内，人体平衡（图 3-1-34）。当前脚快要着地时，这时后脚单脚支撑，支撑面小，重心在支撑面外，人体不平衡（图 3-1-35）。前脚落地后两脚着地，这时支撑面拉得开，重心在支撑面内，人体平衡（图 3-1-36）。

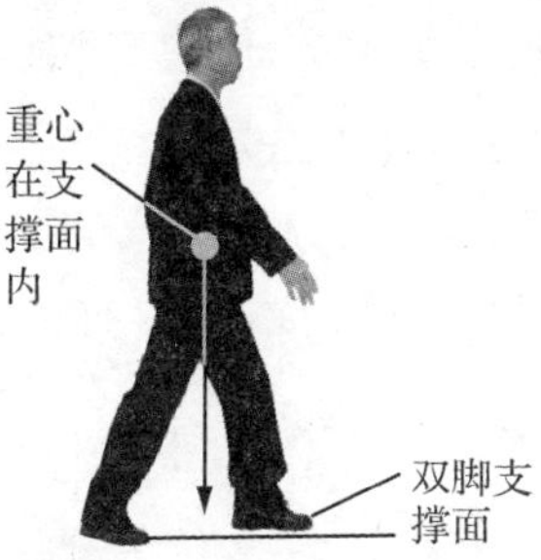

图 3-1-32　平衡（1）

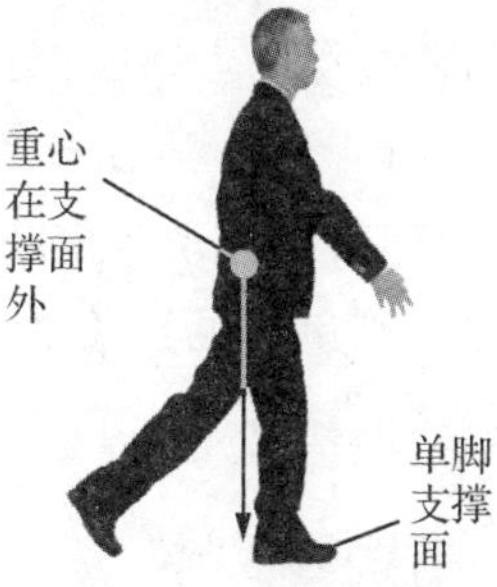

图 3-1-33　不平衡（1）

图 3-1-34　平衡（2）

图 3-1-35　不平衡（2）

图 3-1-36　平衡（3）

图3-1-32至图3-1-36示出了人前行一步过程中经过的“平衡—不平衡—平衡—不平衡—平衡”五个阶段。这里指的是垂直方向的平衡。人能在平衡位置(图3-1-32、图3-1-34、图3-1-36)上停下来,且还能维持平衡,而在不平衡的位置(图3-1-33、图3-1-35)上停不下来。在图3-1-32中人开始用后脚推动人体到图3-1-33的位置,并在水平方向形成一个速度。速度和人体质量的乘积为惯性,这个惯性使人体从不平衡位置(图3-1-33)变到平衡位置(图3-1-34),又继续变到不平衡位置(图3-1-35)。走路的目的是在水平方向移动重心,到了图3-1-35的位置重心还在继续前移。是惯性将人体从不平衡位置(图3-1-35)推动到平衡位置(图3-1-36)。这惯性使前脚落地前在垂直方向有一个速度,落地时这个速度突然变为零。因而脚和地之间有一个冲击。夜深人静时,不难听到自己的脚步声,而疾走时咚咚的脚步声也并不为怪。事实上,人的步态是亿万年进化的结果,能够实现用最小能量走最多路的机能。

经典太极拳论指出要“前进、后退、左顾、右盼、中定”。打拳时有一系列的前后左右移动。打拳的目的和高效率走路不同。打太极拳是为了攻防和锻炼。为攻防起见,打太极拳要求移动时的位置处处平衡,即寓“中定”于前后左右移动之中。太极拳的运行分三个分动:重心移于定脚;收回动脚然后出脚至目的地;重心移于定式时的两脚间。第一分动将重心从两脚间移于定脚,因而动脚能随意向运动。第二分动收回和伸出动脚时将重心保持在定脚上,因而运动动脚过程中人体能保持平衡。第三分动在两脚都着地时将重心移至两脚之间。所有分动都有一定的目的,但前提是一样的:重心要在支撑面内。第一分动和第三分动有重心的移动,第二分动却没有重心的移动。由此可见,太极步重心运行的速度很不均匀。为锻炼起见,打太极拳可用不同于走路的步态,多消耗一点能量,锻炼更多的机能。

三十一、虚腿和实腿

打太极拳要如行云流水,体现在步法上要轻起轻落。离地或落地时脚的速度要几近于零。要做到这一点,首先要理解太极拳理论中关于腿的虚实的论述。杨澄甫在《太极拳之练习谈》中指出:“两腿宜分虚实,起落犹似猫行。体重移于左者,则左实,而右脚为之虚;移于右者,则右实,而左脚为之虚。”从字面上理解,这里把承重的单腿定义为实腿,把不承重的另一条腿定义为虚腿。而随着太极拳的发展,腿之虚实也有所引申。现在一般认为两腿承重时,承重多的一条腿为实腿,承重少的一条腿为虚腿。这里可以给出一个比较明确的力学定义:承重多于体重一半的腿为实腿;承重少于体重一半的腿为虚腿；承全体重量之单腿为纯实腿；不承重之腿为纯虚腿。

有了虚实腿和纯虚实腿的力学定义，就能说明太极步法的虚实变换和轻起轻落的意义。太极步法的虚实变换是要不断地变化两腿承重的比例。双重是太极拳学练者要避免的毛病。双重就是不能变化两腿承重的比例。由此可见，虚实的内涵是变化，是运动。

一条腿是纯实腿时，另一条腿才能实现轻起轻落。日常步态中起脚和落脚时步履较重是因为当时的承重腿不是纯实腿。起脚（图 3-1-33）时后脚的蹬力给人体一个加速度，这个加速度的垂直分量和人体质量的乘积抵消一部分重力。这时承重腿不需要承重全部人体重力，所以不是纯实腿。落脚（图 3-1-35）时前脚有一个速度。这个速度的垂直分量在落脚时很快变为零，使这速度减速的加速度和人体质量的乘积抵消一部分重力。这时，承重腿也不需要承重全部人体重力，所以不是纯实腿。那么，怎样才能在打太极拳时实现纯实腿呢？答案是：先把重心平稳地移到承重腿后再提脚落脚，提脚处不能有加速度，落脚处不能有速度。或者说提脚处不能用力，落脚处不能往下送。

三十二、虚腿转脚

虚腿转脚法是指在该腿是虚腿时外撇或内扣脚尖。从一个步型运动到另一个步型的过程中常需要将某脚的脚尖在原地改变方向，如从左宽弓步（图 3-1-37 点画线脚印）前进一步变到右宽弓步（图 3-1-37中实线脚印）的过程中，需要将左脚尖在原地外撇（图 3-1-37 中的弧形箭头）。二十四式太极拳运用虚腿转脚法：左宽弓步定式时前腿是实腿，上体后坐使重心离开前脚，前腿变虚腿，这时撇脚尖。虚腿转法可减小在撇脚过程中膝盖的承重量。虚腿转时重心有一个后坐再回移，这从防御上考虑可帮助缓冲，从进攻上考虑会损失一点时间。

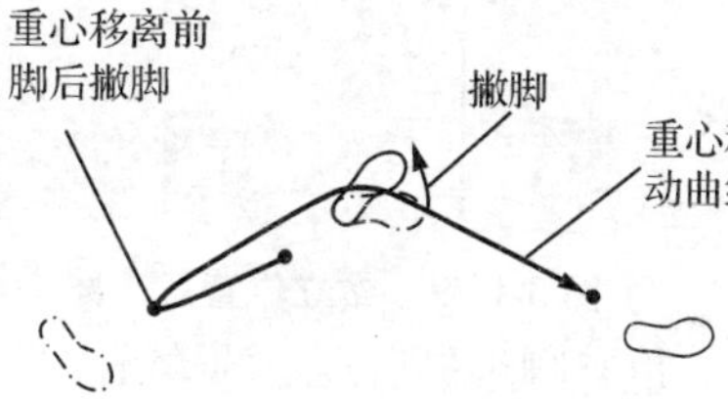

图 3-1-37　虚腿转脚尖俯视图

三十三、实腿转脚

实腿转脚法是指在该腿是实腿时外撇或内扣脚尖。从一个步型运动到另一个步型的过程中，常需要将某脚的脚尖在原地改变方向，如从左宽弓步（图 3-1-38 点画线脚印）前进一步变到

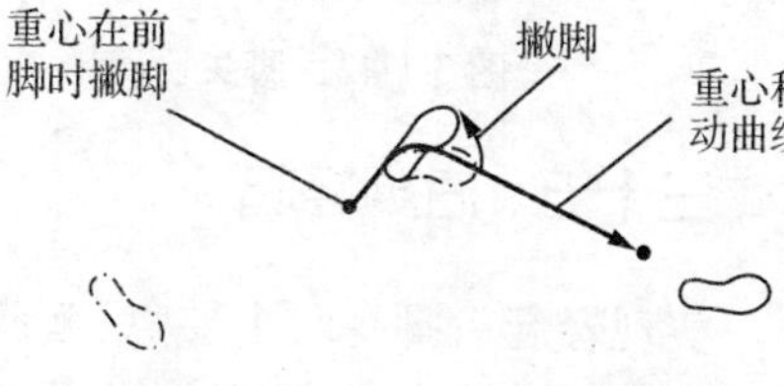

图 3-1-38　实腿转脚尖俯视

右宽弓步（图 3-1-38 中实线脚印）的过程中，需要将左脚尖在原地外撇（图中的弧形箭头）。传统杨式太极拳运用实腿转脚法：左宽弓步定式时前腿是实腿，上体重心不变，这时撇脚尖。实腿转脚法在撇脚过程中膝盖的承重量较大。实腿转脚法没有虚腿转脚法中的重心后坐回移，因而可加快承转的速度。

三十四、起脚

起脚要轻，要逐渐提起脚底。即先提起脚底的一部分，最后让另一部分离地。人站立时小腿与地的夹角为 90 度（图 3-1-39），因而小腿与脚底的夹角以 90 度为自然。脚尖最后离地的情况占多数。先将脚跟提起，脚面绷至一定程度，以帮助伸展脚的长度（图 3-1-40），然后提起脚尖（图 3-1-41）。在图 3-1-40中，提起脚跟时，脚尖仍然点地，这时要让脚趾上翘。所以，在提脚过程中，脚趾的运动很重要：始于五趾抓地（图 3-1-39）；中间脚趾上翘（图3-1-40）；脚提到空中时脚趾可再弯向抓地的方向（图 3-1-41）。

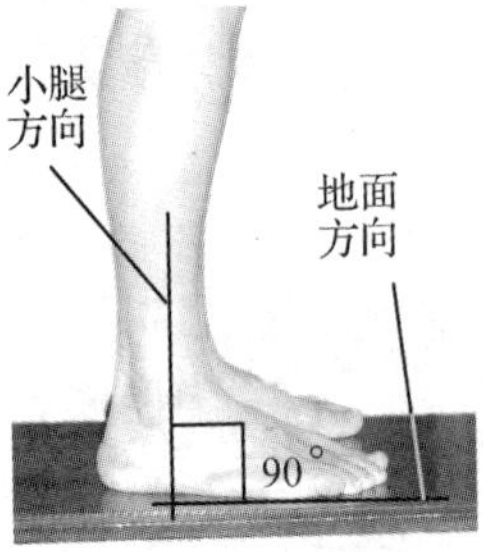

图 3-1-39　站立位置

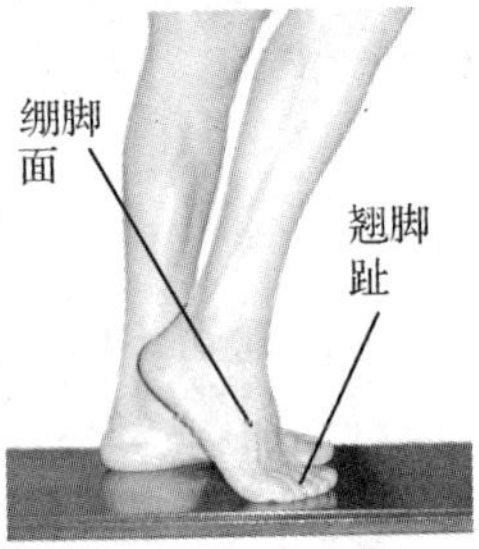

图 3-1-40　提脚跟

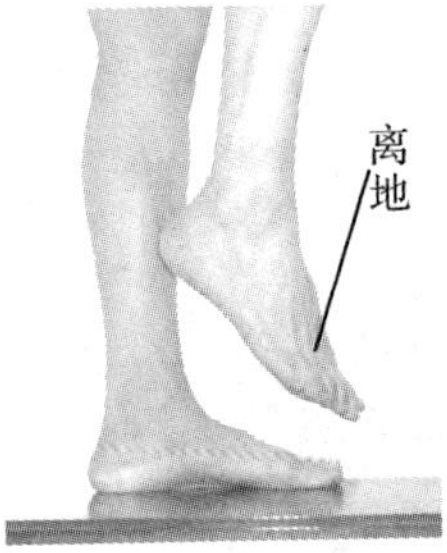

图 3-1-41　提起脚尖

也有脚跟最后离地的情况。由于前面的定式（如二十四式太极拳中手挥琵琶接左右倒转肱）脚尖已经离地（图 3-1-42），因此是随后提起脚跟（图 3-1-43）。

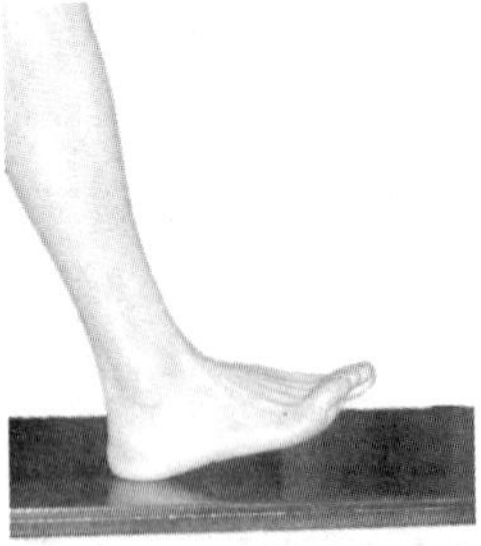
图 3-1-42　脚尖已离地

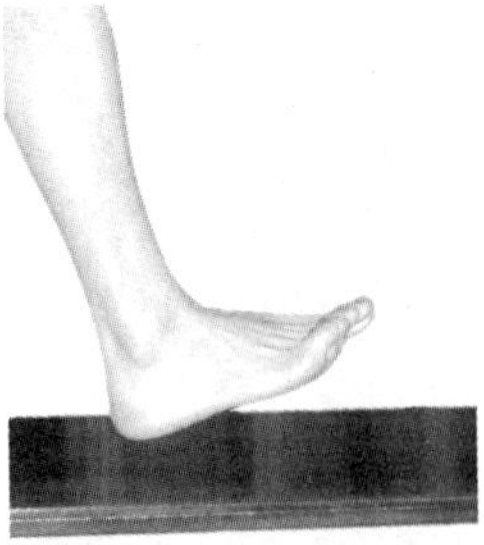
图 3-1-43　提起脚跟

三十五、后脚轻起

实现轻起后脚有两个要点：起脚前重心要移到前脚；起脚时通常先起脚跟，最后脚尖离地。下面举例说明。

由宽弓步轻起后脚。太极拳中常需要向前方连续做几个宽弓步。我们来看从左弓步变到右弓步的起脚过程。左宽弓步的重心在两脚间靠近前脚处(图3-1-44),以下是实现轻起的过程。上体后坐,将重心移近后脚,前脚舒展,脚尖离地(图3-1-45)。前脚尖外撇落地,重心移回(图3-1-46)。重心移到前脚,后脚舒展,脚背绷展,脚趾上翘(图3-1-47)。脚背绷展可帮助后腿伸长,进而平稳地将重心移到前脚。这样,人体的重量全部寄予前脚,前腿是纯实腿,后脚尖和地面似触非触,两者间没有力。然后把后脚提起(图3-1-48)。

图3-1-44　宽弓步

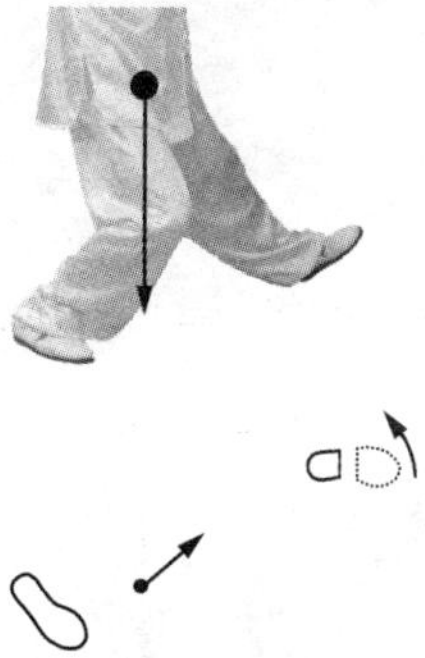

图3-1-45　后坐虚腿

图3-1-46　撇脚尖回移

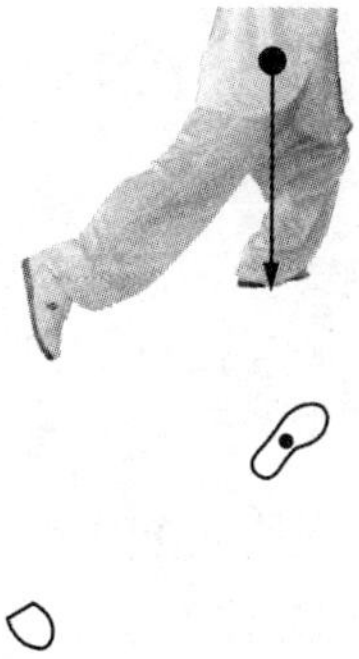

图3-1-47　移重心于前脚

图3-1-48　提起后脚尖

前面所述是虚腿转脚法。国家竞赛套路(例如四十二式太极拳)常采用这种撇脚法。传统套路(如杨式八十五式太极拳)常采用实腿转法。实腿转法没有重心的后坐回移(图3-1-38),由图3-1-44撇脚尖直接变到图3-1-46。后脚轻起过程是图3-1-44→图3-1-46→图3-1-47→图3-1-48。前面叙述了前脚尖需要外撇的轻起过程。根据情况的需要,前脚尖也可能内扣,可以用虚腿转或实腿转实现脚尖内扣,重心移到前脚后再轻提后脚。在前脚尖不需要转动的场合,可直接将重心移到前脚后再轻提后脚。

由窄弓步轻起后脚。太极拳中需要从窄弓步变成其他步型,通常用实腿转脚法实现撇脚。我们来看一下从左窄弓步运动到左独立的轻起过程。左窄弓步的重心在两脚间靠近前脚处（图 3-1-49），保持重心不变，实腿撇脚至图 3-1-50。重心移到前脚，后脚舒展，脚背绷展，脚趾上翘（图 3-1-51）。然后把后脚尖提起至图 3-1-52。

图 3-1-49　窄弓步

图 3-1-50　实腿撇脚尖

图 3-1-51　重心移于前脚

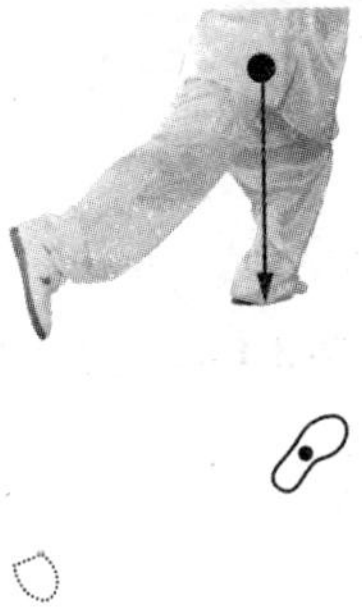

图 3-1-52　提起后脚尖

三十六、前脚轻起

实现前脚轻起有两个要点：起脚前重心要移到后脚，起脚时通常脚跟先起，最后脚尖离地，特殊情况下脚跟后离地。下面举例说明。

宽弓步起前脚。竞赛套路的十字手招式中要将宽弓步变成肩宽步。这时，需要将前脚收回到一肩宽处。我们来看看其中的起脚过程。中间可两次扣脚以帮助重心平衡移动（图 3-1-53 至图 3-1-57）。右宽弓步的重心在两脚间靠近前脚处（图 3-1-53）。上体后坐将重心移近后脚，前腿舒展，脚尖离地（图 3-1-54）。前脚尖内扣落地，重心继续移近后脚（图 3-1-55）。重心移到后脚，前脚跟内扣，前脚面舒展（图 3-1-56）。再把前脚尖提起（图 3-1-57）。

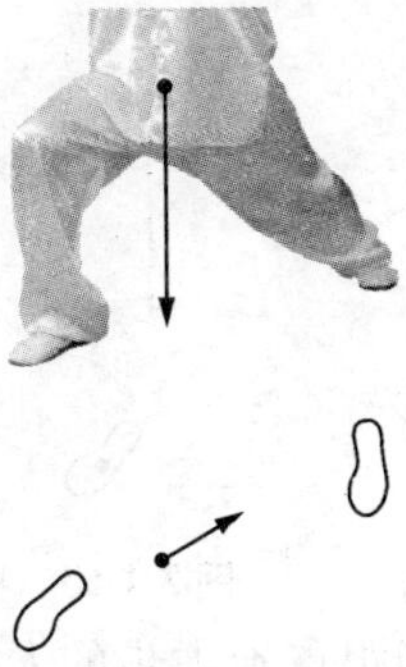

图 3-1-53　右宽弓步

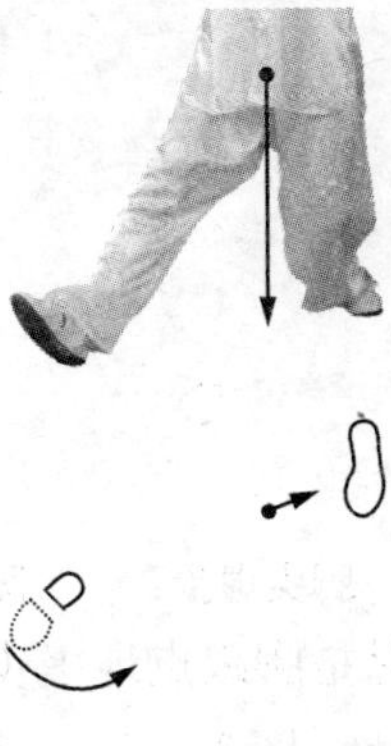

图 3-1-54　后坐

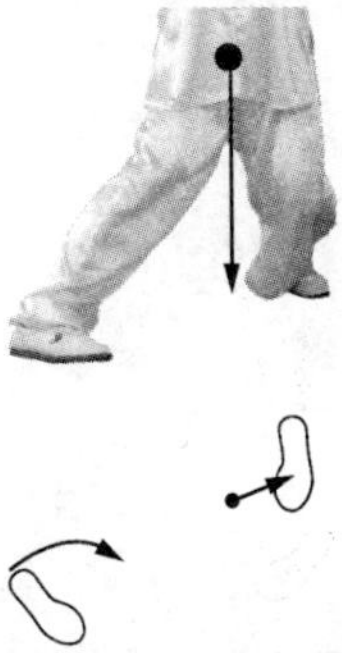

图 3-1-55　前脚内扣

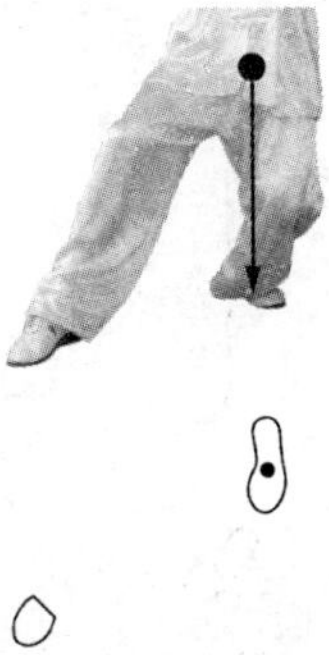

图 3-1-56　重心移于后脚

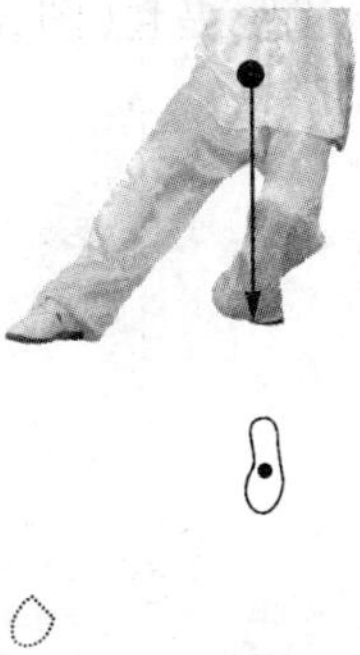

图 3-1-57　提起前脚尖

跟步起前脚。二十四式太极拳从左野马分鬃到白鹤亮翅的承转过程中，后脚要跟进半步。跟进后，后脚尖点地，重心在前脚（图 3-1-58）。接着，重心移到后脚，前脚跟提起（图 3-1-59）。再把前脚尖提起（图 3-1-60）。

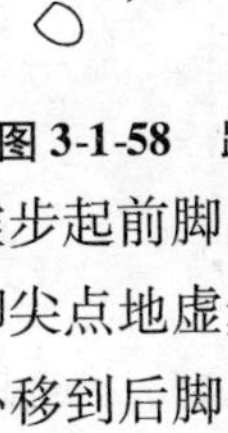

图 3-1-58　跟步

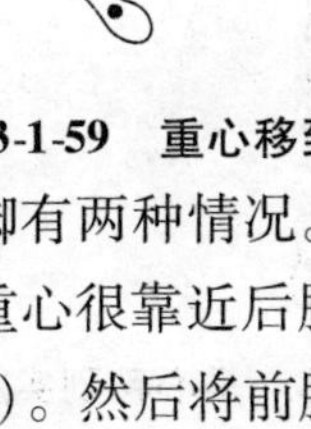

图 3-1-59　重心移到后脚

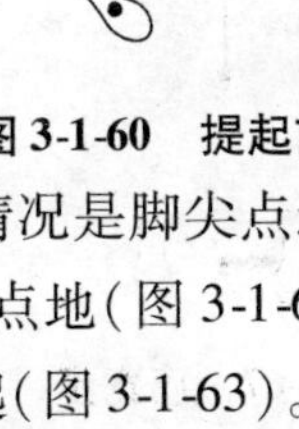

图 3-1-60　提起前脚尖

虚步起前脚。虚步起脚有两种情况。第一种情况是脚尖点地虚步，起前脚。脚尖点地虚步的人体重心很靠近后脚，前脚尖点地（图 3-1-61）。微后坐使重心移到后脚（图 3-1-62）。然后将前脚脚尖提起（图 3-1-63）。

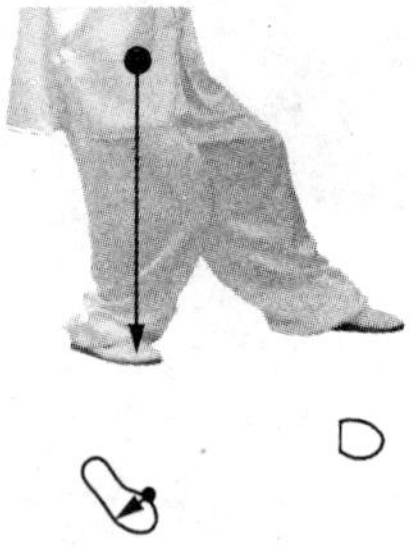

图 3-1-61　脚尖虚步

图 3-1-62　微后坐

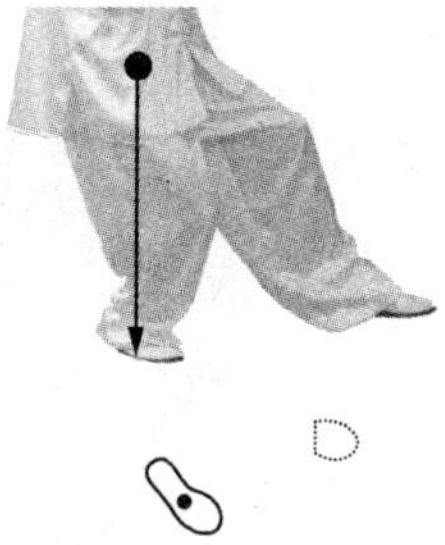

图 3-1-63　提起脚尖

第二种情况是脚跟点地虚步，起前脚。脚跟点地虚步的人体重心很靠近后脚，前脚跟点地（图 3-1-64）。微后坐使重心移到后脚（图 3-1-65）。然后将前脚脚跟提起（图 3-1-66）。

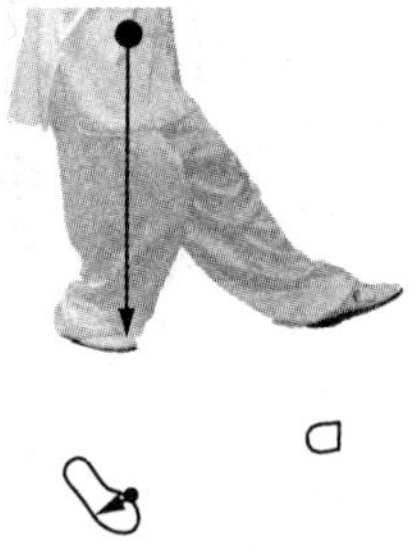

图 3-1-64　脚跟虚步

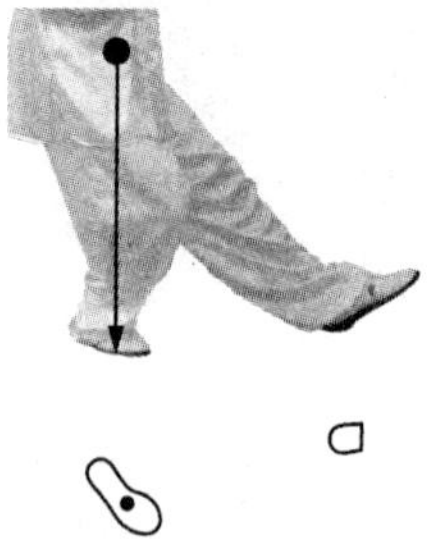

图 3-1-65　微后坐

图 3-1-66　提起脚跟

三十七、侧脚轻起

实现侧面的脚轻起有两个要点：起脚前重心要移到另一脚；起脚时先起脚跟，最后脚尖离地。下面举例说明。

肩宽步起脚。二十四式太极拳的收势需要从肩宽步起脚。肩宽步的重心在两脚之间（图 3-1-67）。将重心移到一脚，另一脚脚跟提起（图 3-1-68）。再把该脚脚尖提起（图 3-1-69）。

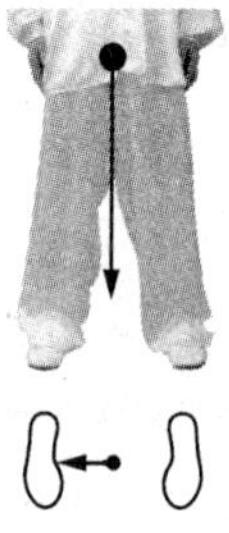

图 3-1-67　肩宽步

图 3-1-68　重心移到实脚

图 3-1-69　提起虚脚尖

三十八、落脚

落脚要轻,要逐渐落下脚底。即先脚尖或脚跟落地,然后全脚底到位。究竟是脚跟先落地还是脚尖先落地,可根据当时小腿与地面的夹角而定。人站立时,小腿与地面的夹角为 90 度(图 3-1-70),因而小腿与脚掌的夹角以 90 度为自然。小腿与地的夹角大于 90 度时,脚跟离地近,应该脚跟先落地(图 3-1-71),然后全掌落地(图 3-1-72)。小腿与地的夹角小于 90 度时,脚尖离地近,应该脚尖先落地,脚面绷至一定程度,以帮助伸展脚的长度(图 3-1-73)。这时,脚趾上翘,便于点地。然后全掌落地(图 3-1-74)。简单来说,前落脚时宜脚跟先落地,后落脚时宜脚尖先落地。侧落脚可以脚尖或脚跟先落地,不同的太极流派选择各自的侧落脚法。

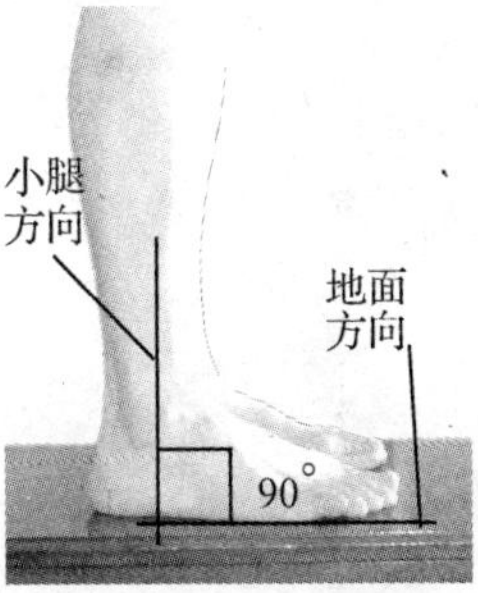

图 3-1-70　站立位置

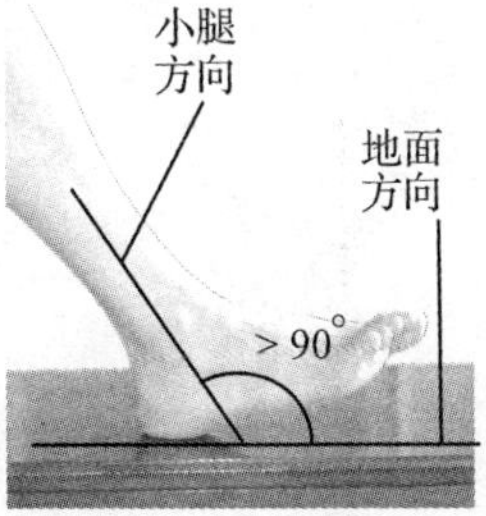

图 3-1-71　脚跟先落地

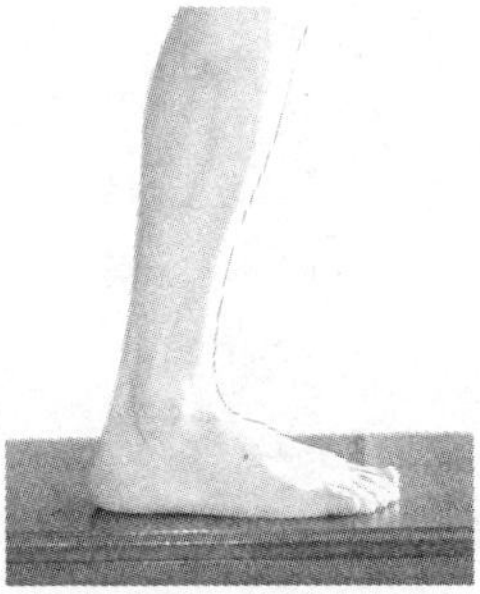

图 3-1-72　全掌落地

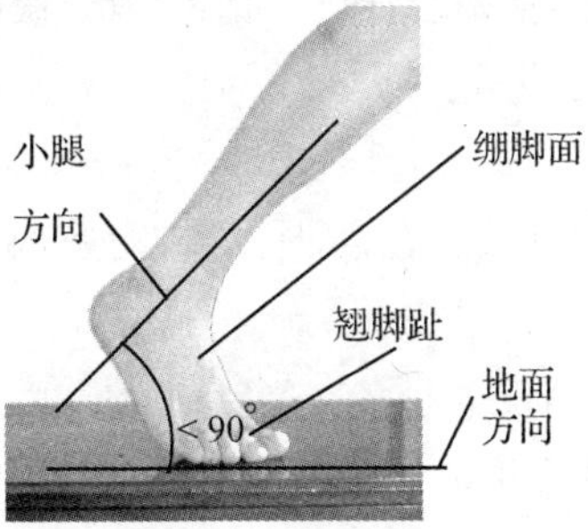

图 3-1-73　脚尖先落地

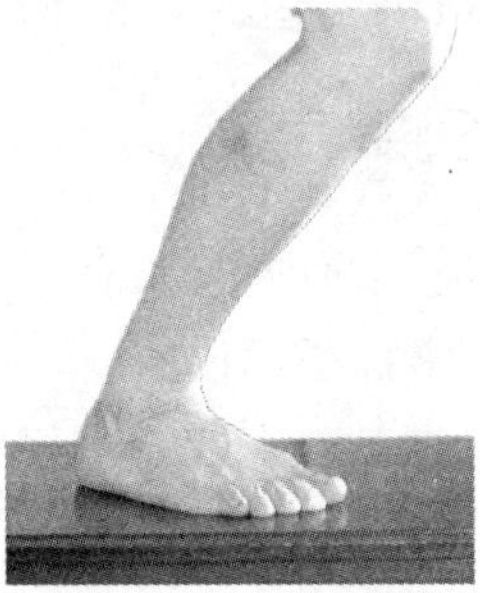

图 3-1-74　全掌落地

三十九、前脚轻落

实现前脚轻落有两个要点:落脚前重心在后脚;落脚时宜脚跟先落地,然后脚尖落地,特殊情况下仅脚尖落地。下面举例说明。

宽弓步落前脚。左搂膝拗步中有一个前落脚。前脚提起,后脚独立,重心位于后脚(图 3-1-75)。以下是实现轻落的过程:保持重心不变,前脚伸出并脚跟轻轻点地(图 3-1-76);然后重心前移,前脚尖落地,成弓步(图3-1-77)。

图 3-1-75 提脚

图 3-1-76 前脚跟落地

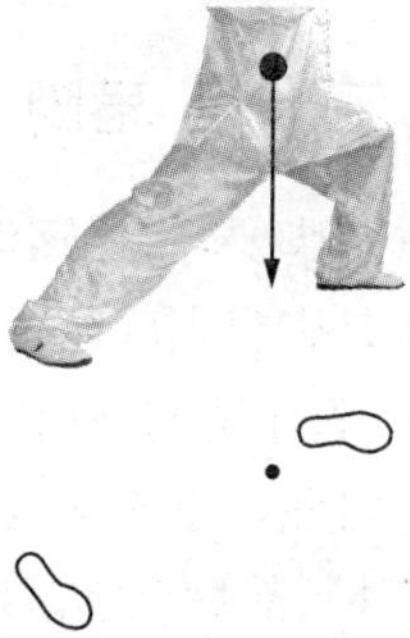

图 3-1-77 移重心前脚尖落地

虚步落前脚。偶尔,前落脚也可仅仅脚尖落地。二十四式太极拳的白鹤亮翅就是一例:接前面弓步前脚提起,后脚独立,重心位于后脚(图 3-1-78);保持重心不变,前脚伸出并脚尖轻轻点地(图 3-1-79);然后重心微微前移成虚步(图 3-1-80)。

图 3-1-78 提脚

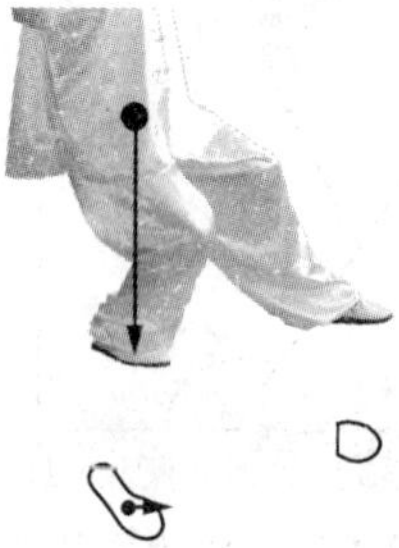

图 3-1-79 左脚尖落地

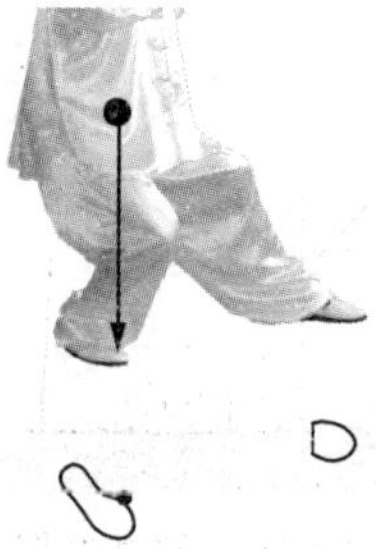

图 3-1-80 微移重心

四十、后脚轻落

实现后脚轻落有两个要点:落脚前重心在前脚;落脚时宜脚尖先落地,然后脚跟落地。下面举例说明。

虚步落后脚。二十四式太极拳的倒卷肱有一个后落脚:后脚提起,前脚独立,重心位于前脚(图 3-1-81);保持重心不变,后脚伸出并脚尖轻轻点地(图 3-1-82);然后重心后移,后脚跟落地,成虚步(图 3-1-83)。

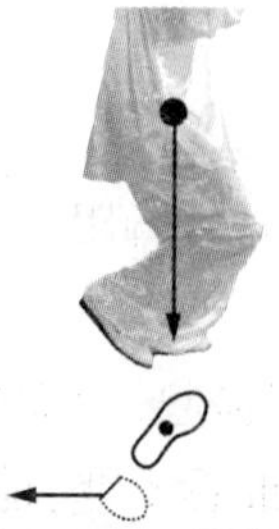

图 3-1-81 提脚

图 3-1-82 落后脚尖

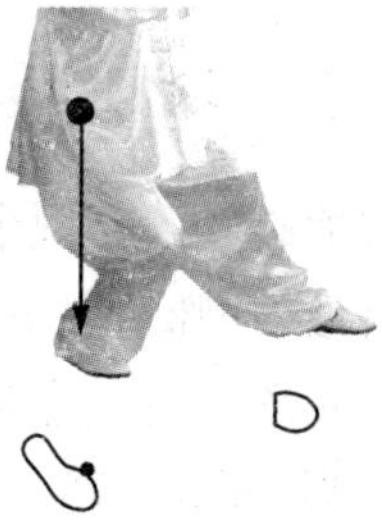

图 3-1-83 移重心

四十一、侧脚轻落

实现侧面的脚轻落有两个要点：落脚前重心在另一脚；落脚时可以脚尖或脚跟先落地，不同的太极流派选择各自的侧落脚法，然后脚掌到位。下面举例说明。

杨式横跨步落脚。包括杨式太极拳在内的多数太极拳在向左右两侧横跨步时以脚尖先落地。下面以二十四式太极拳的起势为例来说明：左脚提起半拳高，重心位于右脚（图 3-1-84）；保持重心不变，左脚横跨并脚尖轻轻点地（图 3-1-85）；重心横移，脚跟落地，成肩宽步（图 3-1-86）。

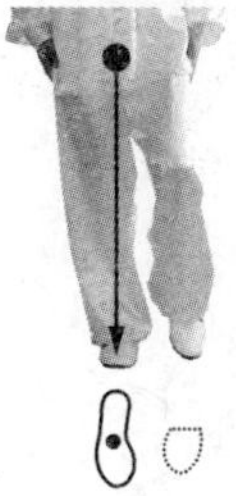

图 3-1-84　提脚

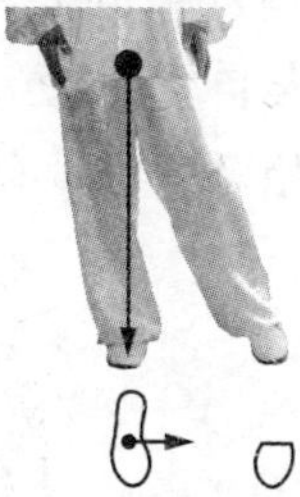

图 3-1-85　脚尖侧落脚

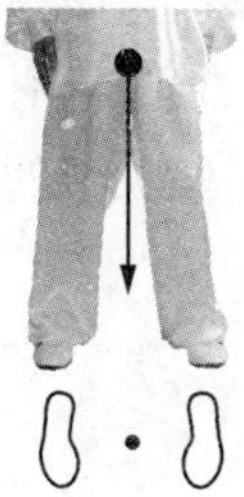

图 3-1-86　移重心

陈式横向出步落脚。陈式太极拳在向左右两侧横向出步时以脚跟先落地。下面以陈式五十六式太极拳的左单鞭为例来说明：左脚提起半拳高，重心位于右脚（图 3-1-87）；保持重心不变，左脚横跨并脚跟点地（图 3-1-88）；左脚跟铲地横向运动，随之重心略微横移（图 3-1-89）；重心横移，左脚尖落地，成左偏马步（图 3-1-90）。

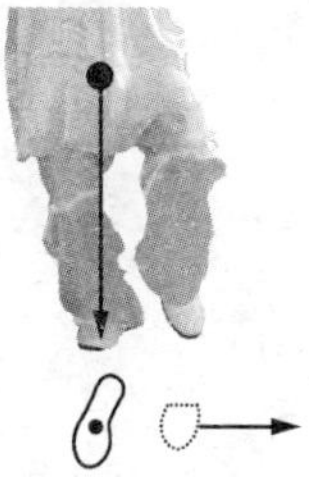

图 3-1-87　提脚

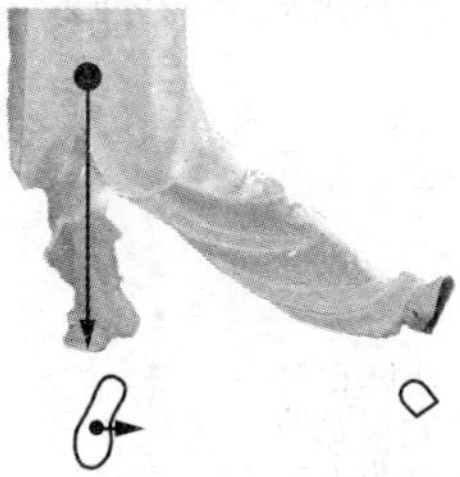

图 3-1-88　脚跟侧落

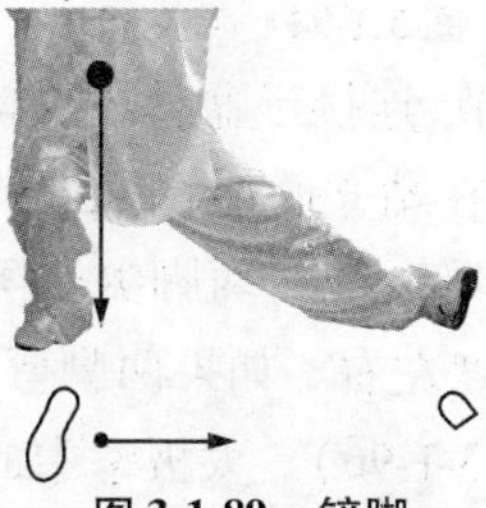

图 3-1-89　铲脚

图 3-1-90　移重心

四十二、轻盈起落脚的要点

起脚前要把重心完全移到定脚（见本章后面对定脚始位的定义），起脚过程中重心不变，起脚时先起脚尖或脚跟，然后逐渐提起全脚。动脚提起后运动至目的地的上方，运脚过程中应把重心保持在定脚。动脚到达目的地上方后用脚跟或脚尖轻轻点地，点地时重心仍保持在定脚，然后逐渐全脚落地于动脚终位（见本章后面对动脚终位的定义）。

四十三、选择前后落脚

人自然站立时通常两脚朝前，内八字的人两脚尖偏里，外八字的人两脚尖偏外。为方便讨论，我们设定人自然站立时两脚朝前（图 3-1-91）。图 3-1-92示出了髋关节的构造。大腿相对于盆骨有一定的外旋能力。

图 3-1-91　脚朝前

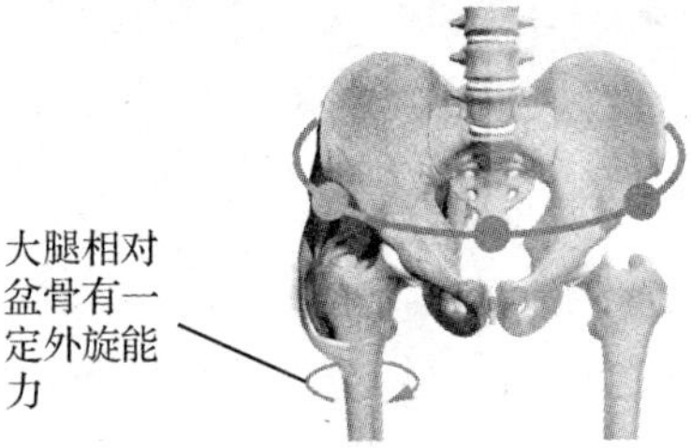

图 3-1-92　髋关节

在膝关节处，小腿相对于大腿几乎没有外旋转能力（图 3-1-93）；在踝关节处，脚尖相对于小腿略有外旋能力（图 3-1-94）。

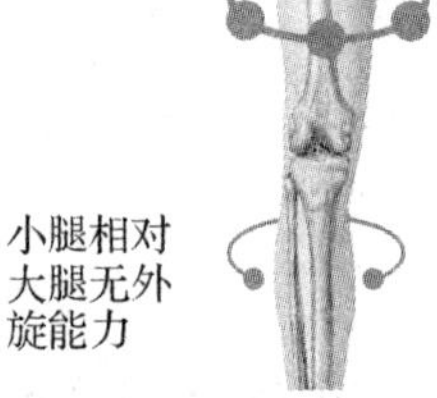

图 3-1-93　膝关节

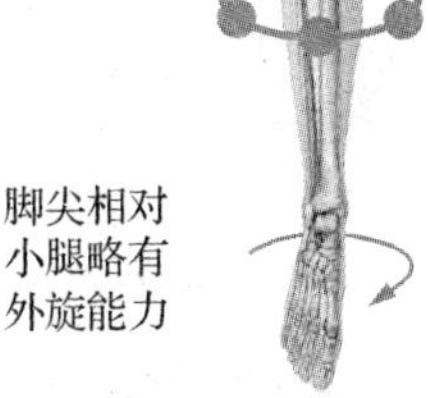

图 3-1-94　踝关节

两脚经过各自的踝关节、膝关节、髋关节，连接于盆骨。两脚尖之间的夹角取决于这六个关节的外旋能力。通常人在站立时能将两脚尖外摆至夹角120 度左右（图 3-1-95）。芭蕾舞演员经过训练，能将两脚尖外摆成一字（180度）。对通常人来说，这个夹角限度是 120 度左右。如果两脚弯曲一点，两脚尖的外摆夹角略有增加，但增加量有限（图 3-1-96）。太极拳中的落脚法和这个限度很有关系。定脚始位和动脚终位（见后面的定义）间有一个夹角。这个夹角小于120度时可做前落脚，这个夹角大于120度时宜做后落脚。下面以两个例子来说明落脚法和夹角限度的关系。

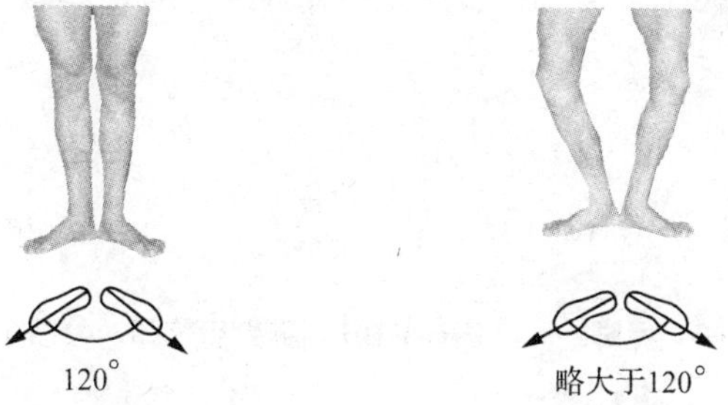

图3-1-95　直立时夹角　　　　图3-1-96　屈腿时夹角

第一例是二十四式太极拳的左野马分鬃。接起势定式马步，提左脚于右脚旁，重心移到右脚（图3-1-97）；保持重心不变，左脚向左后方运动，左脚跟轻轻落地（图3-1-98）；左脚尖落地，右脚跟外碾，移动重心，两脚到位（图3-1-99）。定脚始位脚尖向南，动脚终位脚尖向东，定脚始位脚尖和动脚终位脚尖间的夹角是90度。这个夹角小于120度，因而左野马分鬃宜用前落脚法。

图3-1-97　右脚独立　　图3-1-98　左脚跟落地　　图3-1-99　左宽弓步

第二例是四十二式太极剑的弓步平斩。该式中定脚始位向东南（图3-1-100），动脚终位向西（图3-1-104），定脚始位脚尖和动脚终位脚尖间的夹角是135度。这个夹角大于120度，因而这时不宜用前落脚法，而要用后落脚法。接转身下刺定式左宽弓步，提右脚于左脚旁，重心移到左脚（图3-1-100）；保持重心不变，右脚向后方运动，右脚尖轻轻落地（图3-1-101），右脚跟内扣落地，移动重心（图3-1-102）；左脚尖内扣，继续移动重心（图3-1-103）；右脚尖外撇，移动重心到位（图3-1-104）。

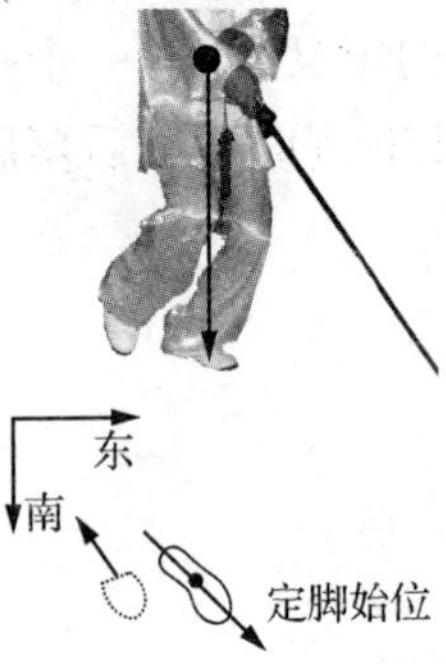

图 3-1-100　提脚

图 3-1-101　脚尖后落脚

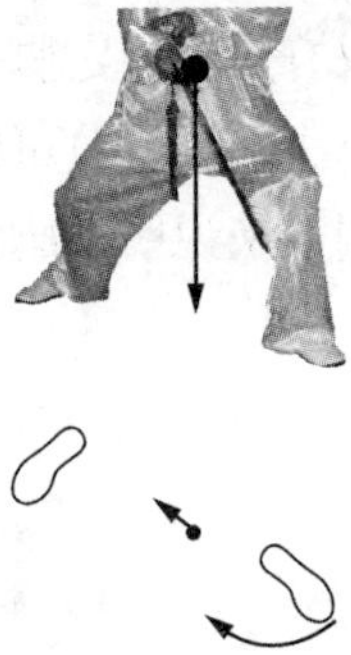

图 3-1-102　移重心

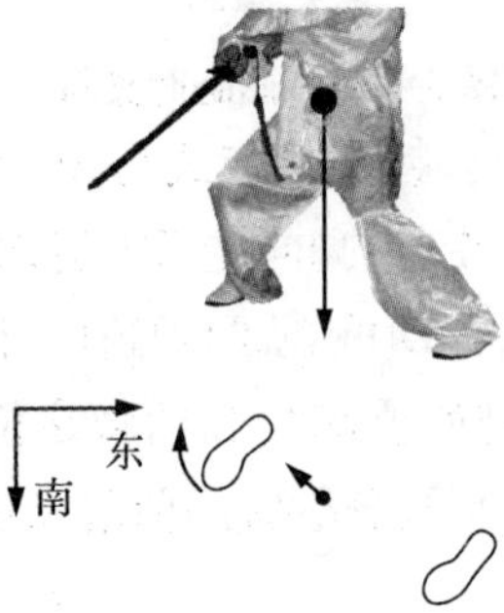

图 3-1-103　左脚尖内扣

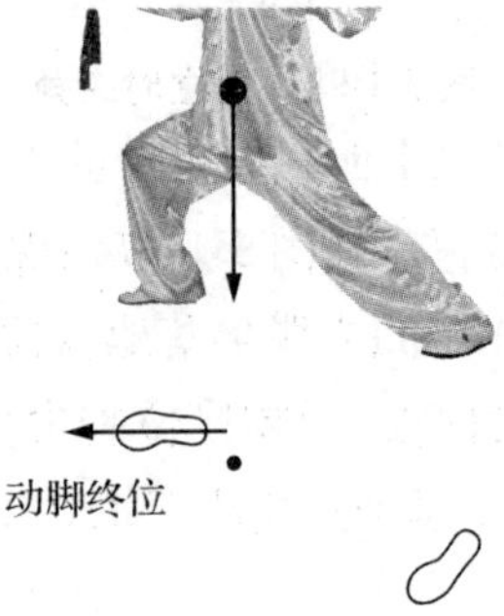

图 3-1-104　右宽弓步

四十四、提脚高度

太极拳的许多动作中要求将一脚提于空中,并在空中移动一段路程。通常建议脚离地半拳高。这里的半拳高是定性的说法。首先是脚要离地,即在空中运动时该脚不接触地面。但是,脚不要离地太高,太高了动作不易实现,并且会提高重心,对稳定度不利。脚离地时,有时脚尖在下,有时脚跟在下,并且不断地变动,因而半拳高只是一个平均参考量值。

四十五、运脚路线

太极拳的许多动作中要求将一脚从始位置提于空中,并在空中移动一段路程,然后落脚于终位置。从始位置到终位置间的运脚路线很重要。

例如,左野马分鬃从马步开始(图 3-1-105),而结束于左弓步(图 3-1-107)。右脚是定脚,在马步变到弓步过程中脚跟外碾,但总体位置不变。左脚是动脚,需要从马步的动脚始位变到弓步的动脚终位(图 3-1-106)。动脚始位脚尖向南,动脚终位脚尖向东。动脚终位位于动脚始位左后方。几何上的最短线如图中点画线箭头所示。实际上,没有人用最短线来运脚。这是因为几何上的最短线不是力学上的有效路线。

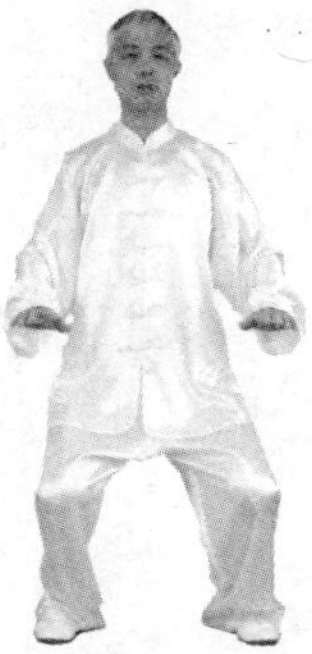

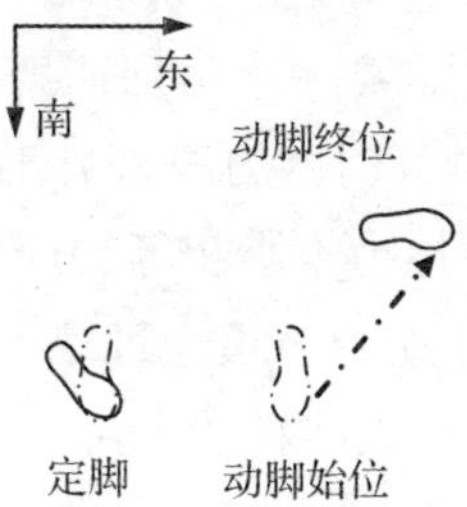

图 3-1-105　马步开始　图 3-1-106　运脚前后　图 3-1-107　弓步结束

要在单腿承重时保持平衡，人体重心必须位于承重脚掌内。在图 3-1-108 中，各肢体收拢，比较容易达到平衡。如果把手脚向一边伸出，手脚的重量向外移，为了保持平衡，身体的重量必须向反方向移，因而上体会倾斜（图 3-1-109）。另外，在肢体收拢（图 3-1-108）的姿势下，做单腿转动比较容易；而在肢体展开（图 3-1-109）的姿势下，做单腿转动比较困难。

图 3-1-108　肢体收拢　图 3-1-109　肢体展开

花样滑冰运动员在手脚伸展时开始旋转，然后把手脚收回，观众可看到运动员的旋转角速度突然大增。力学上旋转惯性用角动量来衡量。角动量等于转动惯量和角速度的乘积：

$$角动量 = 转动惯量 \times 角速度 \tag{1}$$

花样滑冰运动员启转后角动量变化不大，这时把转动惯量减小，角速度必然大增，因而能赢得观众的喝彩。可见转动惯量小时转动比较容易，转动惯量大时转动比较困难。转动惯量是肢体质量和肢体与重心距离的乘积的总和，或者说转动惯量和肢体的分布有关。肢体分布得越开，转动惯量越大；肢体的分布越近，转动惯量越小。花样滑冰运动员在肢体分开时，也就是大转动惯量时培养角动量，而在肢体合拢时，也就是用减小转动惯量来增加角速度。太极拳在转动中遵循同样的力学原理，在转动惯量小的时候转动比较容易。

在转动中,牛顿第二定律的形式为:

$$力矩 = 转动惯量 \times 角加速度 \tag{2}$$

打太极拳从没有转动开始,需要一个角加速度来启转。公式(2)中的角加速度必须由力矩产生。单腿独立时的力矩来自于脚掌与地面的摩擦力(图3-1-110)。前脚掌和后脚掌的摩擦力大小相等、方向相反,与作用于前后脚掌间的力臂组合成一个摩擦力矩。这个力矩通过踝关节(图3-1-111)、膝关节、髋关节和腰椎(图3-1-112)来推动人体转动。

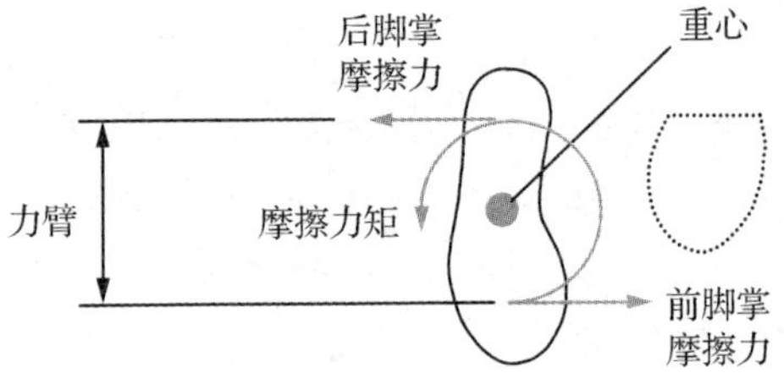

图 3-1-110　单脚转动

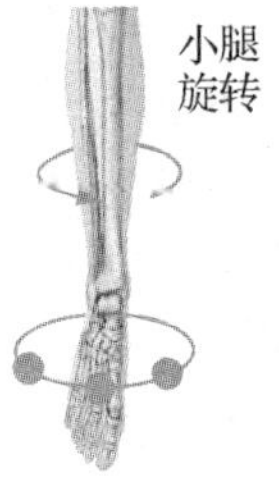

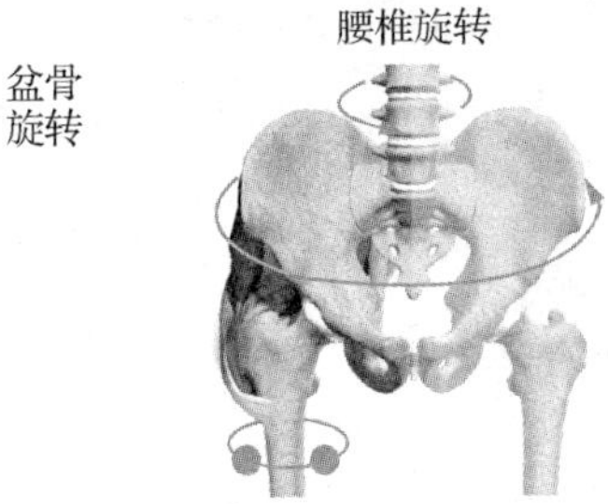

图 3-1-111　踝关节传力矩　　图 3-1-112　髋关节和腰椎传力矩

脚掌的长度有限,脚掌与地之间的摩擦力又由许多外界因素决定,所以公式(2)中左端的摩擦力矩也有限。为了在(2)式右端产生角加速度,必须减小转动惯量。减小转动惯量的有效途径就是向心收拢。

力学上有效的运脚路线由三部分连贯而成:向心收脚、拢体转动、离心出脚。向心收脚就是将纯虚脚向重心收拢,目的是减小转动惯量。转动在转动惯量减小后开始,这样摩擦力矩就比较容易推动人体转动。转动结束后将纯虚脚离开重心伸出。

仍以左野马分鬃为例。力学上的理想运脚过程(图3-1-113)是:保持重心在右脚,将左脚向心收至动脚近位(动脚近位是动脚离定脚最近的位置,通常两脚相距约一拳宽);保持重心在右脚,用摩擦力矩作刚体转动;保持重心在右脚,将左脚离心向动脚终位伸出。

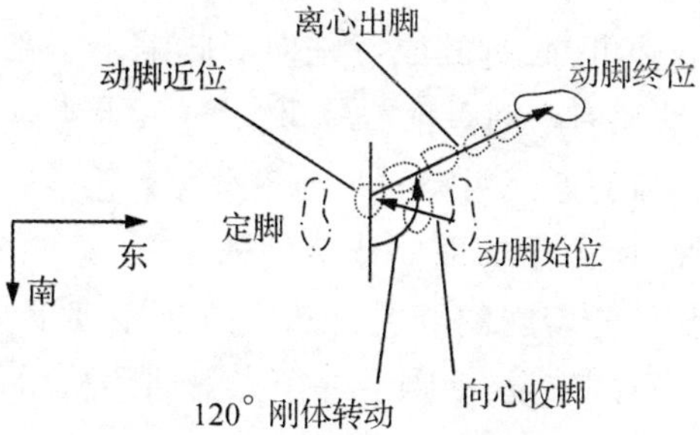

图 3-1-113　力学理想运脚路线

但是，人体不是刚体，收脚、转动、出脚的运动不可能各自独立。图3-1-113中120度转动转过了头，图中的折线运动也不易完成。所以，在实际运脚时，上述一系列运动都应融会贯通（图3-1-114）。

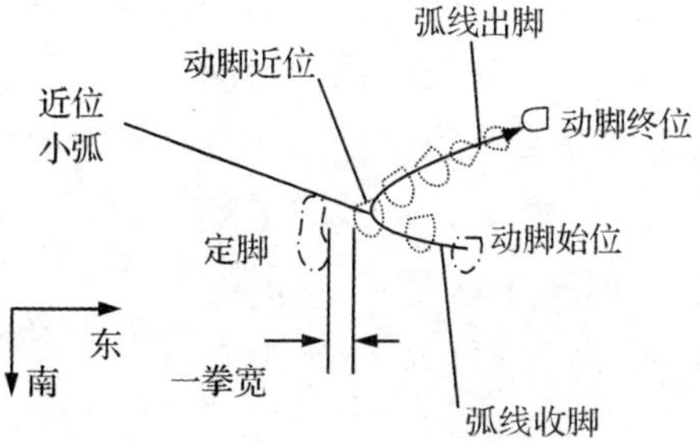

图 3-1-114　太极拳运脚路线

运脚前的预备动作是重心移到右脚，左脚跟先离地，准备脚尖轻轻离地。开始时，左脚尖在地上（图3-1-114中的点画线脚尖脚印），但和地之间没有接触力。

运动过程同时做：
- 重心保持在右脚
- 左脚尖由南逐渐转向东
- 【左脚从始位向心弧线收回至近位】接着【左脚通过近位划小弧】然后：
  - 【左脚从近位离心弧线伸出至终位，脚跟点地】
  - 【由脚尖朝地变为脚跟朝地】

这里有三项同时进行的动作。第一项在全部运脚过程中，体型不断变化，但重心要保持在右脚。第二项左脚尖原来指南，在全部运脚过程中逐渐改变方向，最终指向东。其间脚尖90度的转向可以分配于收脚、划弧、出脚过程中（图3-1-114中的虚线脚印）。顺便提及，左脚尖的方向和上体胸的方向不是一回事。从脚尖到胸，中间有踝、膝、髋、脊等关节。虽然在本例中胸的最后方向也是东，但在运动中，胸的方向迟后于左脚尖的方向。第三项由三件事串联而成。第一件事：收脚的原意是向心收缩走一条直线，但由于下面要连接划弧，这条路线略有弯曲。第二件事：为了衔接收脚和出脚，中间左脚自然划一段小弧。小弧的近处两脚间距约一拳宽。第三件事：出脚的原意是离心伸出走一条直线，但由于前面要连接划弧，这条路线略有弯曲。在出脚过程中，本来脚尖朝下，随着腿的舒展自然变成脚跟朝下，图 3-1-114 中虚线脚印由脚尖变脚跟。总的来说，动脚沿一条光滑曲线从始位经过近位运动到终位（图 3-1-114 中的点画线—虚线—实线脚印）。最后，脚跟轻轻点地，但和地之间没有接触力。

另外，人体重心有一定的高度，摩擦力矩却在地面。如果人没有单脚站稳，重心向地面的垂线就不通过力矩中心（图 3-1-115）。重心和力矩中心间有一个垂直差距。这时摩擦力矩除了推动人体转动外，还和垂直差距组合成一个扭动作用。这个扭动作用减低了人体的平衡度。减低重心的高度可以减小这个垂直差距。因而转体时，蹲得低平衡度好，站得高平衡度差。

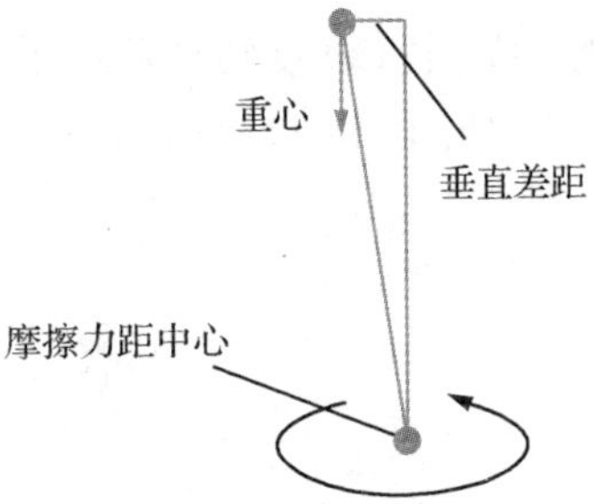

图 3-1-115　扭动

图 3-1-117 示出了二十四式太极拳中从左虚步（白鹤亮翅定式）（图 3-1-116）到左宽弓步（左搂膝拗步）（图 3-1-118）的运脚路线。

图 3-1-116　左虚步

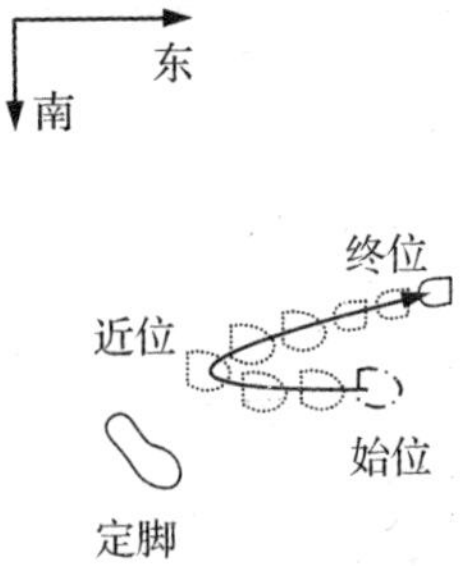

图 3-1-117　运脚路线

图 3-1-118　左宽弓步

图 3-1-120 示出了二十四式太极拳中从左宽弓步（左搂膝拗步定式）（图 3-1-119）到右宽弓步（右搂膝拗步）（图 3-1-121）的运脚路线。

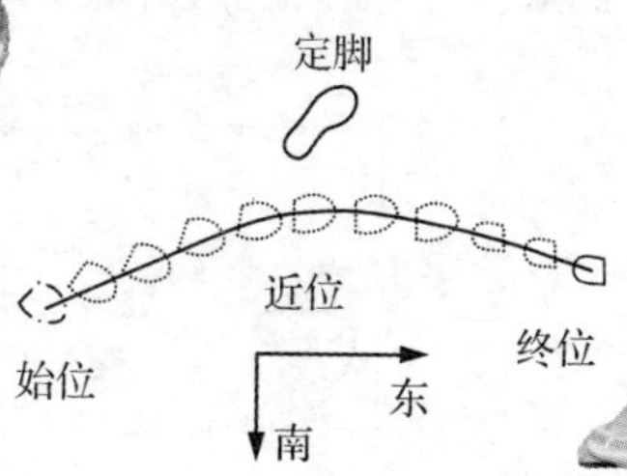

图 3-1-119　左宽弓步　　图 3-1-120　运脚路线　　图 3-1-121　右宽弓步

四十六、碾脚

有时,脚的方向需要在原高度就地调整一下,称为碾脚。通常,脚的被碾部位高度变化不大(这是和撇扣脚的区别)。前面已经有一例,即左野马分鬃从马步变成弓步(图 3-1-97 至图 3-1-99)。马步右脚尖向南,弓步右脚尖向东南。定脚右脚需要在原地调整角度 45 度左右(图 3-1-98 至图 3-1-99)。有两种方法来调整:以脚掌为轴,将脚跟外碾;或以脚跟为轴,将脚尖内碾。这两种方法都是可取的,各人可根据自己的习惯,或师承的指导而定。这里建议使用前法。下面叙述原因(图 3-1-122)。脚尖内碾法从点画线脚印变到虚线脚印,减小了两脚间的距离。脚跟外碾法从点画线脚印变到实线脚印,增加了两脚间的距离,同时降低了整个人体的重心。因而脚跟外碾法增加了稳定度,特别是在到位之际给人一种沉稳又舒展的感觉。通常各人有自定的拳架高度,拳架高度又决定了两脚间的距离。出脚可近一点,用外碾法增加的距离来补足其余。外碾法对放低架子有帮助。

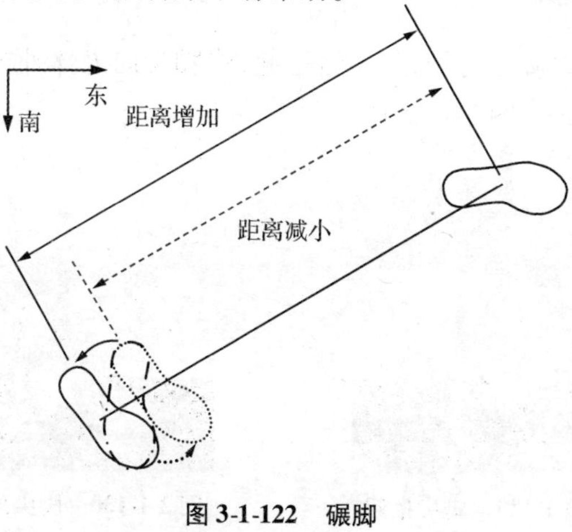

图 3-1-122　碾脚

二十四式太极拳中的双峰贯耳从左独立变成弓步（图 3-1-123 至图 3-1-125）。定脚左脚可以脚掌为中心，脚跟外碾 45 度（图 3-1-124）。

图 3-1-123　右蹬脚定式

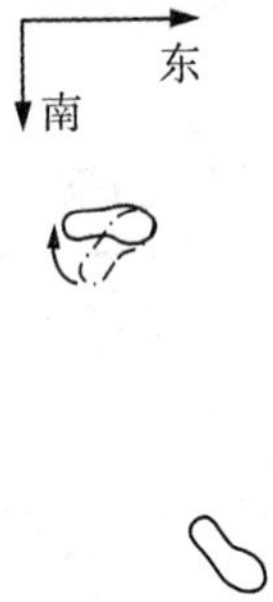

图 3-1-124　脚跟外碾

图 3-1-125　双峰贯耳

二十四式太极拳中的倒卷肱从右虚步变成左虚步（图 3-1-126 至图 3-1-128）。定脚左脚可以前脚掌为中心，脚跟外碾 45 度（图 3-1-127）。

图 3-1-126　倒卷肱定式

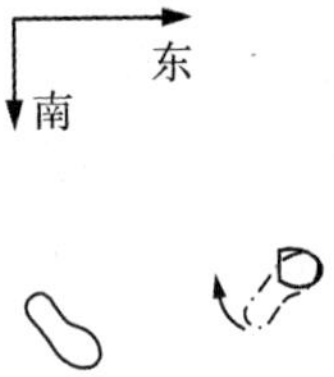

图 3-1-127　脚跟外碾

图 3-1-128　倒卷肱

四十七、撇脚

脚尖外撇是以脚跟为轴，脚尖略抬起，将脚尖向人体外撇的运动，然后脚尖落地（图 3-1-129至图 3-1-130）。

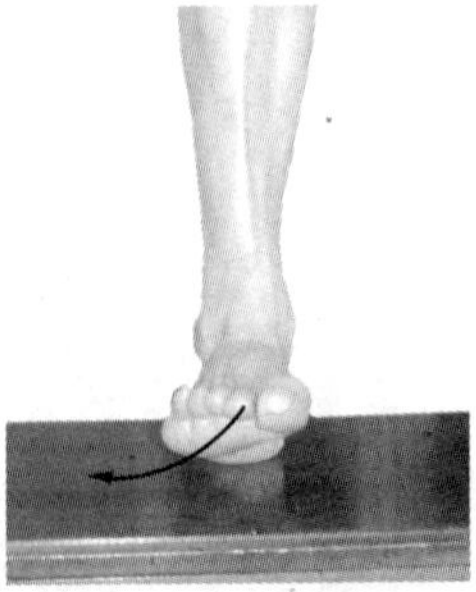

图 3-1-129　脚尖抬起

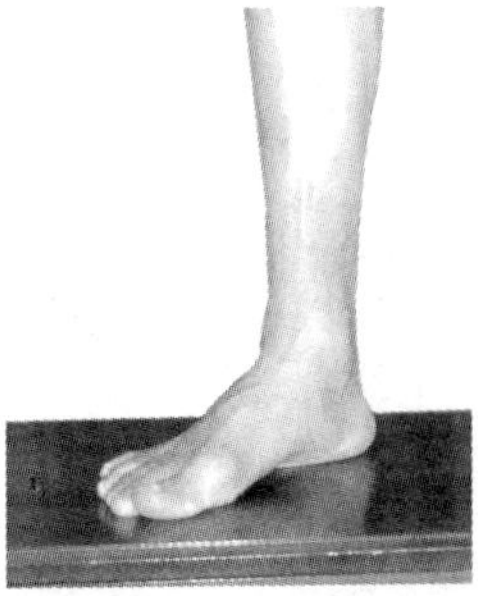

图 3-1-130　脚尖外撇

脚跟外撇是以脚掌为轴，脚跟略抬起，将脚跟向人体外撇的运动，然后脚跟落地（图3-1-131至图3-1-132）。

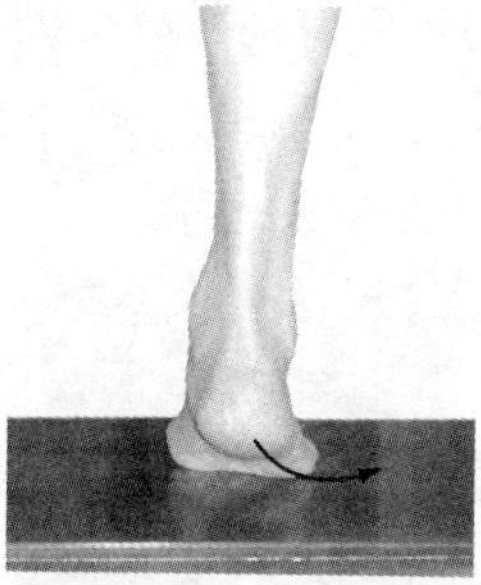

图 3-1-131　脚跟抬起

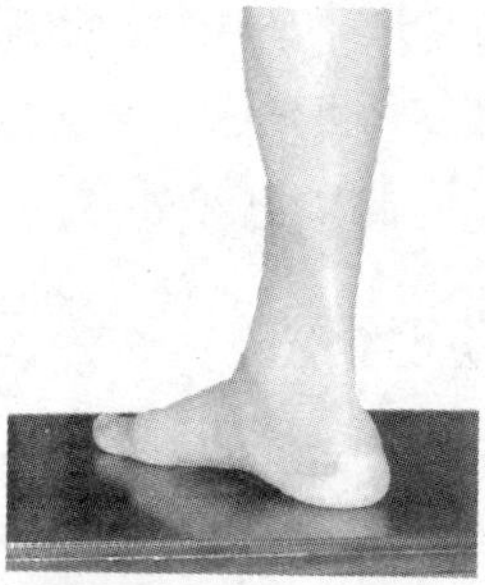

图 3-1-132　脚跟外撇

四十八、扣脚

脚尖内扣是以脚跟为轴，脚尖略抬起，将脚尖向人体内扣的运动，然后脚尖落地（图3-1-133至图3-1-134）。

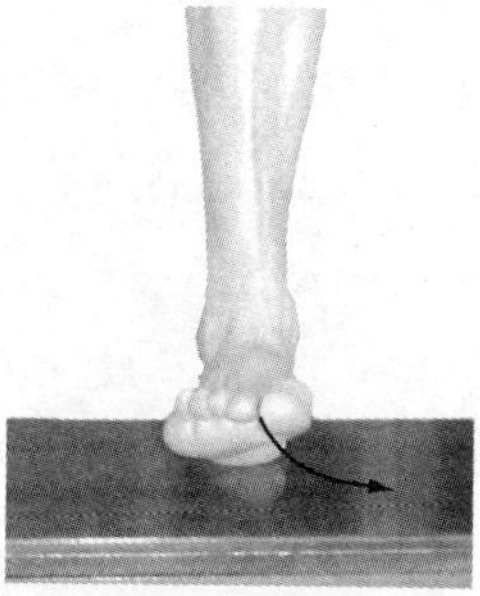

图 3-1-133　脚尖抬起

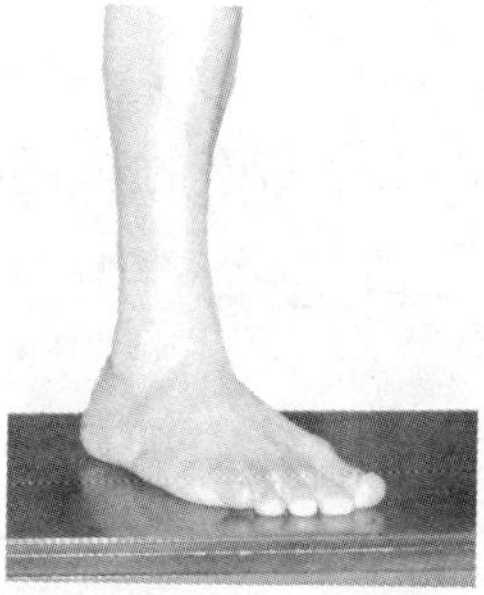

图 3-1-134　脚尖内扣

脚跟内扣是以脚掌为轴，脚跟抬起，将脚跟向人体内扣的运动，然后脚跟落地（图3-1-135至图3-1-136）。

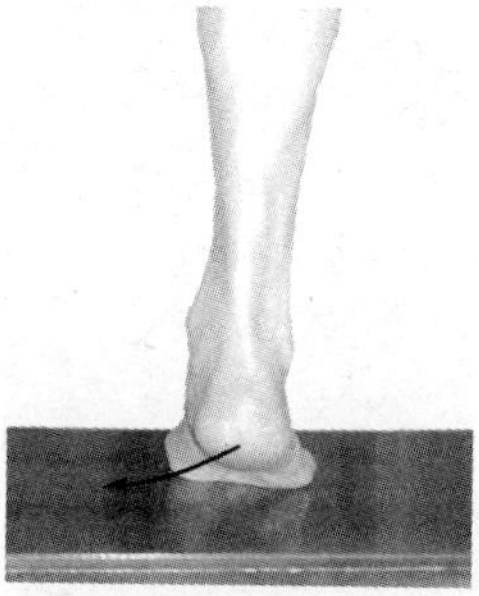

图 3-1-135　脚跟抬起

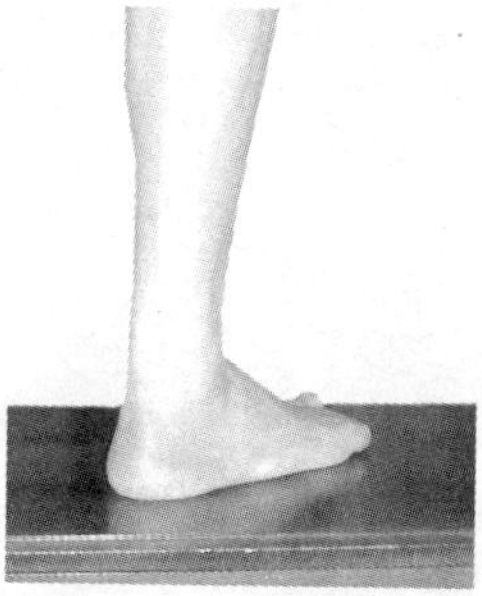

图 3-1-136　脚跟内扣

四十九、定脚始位

定脚始位是定脚在转体运脚前的位置。打太极拳需要运脚。运脚时，一只脚站定，另一只脚运动。运动动脚时，定脚的位置是定脚始位。例如，从起势的马步变到左野马分鬃的弓步中，右脚正南是定脚始位（图 3-1-97）。四十二式太极剑的弓步平斩中，要撤脚转体，定脚始位向东南（图 3-1-100）。二十四式太极拳野马分鬃从左弓步变到右弓步中，左脚东北向是定脚始位（图 3-1-120），这是左脚尖已经外撇的位置。

五十、动脚终位

动脚终位是动脚在转体运脚后定式的位置。打太极拳需要运脚。运脚时，一只脚站定，另一只脚运动。动脚落地后，定式时的动脚位置是动脚终位。例如，从起势的马步变到左野马分鬃的弓步中，左脚正东是动脚终位（图 3-1-99）。四十二式太极剑的弓步平斩中转体 135 度，动脚终位正西（图 3-1-104）。从左弓步变到右弓步中，右脚正东是动脚终位（图 3-1-120）。

五十一、太极拳步法

步法是从一个步型变到另一个步型的全过程，包括起脚、运脚和落脚。我们将在下面讨论太极拳的五个步法：前进、后退、左顾、右盼和中定。

五十二、太极三盘

太极拳中常把人体大致划分成三个部分（图 3-1-137）。上盘包括头、胸和上部肢体。腰是中盘。下盘包括臀、胯和下部肢体。

图 3-1-137　太极三盘

笔者曾在《太极》杂志上发表了一短首诗：

太极韵

下盘沉而稳，
中盘活如轮。
上盘顺而准，
气腾意传魂。

这首诗叙述了打太极拳时人体各部位的基本功能。下盘是基地，运步要沉，定步要稳，任何时候都要保持平衡。上盘是用于攻防的主要部位，攻要准，防要顺，招招式式都要恰到好处。中盘要将下盘的稳定传给上盘，又要将上盘受到的各种力传给下盘，中盘一定要灵活。“气腾意传魂”是说内脏和肢体都要有能量充盈的感觉，而意念则是太极拳的灵魂。

五十三、实招和虚招

实招是真正用于攻防的招式，虚招是备用或疑敌的招式。虚招和实招可以互相转变。虚招被用上了就变成了实招，实招不用就变成了虚招。

第二节　太极拳弹簧功

一、太极拳的力

打太极拳时的力和物理中的力有完全相同的定义，即力是物体之间的相互作用。牛顿第二定律给出了力、质量和加速度间的定量关系：

$$力 = 质量 \times 加速度 \tag{3}$$

在练套路时，人体和外界有一些相互作用力，主要有垂直方向和水平方向两组力。垂直方向有地球对人体的万有引力（常称为重力）和地面对人体的支撑力(图3-2-1)。重力和支撑力等值反向，则人体在垂直方向平衡。水平方向有空气阻力和脚底的摩擦力。空气阻力和摩擦力等值反向，则人体在水平方向平衡，或者说人体能在水平方向匀速运动。任何一对力不平衡，就会使人体产生加速度。风会增加空气阻力，因而会影响人体平衡。想象在冰上打拳，感觉一定很不一样。这是因为冰上摩擦力小，改变了通常行架时的力系。

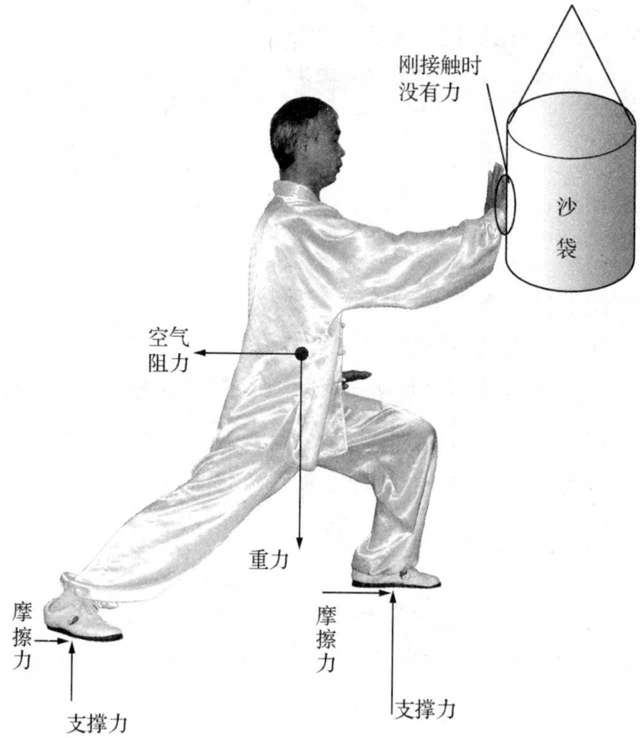

图 3-2-1　作用于人体的力

二、“用意不用力”的力学原理是“用意用听力”

杨澄甫(1883—1936 年)在《太极拳说十要》中说:“太极拳论云:此全是用意不用力。”“用意”是说要用意识来指导。人体的任何动作都始于意识。打太极拳当然不能例外。意识有主意识和下意识两种。人会“不用想”就做一些习惯动作。这其实是在下意识主导下做习惯动作。而太极拳的“用意”应该是主意识和下意识两者并重。“不用力”是一个动作要领,是由意念指导的动作的目的。太极拳是武术,每一个招式都有其攻防含义。攻防是说我方和对方发生力的关系。例如,我方出掌打沙袋(图 3-2-1),“不用力”可理解为掌刚接触沙袋时掌和沙袋间没有力。和其他拳种比较,打太极拳要慢。在掌接触沙袋之际,掌和沙袋的相对速度慢到几乎为零。在本例中,在接触前,沙袋的速度是零,掌的速度是零;接触后,掌和沙袋成为一体,沙袋和掌的共同速度还是零。因为接触前后没有速度的变化,加速度为零。根据牛顿第二定律公式(3),因为右侧的加速度为零,所以左侧的力也为零。这就证明了“不用力”在力学上是成立的。

高速拳是武术界的另一个侧面。李小龙(1940—1973 年,截拳道创始人)能在一秒钟内发十拳。2000 年金氏世界纪录(Guinness Book of Records)记载:李小龙一拳能打出 400 磅的力量,与拳王阿里相同,而阿里的体重是 260 磅,李小龙的体重只有 130 多磅。李小龙打拳是意在"用力"。而这个力来自于速度。设想将一拳高速打在沙袋上,拳和沙袋连成一体的瞬间,两者的共同速度远小于原来拳的速度。拳突然减速,其过程中的加速度量值很大。根据牛顿第二定律公式(3),左侧的力也很大。

读者可以做一个简单的实验:将一个称体重的小磅秤放在地上,一脚在地上,另一脚去踩磅秤(图 3-2-2)。你"不用力"去踩磅秤,只要你使接触磅秤时脚的速度为零,你就能既做到脚和磅秤接触,又使秤读数为零。你"用力"去踩磅秤,你使劲增加脚的速度而且用这个速度去砸磅秤,你会看到读数骤然增大,甚至指示超过体重。

图 3-2-2　用力和不用力

这个小实验示出了两种不同的但都是极为有效的武术原理。太极拳主"不用力",其战略原则是后发制人。后者主"用力",其战略原则是先发制人。

先发制人的原则比较容易理解,主要运用视觉、听觉寻找战机,靠速度,用力置敌于无反抗之力,甚至导致伤残。

太极拳除用视觉、听觉外,更将触觉运用到了出神入化的程度。杨澄甫的"用意不用力"出自李亦畲(1832—1892 年)《五字诀》:"起初举动未能由己。要息心体认,随人所动,随屈就伸,不丢不顶,勿自伸缩……要刻刻留心,挨何处,心要用何处,须向不丢不顶中讨消息……此全是用意,不是用劲。"这里说我迎敌之初不要有先入之见,而要跟随对方的运动。对方或屈或伸,我方要迎合其屈伸。要沾住对方,不离开对方,但又不顶住对方。其目的是用触觉去体会对方的攻势。《孙子兵法》说:"知己知彼,百战不殆。"意思是说,只有既了解自己,又了解敌人,才能总是立于不败之地。李亦畲叙述的太极拳理论就是用我方的意来了解敌人。而了解敌人的力学手段是"不用劲"。

杨澄甫的“不用力”和李亦畲的“不用劲”是一回事。

“不用力”是我方的用意，是我方的攻防战略，是我方的练法，也是我方的实施过程。没有相对速度、没有力是实现我方用意的力学原理。在前面的沙袋例子中对方静止，因而在接触沙袋之际我方的速度也是零。实际的对手向我方进攻时速度一般不为零。速度不但不为零，而且还有不同的方向。我方迎招之处的速度就要与对方速度等值且同向，也就是要让相对速度为零。在相对速度为零时两方“沾”住，没有加速度，因而没有力。这是极端情况。实际情况是在接触前相对速度不为零，而两方“沾”住后双方又以同一速度运动，中间有速度变化，因而有加速度，进而有力。掌握得好的太极拳师可将相对速度降到几近于零，相应的力也很小，估计不超过一公斤。但是，本书没有统计数据，一公斤只是毛估，有兴趣的读者可以做一些实验。这个力不但不为零，而且有其存在的意义。在太极拳界称此力为“听力”。这里的“听”字是一个类比，是指接触对方时，我方的皮肤触点能像耳朵一样可以听出对方的动向。通常攻击力至少几十公斤。听力和攻击力相比是几乎“没有力”。这是杨澄甫“不用力”的相对含义，比较符合力学现实的解释是“用意用听力”。

怎样才能实现“相对速度几乎为零”呢？设想我方有一台传感器，在敌我“沾”住时把传感器正好安在接触点来“听”对方的力和速度。我方还有一台高速计算机，赶紧用计算机处理传感器传来的信息。然后，计算机指挥我方用等值同向的速度和对方一起运行。事实上，当年张三丰初创太极拳时，传感器还没有发明；杨露禅打遍京城全无敌时，计算机还没有造成。当今太极拳师在竞技中也没有时间来请示实验仪器。因此，这些仪器的功能最好用人体的功能来实现，而且比计算机早发明了几百年。

杨澄甫在《太极拳说十要》中接着“用意不用力”说：“练太极拳全身松开，不使有分毫之拙劲，以留滞于筋骨血脉之间以自缚束，然后能轻灵圆转自如……‘极柔软，然后极坚刚’也。”这里说全身放松是基本的练法，只有全身放松才能实现由意念指挥的运动，因而体现出外柔内刚的总体效应。

三、拙劲

拙劲导致难以自控的习惯性动作。卓别林在《摩登时代》里演一个装配线上的工人，他的工作是旋螺丝，每分钟大概要旋200次。这种高度重复的工作把他旋螺丝的动作变成了机械动作，工休下班时他也没办法停止旋螺丝。卓别林把这个心酸的故事导演成一个惟妙惟肖的喜剧。这里，旋螺丝的动作就是由拙劲导致的。这是一种强迫性的、无法阻止的动态拙劲。现在大家都使用计算机。敲一天键盘,使手腕僵在一个滑稽的位置上,这是静态拙劲在作怪。拙劲在生活中比比皆是,解决的方法是让相关部位去做点别的事,就是我们常说的“放松放松”。

四、打伤和失稳

双方对打,根据牛顿第三定律,进招方的进攻力和接招方的抵抗力大小相等、方向相反,并不因为你是攻方而多给对方一点力,也不因为你是攻方而少受一点力。力学上攻守两方的接触是两个物体间的碰撞。力学定律不会歧视在碰撞中的任何一方。那么,究竟谁占优势呢?优势有两种:使对方受伤或失稳。使对方受伤的方法是用我方的坚强部位去和对方的软弱部位碰撞,如用我方的拳和对方的头部碰撞、用我方的脚和对方的膝部碰撞等。在大小相等的力作用下,拳完好无损,头部却已受伤。拳击是典型的利用第一种优势的运动(图3-2-3)。使对方失稳的方法是将对方的重心移出其支撑面。摔跤是典型的利用第二种优势的运动(图3-2-4)。

图3-2-3　拳击

图3-2-4　摔跤

很多拳种同时运用两种优势,但侧重于利用第一种优势。这在冷兵器时代是很有必要的。第一种优势用打伤对方来达到保护自己的目的。随着文明的发展,拳击和散打都进入竞技场。竞技比赛的主要目的是比较技能。竞技比赛的规则旨在把可能发生的伤害限于最低程度。拳击和散打中的手套主要是用来保护双方的。手套是一种多向弹簧,在两方碰撞时中间介有弹簧。这时弹簧产生两种效果:弹簧会减小两方碰撞时的相对速度,因而减小了相互的冲击力;弹簧还会将冲击力比较均匀地分布于较大的面积上,因而减小了压力。用这些方法来减小局部变形,以保护碰撞中的双方。

五、太极拳的主要目的是使对方失稳

太极拳是一个几乎仅运用第二种优势，即使得对方失稳的拳种。太极拳的战略是以守为攻、以静制动。以守为攻不是不攻，而是在防御中伺机进攻。以静制动不是不动，而是在静中伺机而动。特别要指出的是，这里的静不是绝对的静止。对方向你进攻，你静止不动，必然和对方顶住。这就犯了太极拳的大忌：双重。双重是硬拼，是以壮欺弱的战术。太极拳的静有两层意义。其一是相对静，即在双方接触处让我方和对方做一样的运动。对方进，我引其进；对方退，我跟其退；对方迂回，我随其迂回；要保持相对速度为零。要做到这一点并不容易。首先是心理上的障碍。人类在亿万年的进化中养成了自我防卫的条件反射功能。对方向你进攻，你出掌相迎。你这一掌的目的是击败对方，至少是挡住对方。学太极拳的人，特别是进入推手散打训练的人首先要克服这种心理障碍。因为太极拳出掌的第一目的与其他拳种很不相同。太极拳出掌的目的是试探，是去“听”对方的动向。要保持相对速度为零，还有力学上的困难。你这条件反射的一掌和对方碰个正着，你的速度和对方的速度相反。两个速度相反的物体碰撞，相对速度突然变为零，因而产生很大的作用力和反作用力。这时部位坚固的一方占优势。如果两方部位一样坚固，则不分胜负，或两败俱伤。这种战术违背了太极拳的战术原则。其原因是你方用了拙劲、拙力，缺少弹簧功能。太极拳的静的第二层意义是要保持自身稳定。防守和进攻中都要让作用于我整体的合力平衡。虽然我方与对方接触的肢体和对方一起运动，我方的重心却保持平衡。接触肢体和重心间有一个练就的弹簧，该弹簧在防御中提供缓冲，在进攻中提供能量，在接触中提供信息。

六、太极拳是弹簧功夫

设想子弹打向钢板，结果可想而知：硬碰硬。子弹瘪头，钢板凹坑，这是典型的塑性碰撞。设想子弹打向弹簧，结果将很有趣：硬碰柔（图 3-2-5）。

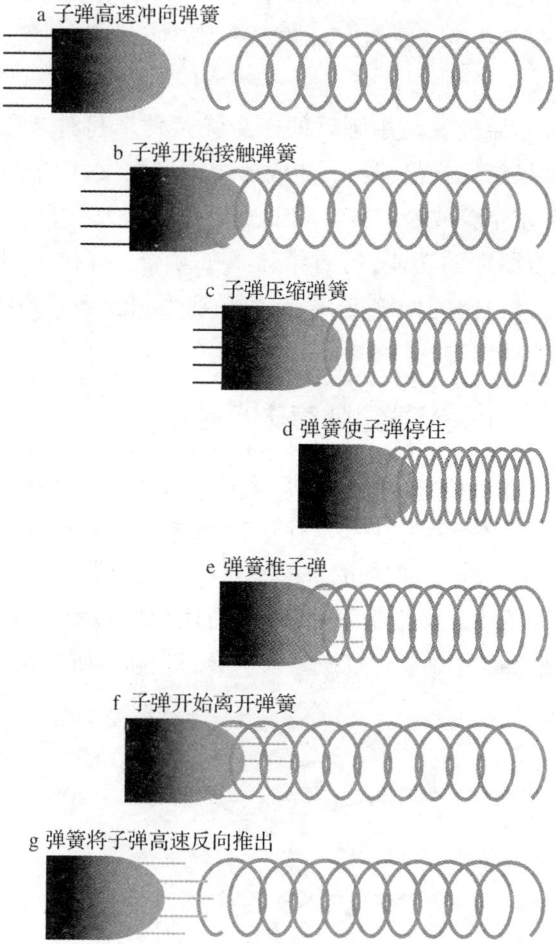

图 3-2-5　子弹打弹簧

图 3-2-5a 中，子弹高速冲向弹簧，两者没有接触前，弹簧处于自然长度，两者间没有力。图 3-2-5b 中，子弹刚接触弹簧，子弹速度还没减低，弹簧长度还没减小，两者间没有力。弹簧与子弹接触的一端和子弹的速度一样，或者说相对速度为零。图 3-2-5c 中，子弹压缩弹簧，子弹速度不断减低，弹簧长度不断减小，两者间的作用力和反作用力不断增加。图 3-2-5d 中，子弹压缩弹簧达到极点，子弹速度减为零，弹簧长度减为最短，两者间的作用力和反作用力达到最大值。图 3-2-5e 中，弹簧推子弹，弹簧长度不断增长，子弹速度反向不断增加，两者间的作用力和反作用力不断减小。图 3-2-5f 中，弹簧恢复自然长度，子弹正要离开弹簧，子弹的反向速度增至最大，两者间的作用力和反作用力减小为零。图 3-2-5g 中，弹簧静止，子弹以和原始进入速度等值的速度反向飞离弹簧，两者间的作用力和反作用力为零。这是典型的弹性碰撞。子

弹没有瘪，弹簧恢复原状。弹簧在图 3-2-5b、图 3-2-5c、图 3-2-5d 中化解了子弹的进攻，又在图 3-2-5d、图 3-2-5e、图 3-2-5f 中反守为攻，进而将子弹弹了回去。

太极拳的力学原理就是用练就的一身弹簧劲来和对方竞技。弹簧能收缩、能反弹；打太极拳要能化、能发，能向各个方向化发，能用身体各个部位化发。练化和发要求全身放松。在生理上放松是增加关节的灵活度，伸展关节周围的韧带，恢复肌肉的功能，畅通经脉。在力学上放松是利用关节的灵活度、韧带的宽忍度、肌肉的伸缩度、经脉的畅通度，把全身变成一个有效的万能弹簧。

七、放松 11 个关节群是弹簧功的基础

人体有 11 个主要的关节群。上肢有肩、肘、腕、手指；躯干有颈椎、胸椎、腰椎；下肢有髋、膝、踝、脚趾（图 3-2-6）。太极拳的经典和现代理论对每个关节都有放松要求，见下表。放松的目的是让各个关节群运动灵活。“放松”和“软弱无力”是两回事。放松是解除拙劲，而让合理的劲和各关节有效合作，以实现攻防原则和养身效果。放松应该从静态和动态两个方面来理解。

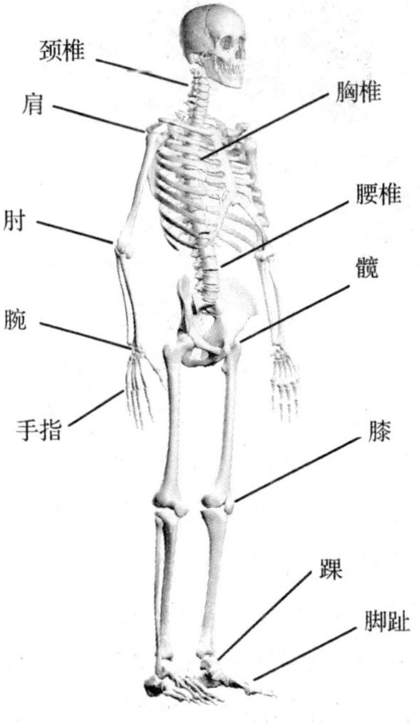

图 3-2-6　人体关节群

关节	松法	静态理解	动态理解
颈椎	虚灵顶颈	头上顶,颈微后靠	行架打拳时头上顶,颈微后靠
肩	沉肩	肩关节下沉	行架打拳时沉肩,肩关节灵活
肘	垂肘	肘部微曲	肘部弯曲度随招式而变化
腕	舒腕	腕关节自然舒展	腕关节万向弯曲,旋腕,旋臂
手指	展指	荷叶掌、瓦楞掌	掌、拳、勾、采的运用和变换
胸椎	含胸拔背	胸微含,背微拔	胸含展程度随招式变化
腰椎	松腰敛臀	腰安舒中正,臀微内收	腰旋转度随招式变化,臀微内收
髋	圆裆	站立时开胯提肛	开髋沉胯,髋关节运动灵活
膝	曲膝	站立时膝微曲	膝关节运动灵活,膝弯曲度随招式变化
踝	润踝	踝关节安舒中正	踝关节万向运动灵活
脚趾	抓趾	站稳时脚趾微下扣	趾关节随运步需要运动灵活

八、虚灵顶颈

虚灵是将头向上引,顶颈是将颈椎微微向后靠。虚灵顶颈的合运动就是将头部向后上方松开,随之下颚微内敛(图 1-3-5)。虚灵顶颈使胸部脊椎弧度减小,胸部微微向前挺出。从力学角度而言,使上体引直,有利于中正平稳。虚灵顶颈要贯穿于所有招式中。

九、沉肩

沉肩是将两肩向下放松。两手通过肩连接于上部躯干。沉肩使连接处下沉,两手的重量也下沉,因而帮助整体重心下降。上部躯干有很大的质量,在攻防中上部躯干为手的运动提供了反冲基地。沉肩使连接处接近于躯干中部,因而提高反冲基地的效率。站立时要沉肩(图 3-2-7),在攻防的所有招式中都要沉肩(图 3-2-8)。沉肩的动态理解是要让肩关节灵活。肩关节灵活可让手臂运动到位,伸展富有弹性。例如,搂膝拗步推掌时(图 3-2-9 至图 3-2-11),大臂由右后方运动到前方,肩关节是实现大臂运动的中枢。大臂和上体的角度由肩关节掌握,出掌时掌位的伸缩功能部分来自于肩关节的灵活性。

虚灵顶颈和沉肩相结合,帮助拉开各级颈椎,对防止和改善颈椎炎很有帮助。

图 3-2-7　站立时沉肩

图 3-2-8　招式中沉肩

图 3-2-9　肩后仰

图 3-2-10　运肩

图 3-2-11　肩前送

十、垂肘

垂肘是放松大臂和小臂间的关系，不要将大小臂间挺直，而要有一点弯曲。大小臂都下垂时，肘部要自然弯曲（图 3-2-12）。在攻防的所有招式中，都要垂肘（图 3-2-13 至图 3-2-14）。出招近时，肘部弯曲比较大（图 3-2-13）；出招远时，肘部弯曲度变小（图 3-2-14）。即使出招至最远处，肘部还有一定弯曲度（图 3-2-14），大小臂间不要坚挺。在攻防中，肘部的弯曲度使大小臂间相对活动灵活，攻时有利于伸展发放，防时有利于收缩化解。

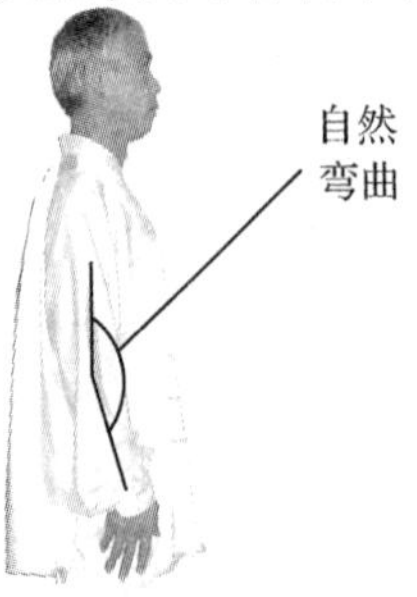

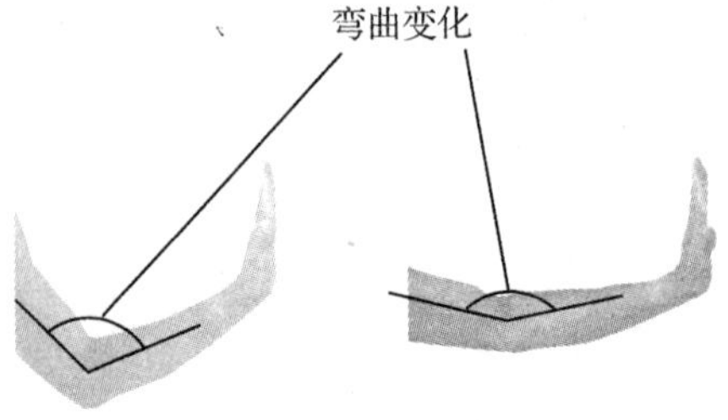

图 3-2-12　站立时垂肘　图 3-2-13　招式中垂肘　图 3-2-14　定式中垂肘

十一、舒腕

舒腕是要让腕部运动灵活，不要让腕部僵硬。一般在准备动作或运掌过程中，腕部要自然伸展（图 3-2-15）。出掌时，腕部要根据需要灵活运动。做海底针时，掌可在侧向相对于小臂向下微弯（图 3-2-16）。做单鞭时，一手做勾（图 2-2-4）。这时，勾手的腕部需要向掌心方向弯曲。

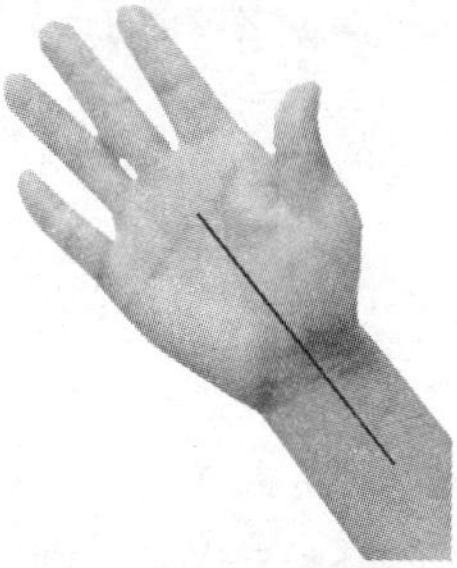

图 3-2-15　自然伸展

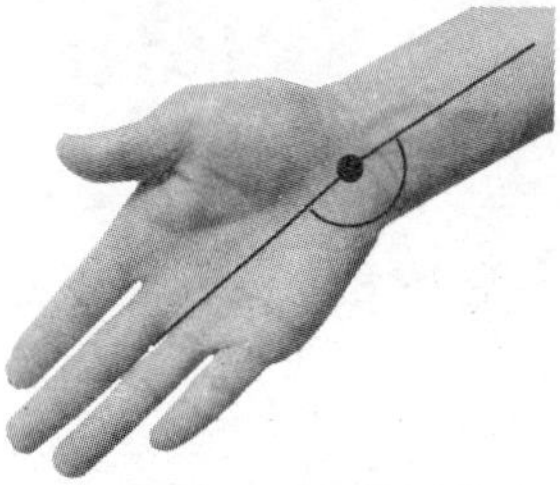

图 3-2-16　侧向下弯

做按掌时，通常要求坐腕（图 3-1-7）。这时，腕部需要向掌背方向弯曲。金鸡独立时，一掌立于胸前膝上方，掌侧向前。这时，掌需要相对于小臂作内向弯曲，并且需要相对于腕部作一旋转（图 3-2-17），腕关节由尺骨和桡骨连接于小臂（图 3-2-18）。尺骨和桡骨的相对缠绕运动给予小臂旋转功能。小臂的旋转决定了腕部的方位。倒卷肱运用腕部方位的变化反守为攻（图 3-1-16至图 3-1-18）。

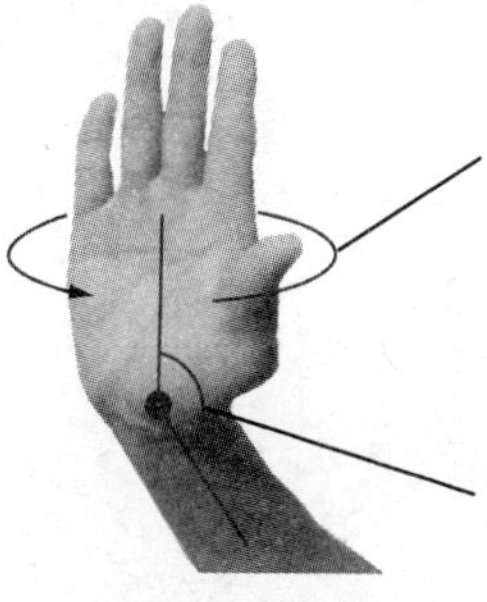

图 3-2-17　侧掌

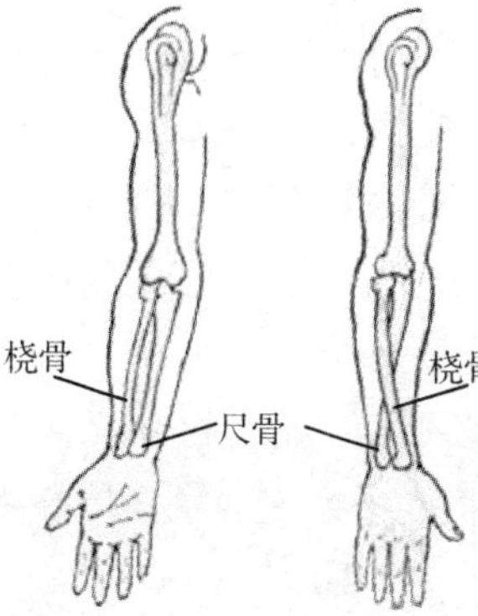

图 3-2-18　旋小臂

十二、展指

展指是要让掌指运动灵活，伸展自如。指连于掌，指的运动总是应和着掌的运动。杨式太极拳的基本掌型是荷叶掌（图 2-2-3），五指自然舒展，沿掌面伸出。荷叶掌面积大,用荷叶掌和对方接触时可以把力分布于较大的面积上来减小压力,因而减低双方受伤的可能性。荷叶掌指间有间隙,能很好地附于对方的接触面上。荷叶掌有自动的弹性,即在双方接触之际掌指会自动后仰。这种弹性对探知和化解对方的攻势很有帮助。也是因为荷叶掌的面积和弹性,我方能将较大的力向合理的方向有效地发放出去。陈式太极拳的基本掌型是瓦楞掌(图 3-1-6),五指舒展,拇指与小指向前倾,其余三指依序微向后仰,掌心内含。瓦楞掌帮助螺旋劲的使用。太极拳也运用拳(图2-2-1)和勾(图 2-2-4)。这时,五指要收拢适度。太极拳八个劲法之一的"采"是用掌指依附于对方来引动对方。这时,要求掌指关节运动灵活,掌指肌肉用力适度。

十三、含胸拔背

含胸拔背是要让胸背运动灵活、含展自如。在太极拳中,胸的运动幅度不大,但胸的运动至关重要。胸可有五个位置(图 2-5-1 的顶视图),从左到右是坚凹、含胸、微含、展胸、坚挺。

"坚凹"是将胸在水平方向凹到最大限度。"坚挺"是将胸在水平方向挺到最大限度。太极拳中一般不用极限位置。因此,太极拳不用"坚凹"和"坚挺"这两个位置。胸从日常位置在水平方向微微内含,两肩略微向前放松的位置称为"微含"。"微含"是太极拳中胸的基本位置。在起式、收式中,胸处于"微含"位置。在所有其他招式中,胸的位置变化于"含胸"和"展胸"两位置之间,而"微含"是中间的一个基本过渡位置。"含胸"是收缩胸部肌肉,展开背部肌肉,使胸内含,肩部前送,背部拔出。

不要把"含胸"和"弯背"混淆起来。前面顶颈要求胸部在垂直方向微微向前挺出,此处"含胸"要求胸部在水平方向内含。如果设想原来日常胸的位置是一张平面(虚线),那么顶颈加"微含"就将此平面变成微曲的鞍形曲面(实线)(图 3-2-19)。

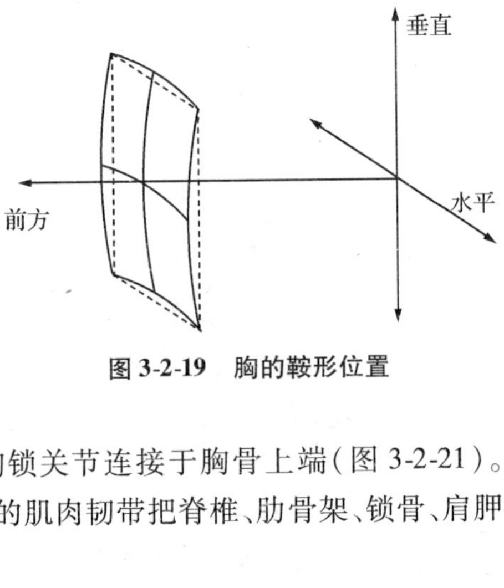

图 3-2-19 胸的鞍形位置

胸和背是上部躯干的前面和背面。人体的肋骨群通过胸脊椎小关节群连接于胸椎(图 3-2-20)。锁骨由胸锁关节连接于胸骨上端(图 3-2-21)。肩胛骨连接于锁骨的另一端。胸背部的肌肉韧带把脊椎、肋骨架、锁骨、肩胛骨连成一个整体。“含胸”是由胸部肌肉收缩、背部肌肉扩展，来蠕动胸脊椎小关节而使肋骨架前绷，脊椎相对后拔，同时使锁骨绕胸锁关节向前旋转，推动肩胛骨向外向前而使肩前送的一个整体运动。“含胸”自然导致“拔背”，“含胸”和“拔背”是一个运动的两个结果。“含胸拔背”是一个整体劲力的发放，给人一种力从根里发出的感觉，杨澄甫称之为“力由脊发，所向无敌也”。

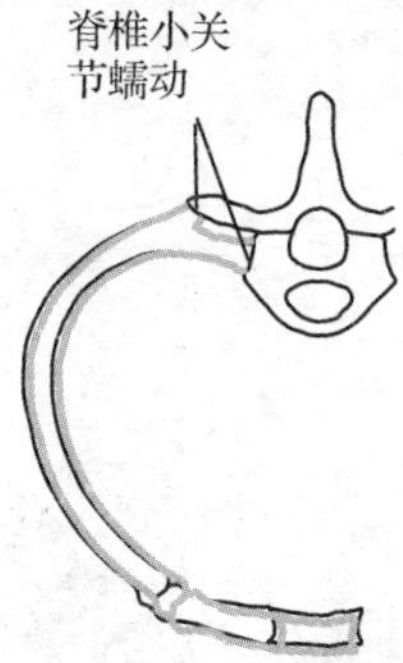

图 3-2-20 肋骨前绷

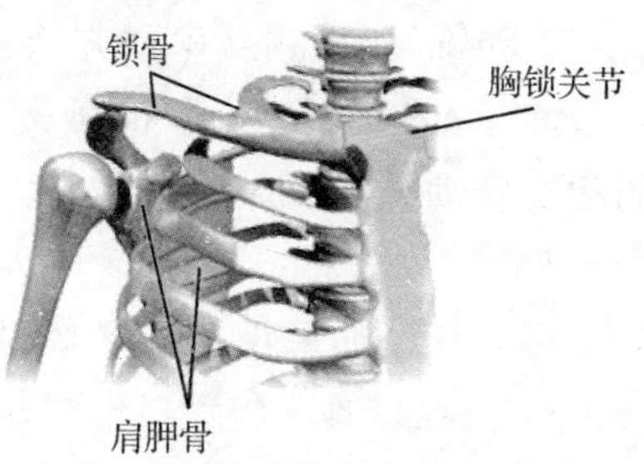

图 3-2-21 肩胛骨外前移

和“含胸”的方向相反，“展胸”是展开胸部肌肉，收缩背部肌肉，使胸开展，肩部后送，背部内拗。

胸背部肌肉比手部肌肉多而且强壮，胸含展时运用胸背部的肌肉群发力，能成倍增加单用手部发力的能量。又因为胸部的巨大质量提供了有效的反冲力，感觉上好像掌被胸背有效地催了出去。这种“力由脊发”的方式多倍增长了掌力，是杨澄甫“所向无敌”论的力学原理。胸部的运动幅度不大，对方容易忽视我方胸的运用，因而催掌又有出奇制胜的功效。“力由脊发”可运用于太极拳的八种劲法中。特别是最后一法“靠”，胸肩背可直接用于攻防。

胸的含展运动有特殊的养身效果。胸背部肌肉群的运动帮助活血、舒经，使肌肉功能健全并富有弹性，是合理的有氧运动。胸椎、肋骨架、肩骨间有韧带群，胸的含展运动帮助提高韧带群的伸展功能。肋骨通过胸椎小关节群连于胸椎，胸的含展运动蠕动胸椎小关节群，张弛对肋骨和胸椎的压力，帮助提高关节和骨架的功能。肋骨架内是肺，胸的含展运动对增加肺活量也有帮助。心在肋骨架内的左下方，胸的含展运动间接地按摩心脏。

十四、松腰

松腰是要让腰部运动灵活，旋转自如。松腰的静态理解是要让腰中正安舒，上下盘间没有相对旋转度，这是预备转腰的最佳位置。在打拳运架过程中，上下盘间的相对旋转度因招式而变。松腰的动态理解是以腰的灵活转动来实现上下盘间的相对运动。几乎每一个招式都要注意以腰启动，以腰到位结束。腰应和其他部位同时启动，运动，到位。例如二十四式太极拳的左野马分鬃，转腰应和出左脚同时进行（图 2-3-7 至图 2-3-8）。接着，转腰应和分掌同时进行又同时到位（图 2-3-8 至图 2-3-9）。不要让腰先到位，然后再运掌。腰部的肌肉群有很大的能量。这能量通过脊椎而传于掌，因而增加出掌的力度。只有腰掌同时到位，腰部的能量才能发生功效，而且上盘所受的力也才能通过腰传给下盘。

腰部有五个腰椎，腰椎相互串联并连接于盆骨之上。腰绕垂线的转动由腰椎间及其与盆骨间的相对转动叠加而成（图 3-2-22）。由下而上，腰椎相对盆骨的转幅逐渐增大。腰介于胯和上体之间。如果没有松好腰，胯和上体之间关系僵硬，就难于将太极拳打好。松腰不是让腰软塌，而是让腰灵活并且有潜力。灵活是关键。只有灵活，才能用力得当。潜力是具有用力的功能。不该用力时不用力，该用力时有足够的力。因而松腰能帮助将力有效地传递于胯和上体之间。

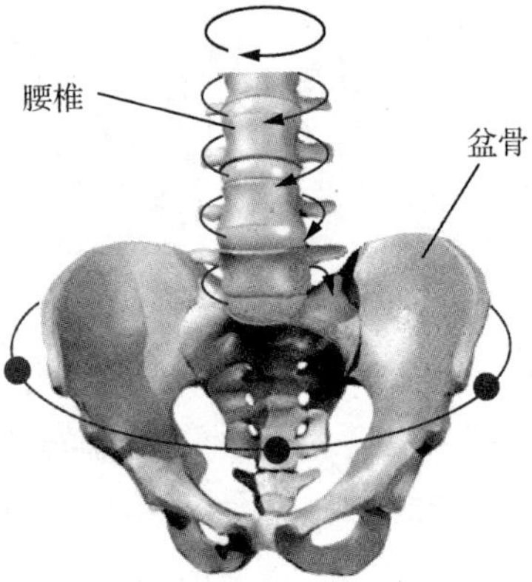

图 3-2-22　腰椎旋转

十五、敛臀

敛臀是要让盆骨微微向前，以使腰椎弧度减小（图 1-3-5），因而帮助把上体引直。敛臀应贯穿于所有招式中。敛臀会促使膝关节前弯。

十六、圆裆

圆裆是在打拳全过程中把髋关节微微向两侧撑开，哪怕是站立时也应这样（图3-2-23）。打拳时，髋关节需要形成多种复合角度（图 3-2-24 至图 3-2-26），因此，髋关节的松灵对运步沉稳很重要。

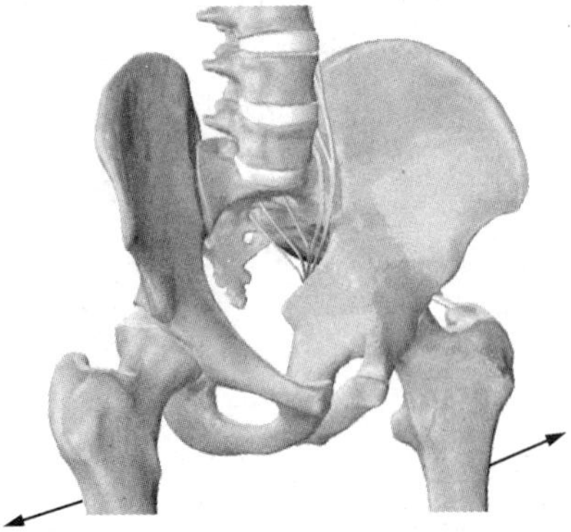
图 3-2-23　圆裆

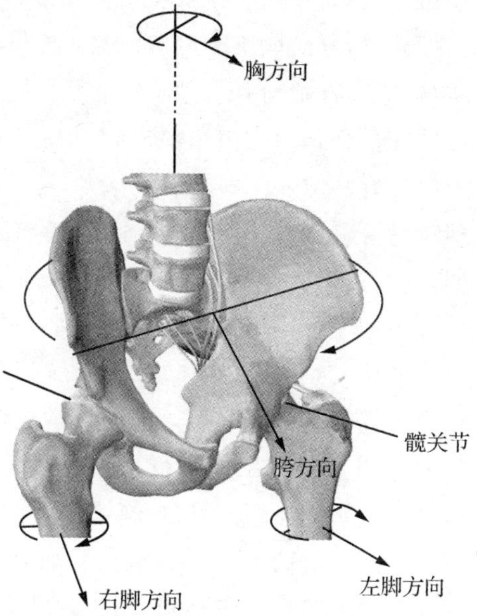

图 3-2-24　胯周围的关节

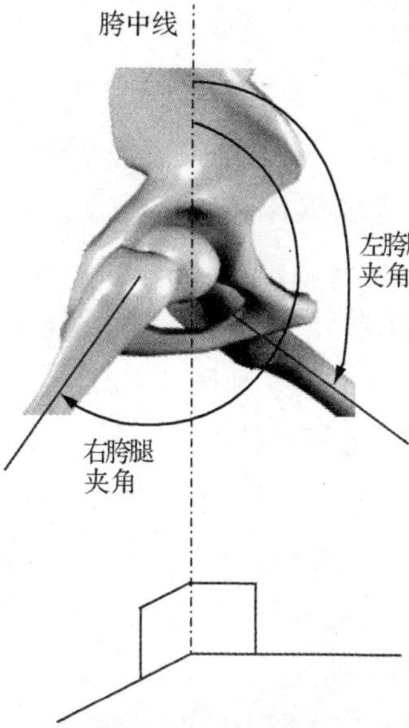

图 3-2-25　髋关节前后弯曲

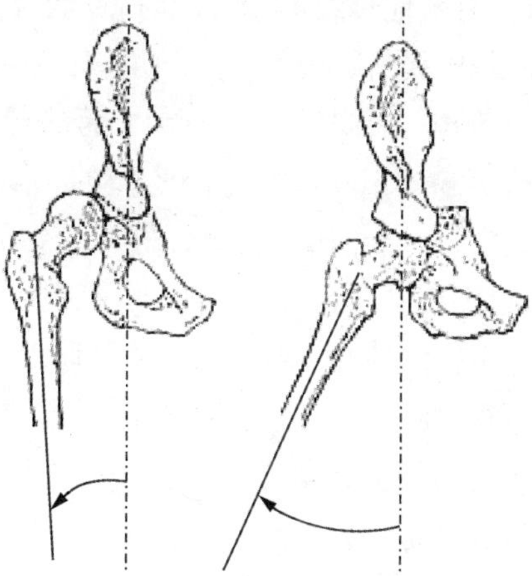

图 3-2-26　髋关节左右弯曲

打太极拳时，上体的胸要转向各个方向。上体通过脚将力传于地。胸的方向和两脚的方向构成一个自然状态。例如，二十四式太极拳起势定式两脚尖和胸都向南（图 3-1-105 至图 3-1-106）；左野马分鬃定式左脚尖向东，右脚尖向东南，胸向东（图 3-1-106 至图 3-1-107）。胸与脚之间有腰、髋、膝和踝关节。膝关节主弯曲，几乎没有旋转功能。踝关节的旋转功能也不大。胸方向和两脚方向间的夹角主要取决于腰椎和髋关节的旋转功能。盆骨由左右两髋关节连于两腿和脚,胯的方向取决于两脚的方向(图 3-2-24)。胸通过腰椎连于盆骨。由于腰的旋转功能,胸的方向不一定和胯的方向完全一致。例如,左野马分鬃定式胯向东南,而胸向东(图 3-1-107)。或者说,在招式中,胯和胸在一定限度内可各有其位。

圆裆的动态理解是开髋沉胯。文献中对于运胯有很多说法,有松胯、开胯、坐胯、合胯、落胯、收胯、沉胯。这里把"松胯、开胯"理解为开髋,而把"坐胯、合胯、落胯、收胯、沉胯"统称为沉胯。开髋是要放松髋关节,让胯灵活并且有潜力。髋关节除能旋转(图 3-2-24)外,还能前后弯曲(图 3-2-25),并左右弯曲(图 3-2-26)。沉胯不是把胯沉下去,而鼓励放低拳架。这里,沉是沉静、沉稳、沉得住气的意思。各人拳架高低应由具体情况而定。一旦高度定了下来,在行架过程中要基本稳定。例如,起势定式的马步高度和左野马分鬃定式的弓步高度应相同。沉胯的意思是保持胯部高度基本不变。因此,前例中马步的胯高度和弓步的胯高度应相同(图 3-2-27 和图 3-2-30,或图 3-2-31 和图 3-2-34)。在运架过程中,上体要保持中正,这要求胯中线大体上垂直于地面(图 3-2-25),这是沉胯的另一层意思。这样,上体的重量才能稳坐于胯上,并有效地传给两腿。同时,腰能绕垂线自由旋转,从而如意运作上体的动作。胯中线与腿间有一个角度,称为胯腿夹角(图 3-2-25)。定式步型的胯腿夹角随胯高及腿的位置而定。胯比较高一点,大腿就比较接近垂直,则胯腿夹角更趋于 180 度。不同步型的实腿(主要指承重腿)的胯腿夹角视步型需要而定。弓步前腿是实腿,图 3-2-30 示出了弓步前腿的胯腿夹角。马步两腿承重,图 3-2-31 示出了马步的胯腿夹角。比较图 3-2-30 和图 3-2-31 可知,尽管两定式的胯高一致,马步的胯腿夹角和弓步的胯腿夹角可以不同。虚步后腿承重,在"南东上"坐标系中,胯腿夹角不在"东上"平面内(图 3-2-35)。虚步实腿的胯腿夹角在"东南向"和"上方"构成的平面内(图 3-2-36)。沉胯的力学含义是将胯稳坐于支撑腿上。特别是在运脚过程中,因为这时常需要单腿承重,常会不由自主地将承重腿引直,以减低运动量。这时胯的高度被不由自主地提高了,同时胯腿夹角变大。如此在运架过程中胯时高时低。初学者在出脚时为了出得远一些,将承重腿引弯。这时胯的高度被不由自主地降低了。胯降低的直接效果是重心下降,导致夯脚、落脚沉重。沉胯运用于单脚独立运脚过程中就是要保持胯腿夹角不变,虽然单腿承重,腿不引直,胯不提高,重心高度不变。在出脚时重心高度仍然不变,因而落脚轻盈,落脚之时脚和地之间没有力。发力时胯的高度不变,不软塌,能有效地将下盘的支撑力传给上盘。举例来看，从马步运步到弓步的过程中，胯的高度应保持不变（图3-2-27至图3-2-30和图3-2-31至图3-2-34）。从图3-2-31运作到图3-2-32的过程中，重心移到右脚，右腿的胯腿夹角基本不变。从图3-2-32运作到图3-2-33过程中，单腿承重。上体有一个转动，上体的转动是通过髋关节绕垂线旋转实现的，这时大腿要稳住，保持胯腿夹角不变，让胯绕髋关节旋转。从图3-2-29运作到图3-2-30的过程中，重心移到两脚间近左脚处，左腿变为实腿，左腿的胯腿夹角由大变小，最后达到定式角度。再举一个例子，我们来讨论一下沉胯在从右宽弓步运动到左宽弓步中的含义。从右宽弓步运动到左宽弓步的过程中，胯的高度应保持不变（图3-4-29至图3-4-34）。从图3-4-29运作到图3-4-31的过程中，重心移向右脚，右腿的胯腿夹角达到一个稳定角度。在图3-4-31中重心移到了右脚，这时胯和右膝同向，大腿要稳住，将胯腿夹角锁定。接着从图3-4-31运作到图3-4-32过程中右腿单腿承重，左脚从后位运动到右脚侧，稳住胯腿夹角，胯没有绕右髋关节旋转。然后从图3-4-32运作到图3-4-33过程中仍然单腿承重，左脚从右脚侧运动到前位，保持胯腿夹角，让胯绕右髋关节垂线作适度左旋。最后接着从图3-4-33运作到图3-4-34的过程中，左腿变为实腿，左腿的胯腿夹角由大变小，最后达到定式角度。由此可见，在运步过程中做到沉胯有两个要点：(1)胯高不变；(2)单腿支撑时锁定胯腿夹角。

图3-2-27　马步　图3-2-28　提脚　图3-2-29　落脚　图3-2-30　弓步

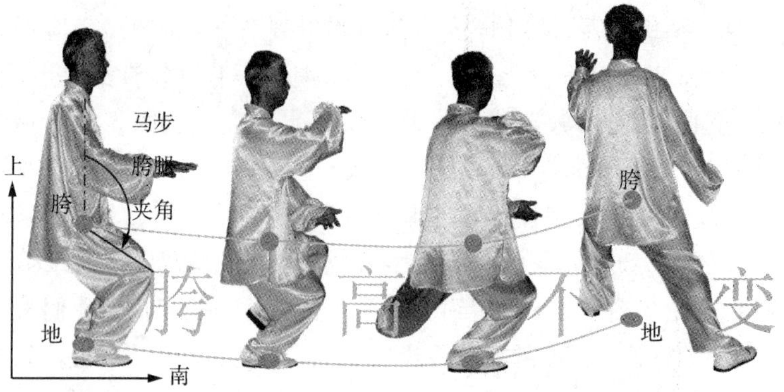

图 3-2-31 马步侧视 图 3-2-32 提脚侧视 图 3-2-33 落脚侧视 图 3-2-34 弓步侧视

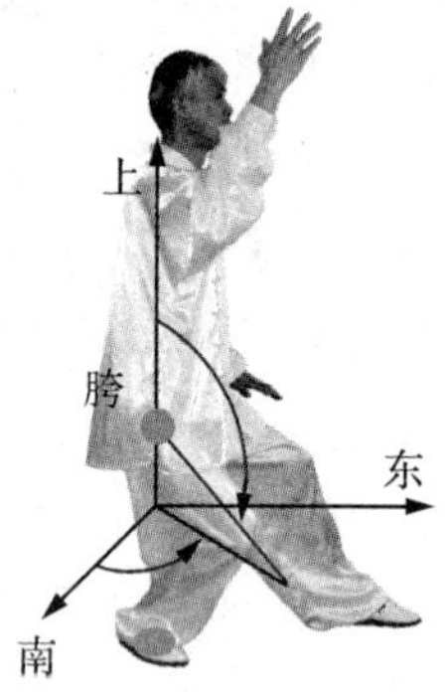

图 3-2-35 虚步实腿复角

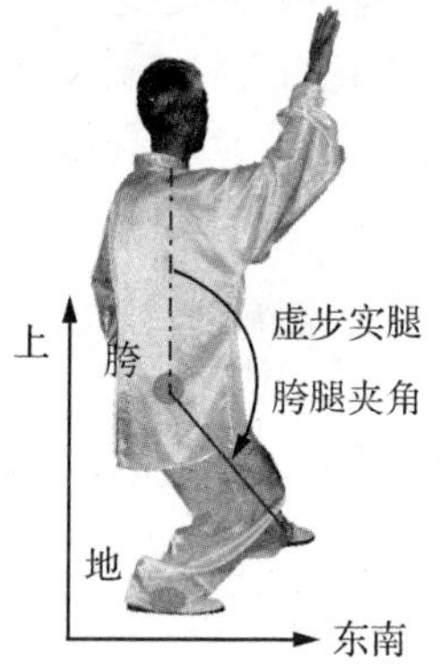

图 3-2-36 虚步实腿胯腿夹角

十七、曲膝

曲膝是在打拳全过程中都要让膝关节有一个小的弯曲，哪怕是站立时也是这样。曲膝使身体的上下运动富有弹性，易于应变。打拳时膝关节需要成多种角度，因此膝关节的松灵对运步沉稳很重要。

十八、润踝

润踝是要让踝关节松灵。太极拳中许多步型的踝关节需要成多种角度，因此踝关节转动幅度要掌握恰当。起脚落脚时踝关节的角度有许多变化，因此踝关节的松灵对轻起轻落乃至运步沉稳很有帮助。

站立时，小腿垂直于地面，踝关节成直角（图 3-2-37）。马步时，小腿前倾，踝关节内勾（图 3-2-38）。弓步时，前脚的小腿可略微前倾，保持膝关节不超过脚尖，踝关节微内勾（图 3-2-39）；后脚的小腿和地面成复角，踝关节内勾又侧扣（图 3-2-40）。扑步下蹲之脚脚尖外撇，踝关节内勾（图 3-2-41）。扑步侧铺的脚侧压，小腿侧向倾斜，踝关节侧向内扣（图3-2-42）。虚步前脚尖点地，小腿向后倾斜，踝关节开展（图3-2-43）。侧向起脚时先脚跟离地，踝关节开展（图3-2-44），然后脚尖离地。侧向落脚时先脚尖点地，踝关节开展（图3-2-44），然后脚跟着地。后起脚时先脚跟离地，踝关节开展（图3-2-45），最后脚尖离地。后落脚时先脚尖落地，踝关节开展（图3-2-45），最后脚跟落地。前落脚时先脚跟点地，踝关节放松（图3-2-46），然后脚尖落地。由此可见，根据不同情况踝关节应采用各种角度。这对站稳和轻起轻落很有帮助。所以踝关节要练得松快灵活。

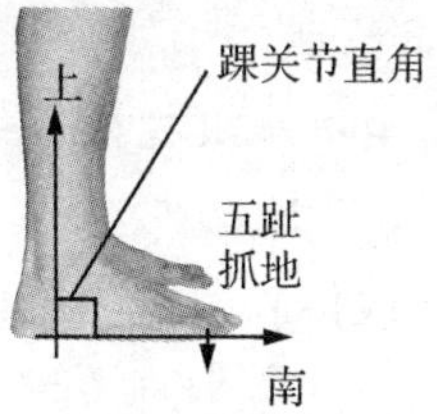

图3-2-37　站立

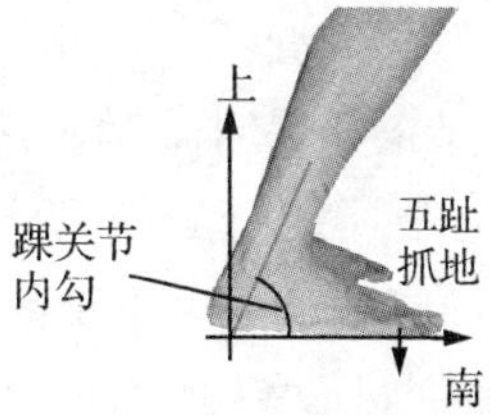

图3-2-38　马步

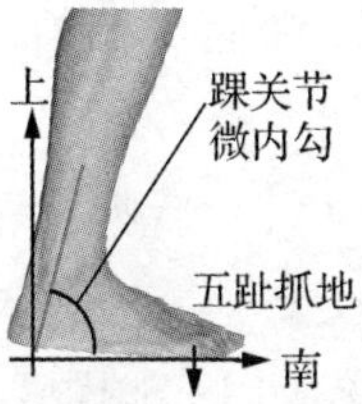

图3-2-39　弓步前脚

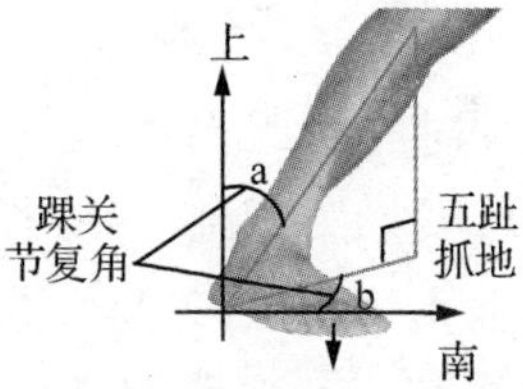

图3-2-40　弓步后脚

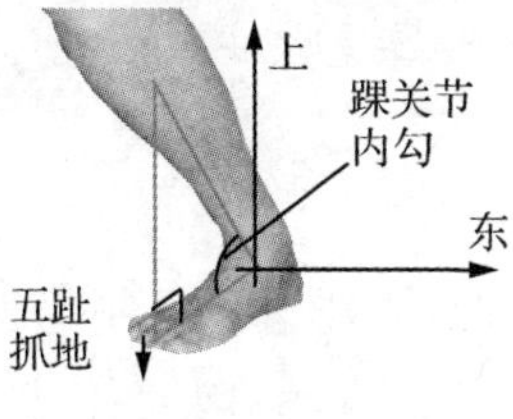

图3-2-41　扑步蹲脚

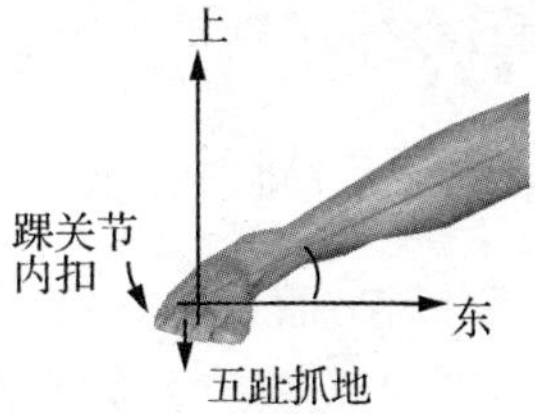

图3-2-42　扑步铺脚

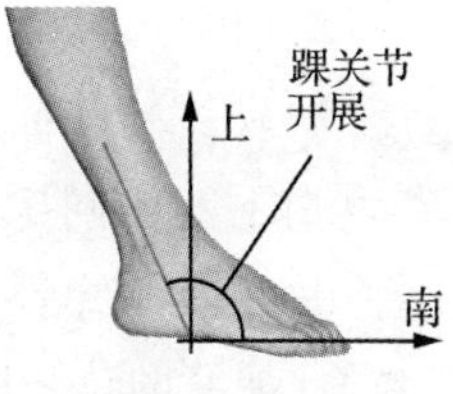

图3-2-43　虚步前脚

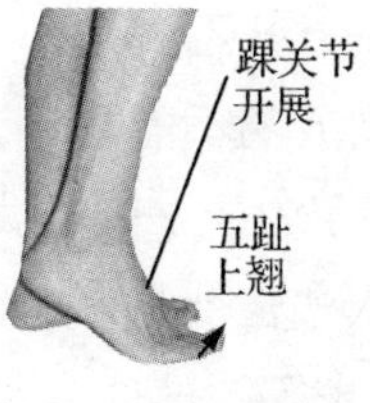

图3-2-44　侧向起脚落脚

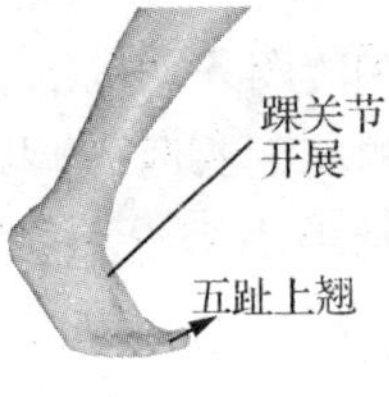

图 3-2-45　后起落脚落

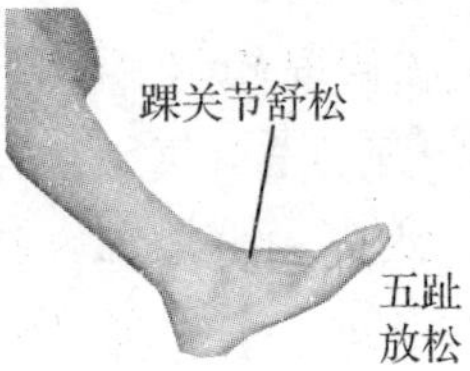

图 3-2-46　前落脚

十九、抓趾

抓趾的静态理解是在定式时要五趾抓地，以增加脚掌的支撑面积。抓趾的动态理解是要让趾关节松灵。起脚落脚时，趾关节需要抓地，或自然伸展，或上翘，因此，趾关节的松灵对轻起轻落乃至运步沉稳很有帮助。站立时，小腿垂直于地面，要五趾抓地（图 3-2-37）。马步时，小腿前倾，要五趾抓地（图 3-2-38）。弓步时，前脚的小腿可略微前倾，保持膝关节不超过脚尖，要五趾抓地（图 3-2-39）；后脚的小腿和地面成复角，要五趾抓地（图 3-2-40）。扑步下蹲的脚外撇，要五趾抓地（图 3-2-41）。扑步侧铺的脚侧压，小腿侧向倾斜，要五趾抓地（图 3-2-42）。虚步前脚脚尖点地，小腿向后倾斜，要五趾抓地（图 3-2-43）。侧向起脚时先脚跟离地，要五趾上翘（图 3-2-44），然后脚尖离地。侧向落脚时先脚尖点地，要五趾上翘（图 3-2-44），然后脚跟着地。后起脚时，先脚跟离地，要五趾上翘（图 3-2-45），最后脚尖离地。后落脚时先脚尖落地，要五趾上翘（图 3-2-45），最后脚跟落地。前落脚时先脚跟点地，要五趾放松（图 3-2-46），然后脚尖落地。由此可见，根据不同情况五趾要抓地或上翘。这对站稳和轻起轻落很有帮助。所以五趾要练得松快灵活。

二十、练松及灵，排除拙劲

由此可见，要练松，而目的是灵。全身练成能自我控制的弹簧劲，没有一丝拙劲。打太极拳时全身所有关节都能灵活运动，因而任何部位都能化发自如。

设想弹簧有几圈失效了，弹簧的有效长度减小（图 3-2-47b）。子弹开始压缩弹簧时失效圈不能收缩，有效圈却被大量压缩，弹簧的收缩功能减弱（图 3-2-47c）。当子弹压缩弹簧太多时有效圈和失效圈不能协同工作，弹簧的失效圈被迫进入塑性变形（图 3-2-47d）。弹簧反弹时有效圈弹性恢复，但失效圈保留变形（图 3-2-47e）。即使子弹开始离开弹簧，弹簧的总长度还是永久性缩短了（图 3-2-47f）。失效圈使弹簧在三个方面降低了功能。第一，降低了弹簧化解子弹攻击力的能力。第二，弹簧可能被压缩超过极限而被永久性损坏。第三，降低了弹簧的反弹功能。弹簧部分失效相当于打拳时有拙劲。

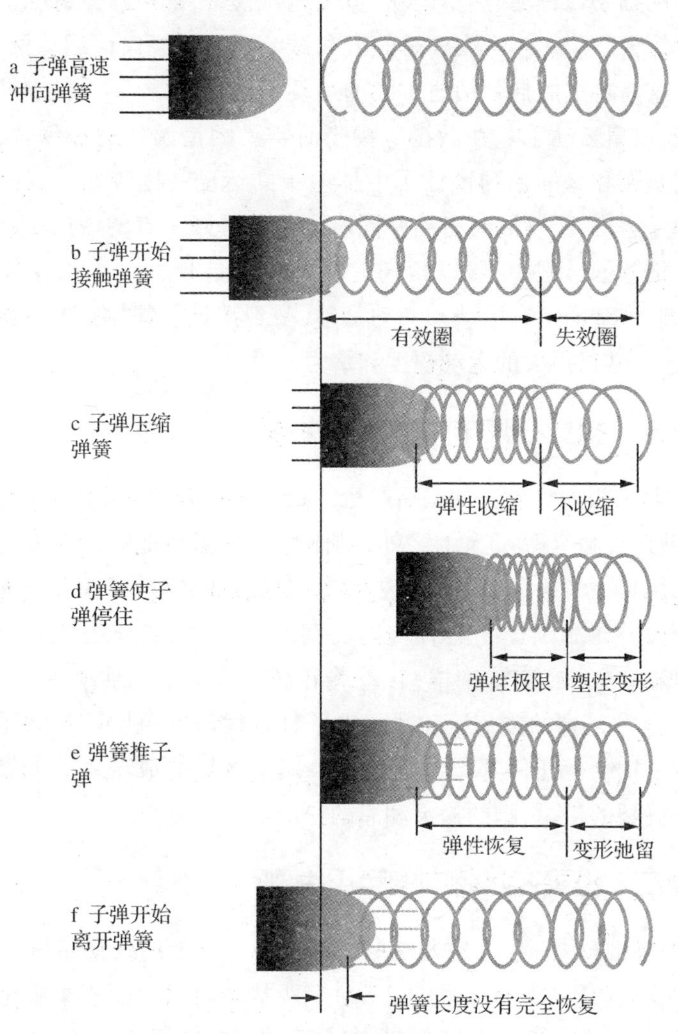

图 3-2-47　一部分弹簧失效

另一种可能性是当弹簧被压缩至极限时，图 3-2-47 的 b—d 中弹簧右端的支点被迫右移，支点右移后又不能恢复。然后，在图 3-2-47 的 d—f 的反弹过程中，子弹提前离开弹簧的左端。弹簧支点被迫移动也使弹簧在三个方面降低了功能。第一，降低了弹簧化解子弹攻击力的功能。第二，弹簧失去了设计功能，而支撑点被损坏。第三，降低了弹簧的反弹功能。弹簧支点被迫移动相当于打拳时失稳。在后面，我们将讨论失稳和拙劲也有很大关系。减少拙劲对主动移动重心很有帮助，因而能提高稳定度。

人体的拙劲导致一些不由自主的习惯性动作。根据各人的情况，各人的习惯动作也不一样。练松可以帮助解除拙劲。练好太极拳的关键是练松灵，解除所有的拙劲。桩功、热身运动、适当地拉韧带，都可帮助练松。打拳本身是最好的练松方法。初学太极拳的人在做云手时可能仅仅运动两手，不注意运动腰。这是腰里的拙劲锁住了腰的运动。这时，要松腰，要以腰转动脊，以脊带动肩，以肩云动手。在做搂膝拗步时常见的错误是胸先到位，然后搂膝推掌。这是腰和胸的拙劲锁住了上体躯干的运动。比较好一点的做法是以腰带动两臂运动，腰臂同时启动并同时到位。更好一点的做法是将松灵的胸运动融于推掌的过程中，要以含胸运动来将掌催出去。因此，上体的运动是转腰、含胸、推掌的组合运动。一动都动，一到都到。臂、胸、腰三部位的运动叠加，给这一掌以很大的运动幅度和掌力。

二十一、松灵在攻击中的运用举例

"靠"是太极八大劲法的最后一个。最典型的是肩侧靠、胸前靠、背后靠，还可以用臀靠、腿靠等。除手之外，身体每一个部位都能用于靠。手是最常用的攻防用具。太极拳中手的用法有专门的劲法名称，常用于敌我双方处于及臂之距时。而靠则用于近程攻防。例如，用转腰含胸运动使胸肩部向前靠。靠时转动腰椎，旋转胸椎，转动胸锁关节，前送肩胛骨（图 3-4-25 至图 3-4-26）。这一系列的关节运动都超出了日常运动的范围。日常运动范围的限制造成了拙劲。任何部位的拙劲都会减弱胸靠的成功率。胸靠成功的关键是要练就腰的松灵、胸的松灵和肩的松灵。

二十二、松灵在防御中的运用举例

松灵在防守中的运用是太极拳的基本功。二十四式揽雀尾分招"按"的前半招是化解（图 3-2-48 至图 3-2-50）。两掌舒展以大面积柔和地接住对方的攻势，顺着对方的攻势向后化解，在向后的同时向下化解。向后化解是"引进"对方，使其"落空"。向下化解是运用横向力来改变对方的进攻方向，有我方出"四量" 拨开对方"千斤"进攻的奇效。"按"的前半招联合运用后撤和横移来防守。后撤用肘的弯曲、胸的展开、臀部后移来实现。用增加肘部的弯曲度来提供了很大的后退幅度，手臂的弹性好，接招柔和。胸的含展幅度不大，但胸的质量大、肌肉多，为胸的展开提供了"外柔内刚"的后盾。臀部后移导致整体重心后移，移走了对方的攻击对象。由弓步坐后腿，伸展前腿来移动重心。臀部后移牵涉几乎所有下部关节的运动。"敛臀"帮助臀部稳定后移。坐后腿时髋关节弯曲坐稳，膝关节弯曲承重，踝关节弯曲撑地，五趾抓地，脚掌踏实。伸前腿时，髋、膝、踝关节都伸展，脚跟点地重心徐徐后退。虽然弯肘、展胸、移臀三部分都能独立实现，但单做其一或其二而不做其他，可能是拙劲在作怪。常见的是不注意做展胸，拙劲保持胸部呆板。同时做弯肘、展胸、移臀最为合理，引进的余地大，承受能力也大。另外可见的是只做后退，不做下引。这也可能是拙劲所致。肩肘部的拙劲阻碍手臂的横向运动。同时向后向下的运动要求沉肩垂肘，大臂绕肩关节转动，肘关节弯曲并向下运动，两掌画弧，坐腕展指。由此可见，几乎全身所有的关节都参与了这化解过程，任何部位的拙劲都要解除到最低程度。

图 3-2-48 "挤"定式

图 3-2-49 "按"后引

图 3-2-50 "按"后坐

二十三、松灵在攻防同功中的运用举例

太极拳的每一个招式中都有化有攻，有的先化后攻，有的化攻同功。前例"按"是一个先化后攻的招式。先接掌后坐化解，后前弓按掌进攻。倒卷肱中的旋臂是化解和进攻同时进行的例子（图 3-1-16 至图 3-1-18）。

下面讨论一下松灵在做"掤"时的重要性。"掤"是化攻同功的典型例子。揽雀尾中的"掤"手臂撑圆，徐徐前迎（图 3-2-51 至图 3-2-53）。由于肘部弯曲，整条手臂便富有弹性，好像拿着一个弹簧去迎敌。一旦接触对方，掤手的第一功效是测试对方的攻势，太极拳的术语是"听"，根据对方攻势的大小和方向应对。如果对方攻势本来不大，我方的"掤"可发力直接攻入对方。如果对方攻势大，小臂自动收缩吸收对方的能量。对方发现攻入不测之境。如果对方退回，我方将前面吸收的能量放出，再加上有意向的能量将对方发出。沉肩垂肘、圆臂、整条手臂关节的松灵是实现"掤"的关键。

图 3-2-51　出脚　　图 3-2-52　前掤　　图 3-2-53　掤定式

二十四、太极拳的基本架势体现弹簧功能

太极拳的松是将全身关节练得灵活。太极拳的许多基本动作,如圆臂、垂肘、含胸、曲膝,使太极招式具有本能的弹性功能。全身关节的组合运动把太极招式变成三维弹簧。三维弹簧体现了太极拳以守为攻的力学原理。意念是总指挥,接招之始由意念分析对方攻势而定攻防。防时,意念指挥全身从容撤退并在撤退中捕捉反攻机会。攻时意念指挥全身能量发放于最有效的方向并在发放过程中随时准备转为防守。最有效的方向包括顺着对方攻势的方向、与对方攻势打横的方向、对方势弱的方向等。在力学上,太极拳是由意念指挥化力发力的弹簧拳。

二十五、松灵的养身意义

练松灵有特别的养身意义。有拙劲的肢体部位是由两种极端情况造成的:重复使用过度和缺少使用。在生理上,这两种极端情况常引起局部冲血、肌肉绷紧、韧带僵硬、神经紧张、经脉淤阻等。练松灵就是去除拙劲,使关节灵活,血液流通,肌肉富有弹性,韧带柔顺,神经舒畅,经脉畅通,真气腾然。因此,练松灵有祛病延年、修身养性的功效。

第三节　"沾、连、粘、随"是太极拳的战略原则

"沾、连、粘、随"被称为推手"四纲"。可以说,推手是太极拳在武术界的独创。推手是用实际对抗形式来训练练习者对太极十三势的运用。推手是套路到散打间的桥梁。经过推手训练的拳友对于太极拳原理的临场应用较为灵活。"沾、连、粘、随"从力学原理上体现了太极拳"以守为攻"、"知己知

彼”、“以静制动”的战略思想。

一、沾

词典上“沾”的意思是“稍微碰上或挨上”。太极拳中的“沾”，讲的是接手要轻、要准。太极拳推手时，首先要接手。从力学上做到接手轻，就是要实现相对速度几乎为零的弹性变形。如模拟弹簧子弹的例子中（图 3-2-5 的 b—c），子弹打到弹簧上，弹簧前端接住子弹并以同样速度向后退。这退是弹性变形，因而可恢复。接手要轻，但不是绝对没有力。推手中的“沾”是要以练就的弹簧劲来接手。根据具体情况，弹簧力可大可小，但一般比两方硬撞的力要小很多。弹簧力可以正向，可以侧向，因而可以多方向化解。弹簧力引起弹性变形，即两方都没有受伤。这弹簧力也就是“听力”，拳友根据“听力”的大小和方向来了解对方的意图。

二、连

词典上“连”的意思是“接续”。太极拳中的“连”，讲的是在推手时我方要有意识地和对手连起来。模拟弹簧子弹的例子，图 3-2-5 的 b—f 的全过程中让弹簧和子弹连着。在推手时，一旦接手，就要和对方连着，直到把对方发出去，或使对方退出接触范围。对方进，我要退；对方退，我要进；对方侧移，我要跟着。一方面，要以练就的弹簧反弹能力来自动实现“连”；另一方面，意念上要根据“听”到的对方的动作意图来有效地在动作上做到“连”。

三、粘

词典上“粘”的意思是“像胶水所具有的、能使一个物体附着在另一个物体上的性质”。太极拳中的“粘”，讲的是在推手时我方要有引导对手的能力，能吸住对手，能变被动为主动。模拟弹簧子弹的例子，图 3-2-5 的 b—f 的全过程中让弹簧引导子弹先后退然后反弹。如果说前面的“连”是客让礼先，那么，“粘”则是反客为主了。我退时，能把对方拉进来；我进时，能把对方向前推。特别是我能制造新的方向，把对方粘到意外的方向。一方面，要以练就的弹簧反力来自动实现“粘”；另一方面，意念上要根据“听”来的信息制作攻势以有效地在动作上做到“粘”。

四、随

词典上“随”的意思是“跟、顺从”。太极拳中的“随”，讲的是在推手时我方要能借力打力，在最有效的方向上将对手发出去。模拟弹簧子弹的例子，图 3-2-5 的 d—f 的过程中弹簧将子弹反弹出去。对方进得急，我可顺势拉一把；对方退得急，我可顺势推一下。特别是我能制造新的方向把对方发到意外的方向。一方面，要以练就的弹簧反力来自动实现“随”；另一方面，意念上要根据“听”来的信息制作攻势。这样，才能有效地在动作上做到“随”。

五、“沾、连、粘、随”的组合运用

“沾、连、粘、随”要组合运用。“沾”接着“连”，“连”变为“粘”，“连”中有“粘”，“粘”中有“连”，“粘”变为“随”，最后把对方发出去。

第四节　八法五步是太极拳的战术原则

太极十三势具体分为八法五步，是太极拳的战术原则。八法为掤、捋、挤、按、采、挒、肘、靠。五步为前进、后退、左顾、右盼、中定。八法是用我方的肢体和躯干进行攻防的技术措施。五步是用感官指导下部肢体运行，以保持整体的平衡，并将攻防时承受的力传给地面。人体有众多的关节，肌肉和韧带将众多的骨骼连成一个整体，形成一个复杂的力学体系。但是，无论这体系多复杂，人体的运动仍然服从力学定律，太极拳作为人体运动的一种也不例外。

一、八法

八法为掤、捋、挤、按、采、挒、肘、靠。掤为八法之首，很多文献认为掤应贯穿于其他七法之中。狭义地理解，掤本身有其攻防功效，是和其他七法并列的。广义地理解，掤是一种具有弹簧伸缩功能，由意念指挥而能发放或吸收能量的劲力，下面将称此为弹簧劲。从力学上看，此弹簧劲可以也应该贯穿于全部八法之中。其实，此弹簧劲就是太极拳的力学原理，是太极拳的平衡、运行、攻防，乃至任何招式的力学原理。下面将逐一讨论八法的力学原理。对于每一法，本书将先给出一个尽可能精简的定义，然后解释其含义或运用。

1. 掤

狭义的掤是我方用单臂迎送对方的弹簧劲。双方的竞技发生于三维空间，因此下文将双方的攻防趋势表示在一个坐标系中。图 3-4-1 中，坐标系以

我方为主，三维坐标分别为南、东、上。通常假设起势时，面向南，套路在此南、东、上坐标系中演练。假设对方以图示虚线箭头向我方正胸进攻（图 3-2-51 至图 3-2-53 和图 3-4-1），我方以掤势相迎。掤以进退方向的劲力为主，但常兼有横向劲力。掤时，将大小臂撑圆，用小臂与对方相接。肘关节的自由度使撑圆的大小臂有一种自动加可控的弹性功能（图 2-4-7至图2-4-8）。这种弹性功能还来自于身体的其他关节的自由度。这种弹性功能能用于探测对方的攻势，能退缩而化解对方的攻势，能反弹或放能而将对方发出。图 3-2-51 至图 3-2-53 是典型的杨式掤：同时做腿前弓、转腰、含胸、小臂前掤。弹性功能主要来自于肘和肩。如果对方攻势猛，我方肘回曲腰回转以化解对方的攻势，并积蓄能量。化解到一定程度后，我方反弹放能把对方发出。如果对方攻势弱或不稳定，我方可伺机放能把对方发出。由此可见，掤是攻防同功的技术。千万不要把掤理解成单纯的顶出。弹性功能也可出自于胸、腰和腿。所有参与实现掤运动的肢体都能提供弹性功能。掤劲可用于各个方向：对方从正面进攻，我方向正面掤；对方从上向下进攻，我方从下向上掤；对方从侧面进攻，我方向侧面掤；等等。掤劲可用于横拨。例如，杨式玉女穿梭（图 2-3-87 至图 2-3-89），对方向我方胸进攻，我方左臂由下向上掤，我方掤势和对方攻势相互垂直，不需很大的掤力就能把对方架空。掤臂可以旋转。例如，玉女穿梭中，我方左臂同时上掤和内旋，左臂的旋转把对方向里引，增加了掤的化解功效。

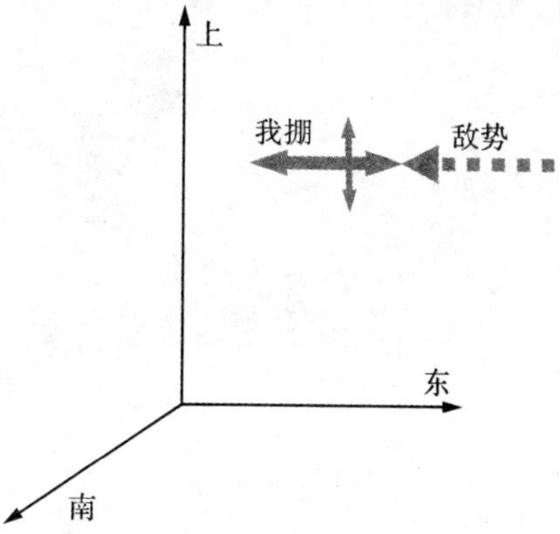

图 3-4-1　掤劲

2. 捋

捋是我方顺拉兼侧引对方的弹簧劲。假设对方以图示虚线箭头向我方正胸进攻（图 3-4-2 至图 3-4-5），我方以捋势接招。捋时，我方将手附于对方，主要借对方的攻势顺势加力。但是通常对方的攻势指向我方重心。为使对方落空，我方应在顺力中加以横力，把对方发至我方重心之外。图 3-4-2 至图 3-4-4 是典型的杨式捋：同时坐腿、转腰、两手将对方向左后方掩带。虽然捋主要用于发人，捋仍然要有回摆的弹簧功能。弹性功能主要来自于肘、肩和腰。千万不要把捋理解成单纯的拉。弹性功能也可来自于胸和腿。所有参与实现捋运动的肢体都能提供弹性功能。捋劲可用于各个方向：对方从正面进攻，我方向左后或右后捋；对方从左向我进攻，我方向左前捋；等等。因为捋借用对方的力，又兼以横向力，我方用小的力就能取得大的功效。

图 3-4-2　准备捋

图 3-4-3　向右后捋

图 3-4-4　捋定式

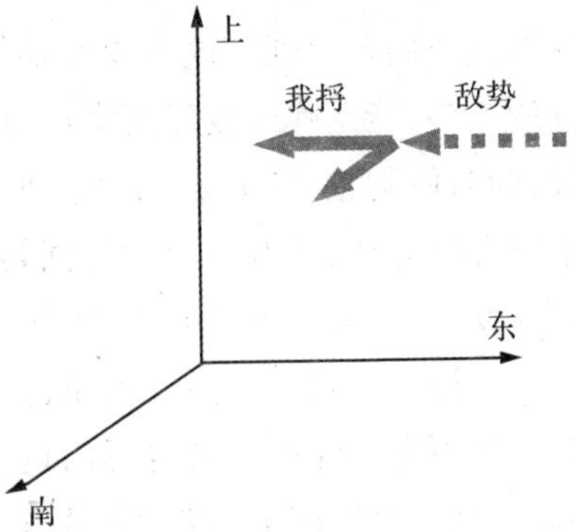

图 3-4-5　捋劲

3. 挤

挤是我方用搭手推对方的弹簧劲。假设对方以图示虚线箭头以两种可能的方式向我方进招(图 3-4-6 至图 3-4-9)，我方以挤势相迎。挤时，两手相搭向对方推去。相搭两手和胸一起形成一个封闭环形。这种封闭环形转动刚度大，有较强的抗扭功能，因而挤势的方向性比较好，侧向稳定度强。图 3-4-6至图 3-4-8 是典型的杨式挤：身体转正后同时做腿前弓、搭手前推。如果对手向我方重心进攻(图 3-4-9 中的“敌进”)，我方可以挤势直接抵挡。虽然挤主要用于发人，但是挤仍然要有回缩的弹簧功能。弹性功能主要来自于肩和肘。千万不要把挤理解成单纯的推。弹性功能也可来自于胸、腰和腿。所有参与实现挤运动的肢体都能提供弹性功能。如果对方攻势猛，我方可曲肘沉肩以化解对方的攻势，并积蓄能量。化解到一定程度后，我方反弹放能把对方发出。如果对方攻势弱或不稳定，我方可伺机放能把对方发出。挤的侧向稳定性在力学上提供了防护机理。前面谈到捋有侧向力和拉力，侧向力作用于单手较有效。当我方形成一个封闭环形时，对方捋我方(图 3-4-9 中的

"敌捋")的侧向力不能有效地改变我方的进攻方向,而对方捋的拉力却反过来帮助我方攻入对方重心。挤劲可用于各个方向。对方从正面进攻或侧向捋,我方可迎面前挤;对方从侧面进攻或捋,我方可向侧向挤;也可向斜上、斜下挤;等等。因为封闭环形的形成,挤的攻势沉稳、内刚。单手也能做挤,这时要有意识地用腰来增加侧向稳定度。

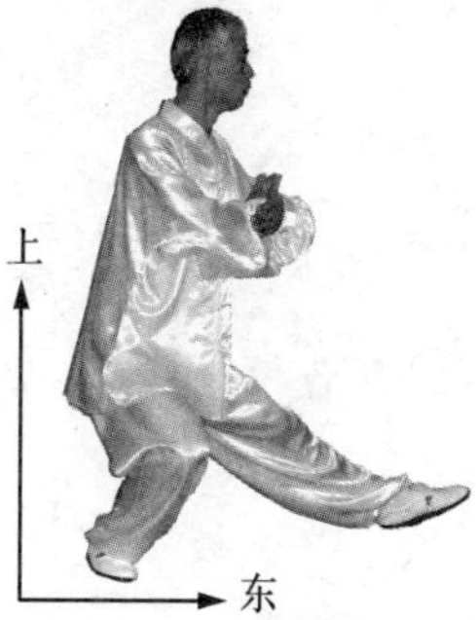

图 3-4-6　坐腿

图 3-4-7　向前挤

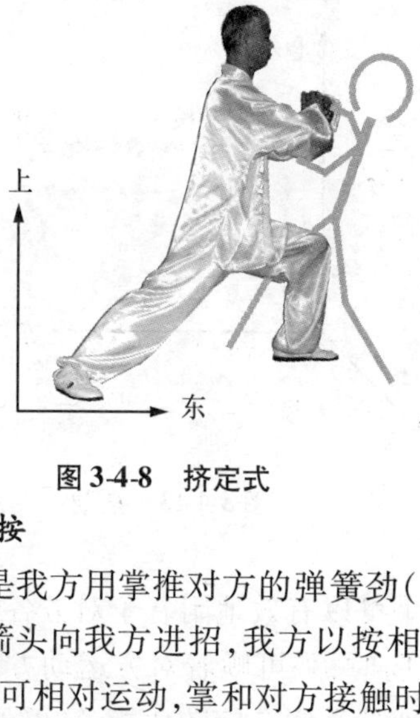

图 3-4-8　挤定式

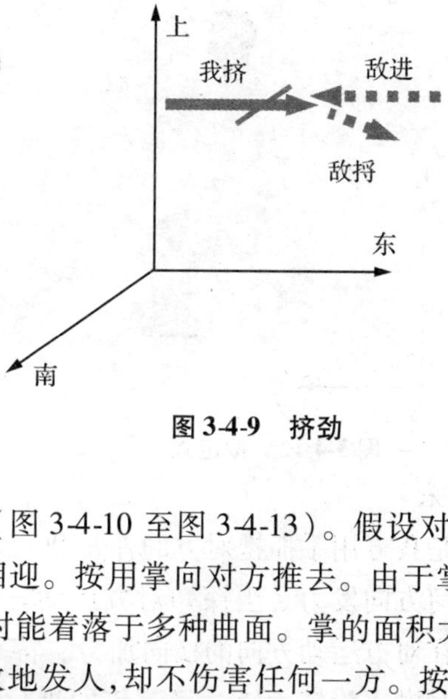

图 3-4-9　挤劲

4. **按**

按是我方用掌推对方的弹簧劲(图 3-4-10 至图 3-4-13)。假设对方以图示虚线箭头向我方进招,我方以按相迎。按用掌向对方推去。由于掌指、掌心、掌缘可相对运动,掌和对方接触时能着落于多种曲面。掌的面积大,能用小的压力来传递大的力,因而能有效地发人,却不伤害任何一方。按时要注意垂肘。垂肘是肘在任何情况下都有点弯曲,要避免大小臂绝对伸直的位置。垂肘帮助肘关节屈伸反应迅速,并有一部分自动屈伸的功能。虽然按主要用于发人,但是按仍然要有回缩的弹簧功能。弹性功能主要来自于垂肘,部分来自于肩关节的运动。千万不要把按理解成单纯的推。弹性功能也可来自于胸、腰和腿。所有参与实现按运动的肢体都能提供弹性功能。按可以是双掌同时按。双掌按发力大,发力的方向比较稳定。图 3-4-10 至图 3-4-12

是典型的杨式按:腿前弓、双掌弧线形前推。按也可理解为单掌按。单掌按比较灵活,易于攻防。图 3-2-9 至图 3-2-11 是典型的杨式单掌按:腿前弓、转腰、单掌前推。按劲可用于各个方向。对方从正面进攻,我方可迎面前按;对方从侧面进攻,我方可向侧向按;也可向斜上、斜下按;等等。特别是单掌按,出按的方向可灵活多变。

图 3-4-10　坐腿

图 3-4-11　向前按

图 3-4-12　按定式

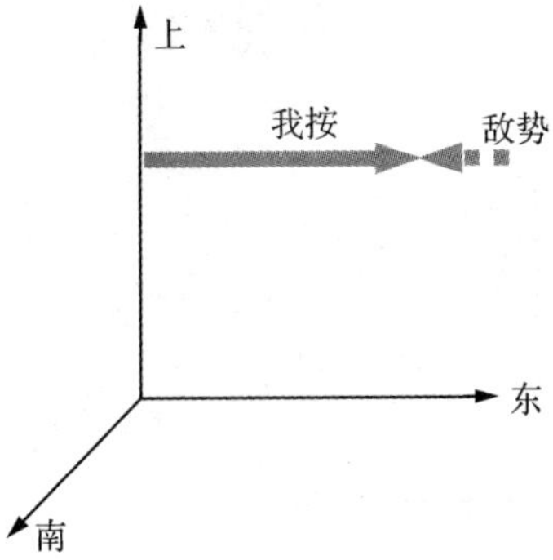

图 3-4-13　按劲

5. 采

采是我方用手抓携对方的弹簧劲。手可以有效地附着于对方各部位,进而向任何方向发力。当探知对方运动方向时,采可顺着对方运动方向加力。采也可在对方运动方向的横向加力。特别是手臂有旋转功能,采也可在给对方加力时融入旋转力矩。亿万年的进化造就了人类的手。手是人体中具有功能最多的部位。许多拳种重视对于拳、掌的运用。王宗岳在几百年前的《太极拳论》中就论述了"采",这是比较早的文献。杨式白鹤亮翅中同时右手向上采、左手向下采,以分路施力于对方(图 2-3-12)。图 3-4-2 至图 3-4-4 中捋的手法是采。假设对方以单手掤向我方进招,我方两手用合适的方式附着于对方大小臂,两手合作顺势向横后方向捋带。捋的幅度小时两手可靠摩擦力合成捋(图 3-4-2);捋的幅度大时两手可变为采(图 3-4-3)。倒卷肱中的采运用旋臂,图 3-1-16 至图 3-1-18,大有出其不意之效果。虽然采主要用于发人,但是采仍然要有回缩的弹簧功能。弹性功能主要来自于腕、肘、肩关节的运动。千万不要把采理解成单方向的摘。弹性功能也可来自于胸、腰和腿。所有参与实现采运动的肢体都能提供弹性功能。

6. 挒

挒是我方横拨对方或用挒矩旋转对方的弹簧劲。假设对方以图示虚线箭头向我方进招,我方以挒势横向出击(图 2-3-8 至图 2-3-9 和图 3-4-14)。横向力旨在改变对方的运动方向,不和对方正面运动顶撞,因而很小的横向力就能有效地改变对方的重心位置,而且大有出其不意之功效。此横向力为挒力。挒力体现了太极拳名言"四两拨千斤"的力学原理。我方可用手、臂、肩,或身体的其他部位去挒。图 2-3-8 至图 2-3-9 是挒在野马分鬃中的运用。假设对方进步出手向我方进招,根据双方的距离我方以小臂挒对方(图 2-3-9),或以大臂挒对方(图 3-4-15),或以肩横向挒对方(图 3-4-16)。我方挒对方于一肩高处,对方前脚着地,由于脚与地之间的摩擦力,脚是一个支点,我方挒劲作用于距该支点一肩高处构成一个力矩,该力矩将对方掀翻。由此可见,横挒可以和力臂组合成力矩,称之为挒矩。挒矩给对方一个旋转作用,使对方失稳。在实际竞争中,对手很可能会移动脚来避免我方的挒矩。为了预防对方逃脱,我方在挒之前就出前脚套住对方下盘,在挒时我方上盘挒对方上盘,我方下盘堵住对方的下盘退路,上下盘间的距离是力臂,挒矩因而形成(图 2-3-9 和图 3-4-15)。练就到高级程度的拳师,还可用另一手在远端执住对方(图3-4-17)。这样,前手的挒力和执住之点形成第二挒矩。这第二挒矩可以单独作用,也可以和第一挒矩协同作用,从而大大增加了掀翻对方的成功率。挒矩的形成有两个要素:力和力臂。力臂的一端是挒力,另一端是支点。根据力的平衡原理,支点会提供一个与挒力大小相等、方向相反的反作用力。该大小相等、方向相反的力可替代支点,而和挒力形成挒矩。手挥琵琶(图 3-4-18 至图 3-4-19)是挒矩运用的另一个例子。假设对方以单手向我方进招,我方左手执其臂上端向右挒,我方右手执其臂下端向左挒,两大小相等、方向相反的挒力作用于两掌之间的距离而形成挒矩,挒矩将对方掀翻。由上面的例子可见,可根据具体情况将挒用于各个不同方向。虽然挒主要用于发人,但是挒仍然要有回缩的弹簧功能。弹性功能主要来自于腕、肘、肩关节的运动。千万不要把挒理解成单一方向的运动。弹性功能也可来自于胸、腰和腿。所有参与实现挒运动的肢体都能提供弹性功能。

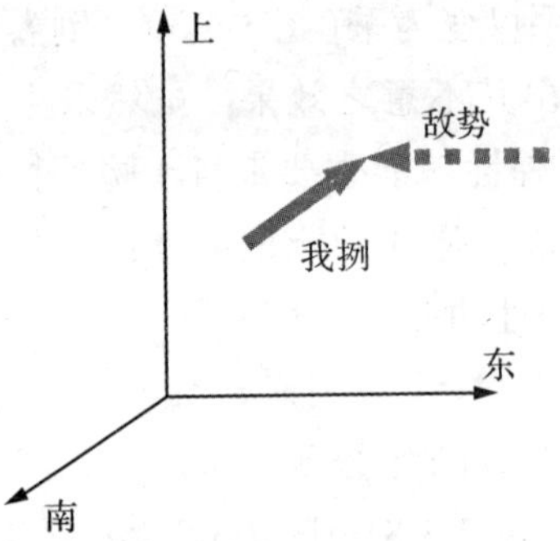

图 3-4-14　挒劲

图 3-4-15　大臂挒

图 3-4-16　肩挒

图 3-4-17　加制手

图 3-4-18　搭手

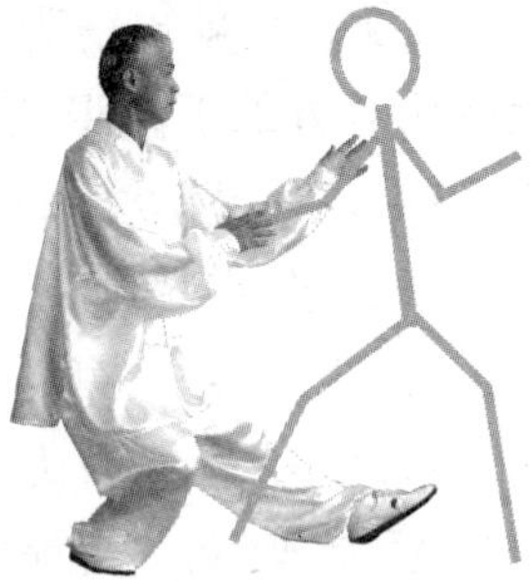

图 3-4-19　挒矩

7. 肘

肘是我方用肘攻防的弹簧劲。肘由肩关节运作，配合大臂的旋转，协同胸部的含展，由腰启动来联合发力。从肘关节到肩关节间的任何部位都能向各个方向发力。肘用于近程攻防。一般拳种注重于拳打脚踢，不让对方近身。太极拳发展了很多肘的用途，补足了近程攻防的技术。有的拳种用肘多以曲臂直抵对方胸腹各部位，而太极拳用肘多在推、挒、靠。图 3-4-15 是肘法用于挒。假设对方进步出手向我方进招，如果双方的距离比较近，我方以肘关节或大臂横向捌对方。白鹤亮翅中两手采的同时我方可伺机用右肘向对方进攻(图3-4-20)。陈式五十六式顺鸾肘用肘攻击后方的对手(图3-4-21至图3-4-22)。肘近胸,肘的发力量比较大,而且肘关节尖硬,肘法比较容易伤人,不宜多用。虽然肘主要用来发人,但是肘法仍然要有回缩的弹簧功能。弹性功能主要来自于肩和胸腰的运动。千万不要把肘理解成单一方向的运动。弹性功能也可来自于腰和腿。所有参与实现肘运动的肢体都能提供弹性功能。

图3-4-20 右肘击

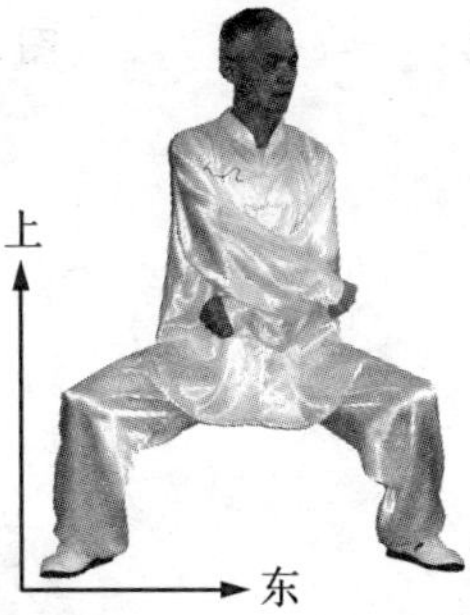

图3-4-21 准备发肘

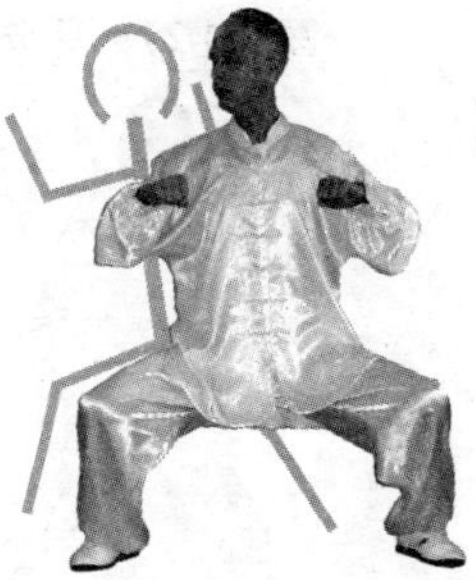

图3-4-22 顺鸾肘定

8. 靠

靠是我方用躯干或下部肢体攻防的弹簧劲。靠将肩、胸、背、胯、大腿、小腿用于攻防。靠是一种贴身的攻防战术。两方上体已经或很接近时,只有靠是最有效的手段。靠通常由邻近肢体的相对运动或相连关节的转动产生,例如肩、胸、背靠要注意用胸的含展、腰的转动和弯曲来发力。胯靠主要使用髋关节,配合使用膝踝关节的转动来发力。大小腿靠主要用膝关节,配合使用髋踝关节的转动来发力。图3-4-16是捌在野马分鬃中的运用。假设对方进步出手向我方进招,如果双方的距离几乎为零,我方以则肩横向捌对方。这是靠法用于捌。四十二式的马步靠,先马步蓄势(图3-4-23),然后变成左偏马步,转腰,上身略微前倾,以我方肩靠对方胸(图3-4-24)。推手散打时可以用胸靠。腰略右转蓄势(图3-4-25),腰左转,含胸拔背,以我方右胸靠对方胸(图3-4-26)。陈式五十六式中有招式背折靠。腰略左转蓄势(图3-4-27),腰右转,展胸旋臂,以我方右背靠对方胸(图3-4-28)。产生靠运动的关节的日常运动范围都比较小,所以打太极拳时要特别注意放松这些关节。相比手脚的运动,靠运动的幅度比较小,但靠用的是肢体,肢体质量大,肌肉多,因而靠的力量较大。虽然靠主要用于发人,但是靠仍然要有回摆的弹簧功能。弹性功能主要来自于邻近关节的相对运动。千万不要把靠理解成单纯的出击。靠的弹性功能也可来自于所有参与实现靠运动的肢体。

图 3-4-23　马步蓄势

图 3-4-24　马步靠

图 3-4-25　马步蓄势

图 3-4-26　胸靠

图 3-4-27　蓄势

图 3-4-28　背折靠

二、五步

太极五步为前进、后退、左顾、右盼、中定。从字面上理解，前进、后退、中定是步法，左顾、右盼是眼法。但在太极拳中，它们都是步法。这其实并不矛盾。步法和眼法，加上意念，人的运动由这三部分协调进行（见下表）。

意念	前进中攻	后退中打	左击或左移中击	右发或右行中发	运行中稳定
感觉	前视	后感	左顾	右盼	环觉
步法	前进	后退	左移	右行	中定

先要有运动的意向,即意念。运动前要探知去向,用视觉、听觉、触觉、嗅觉来找出运动的方向。盲人走路不便,是因为他们缺少视觉。太极拳的运步只有在意念指导下,在感觉探知下,步法才能准确实现。步法是要做的事情。前进、后退、左移、右行指出打太极拳要有向任何方向运动的功能。中定是说在定位时和运动中都要稳定。所以,中定不仅是对于定式步型——例如弓步、马步而言的,更应贯彻于前进、后退、左移、右行的步法中。眼法是太极拳的"神",在运动前、运动中和到位后都要眼观六路、耳听八方。前视、后感、左顾、右盼和环觉是感觉相应于前进、后退、左移、右行和中定的主要方向。意念是指导,为了前攻、退打、左击、右发和中稳才去做前进、后退、左移、右行和中定。攻、打、击、发都是攻击倾向强的词。但是,太极拳的弹簧劲示出了太极拳以守为攻的力学原理。因而表中攻、打、击、发的每一个词都包裹在防御之中。下面将逐一讨论五步的力学原理。下文对于每个步法都将先给出一个尽可能精简的定义,然后解释其含义或推广。

1. 前进

"前进"是意欲攻防地感顾对方的稳定前行。对手常常位于前方。我方要向前方正面防御,或进攻或要套住对方。眼神主视对方,兼顾左右。移动时,轻轻提起一脚,重心保持在另一脚,提起之脚前伸,轻轻落地,然后重心移动到位。现以杨式太极拳的搂膝拗步中的前进为例来分析一下。起始位置的步型是右宽弓步(图 3-4-29)。为叙述方便,我们把坐标系原点设于起始左脚中,该步向东行。进步分几个部分进行:坐左腿,重心移向左脚,右脚尖离地外撇(图 3-4-29 至图 3-4-30);右脚踏实,重心移到右脚,左脚跟离地(图 3-4-30至图 3-4-31);左脚轻轻提起半拳高移动到右脚左侧(图 3-4-31 至图 3-4-32);左脚向左前方移动,左脚跟轻轻落地于右脚左一肩宽、前一步长处(图 3-4-32 至图3-4-33);左腿前弓,重心移向左脚,左脚全掌着地(图 3-4-33 至图 3-4-34)。起脚落脚时要轻,移脚过程中要稳。实现这些动作要领的力学原理是:任何时候都要保持重心位于支撑面内。图 3-4-29、图 3-4-30、图 3-4-34 是两脚支撑,稳定比较容易实现。图 3-4-31 中的左脚与地面间没有力,重心在右脚掌中,要站稳了右脚才提起左脚。图 3-4-32 中单脚支撑,实际上在图 3-4-31 到图 3-4-32 再到图 3-4-33 过程中都是单脚支撑,重心在右脚掌中,在运动左脚时要站稳右脚。图3-4-33中的重心在右脚掌中。左脚跟刚与地面接触时,左脚跟与地面间没有力,要在左脚着地后才开始移动重心。

图 3-4-29　右弓步

图 3-4-30　后坐撇脚向前

图 3-4-31　移重心

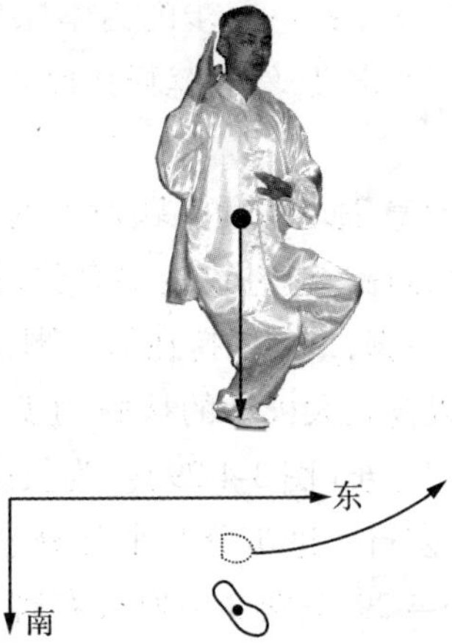

图 3-4-32　收脚

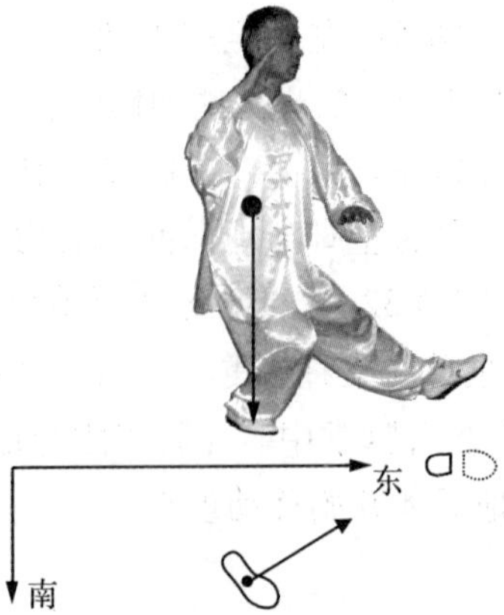

图 3-4-33　出脚

图 3-4-34　左弓步

词典上解释“前方”为“正面的空间”。正面可能是相对于我方胸前面的空间而论的。“前方”的狭义理解是胸法线方向(图3-4-35)。例如,宽弓步(图2-3-9)、马步(图2-3-6)的“前方”是胸的正前方,头的方向和胸的方向一致。但有一些招式中头和胸的方向不一定一致。例如,杨式太极拳单鞭中的窄弓步(图2-3-45),头顺着前手的方向,胸有点侧向。这时我们称头的方向,也就是胸的侧左方为“前方”。云手(图3-1-1至图3-1-5)中头和胸可以左右摆动,头的摆幅可以比胸大,这时称胸的平均方向为“前方”。推广一下,可以把“前方”理解成以胸法线为中线的左右一个角度内的视区(图3-4-35)。

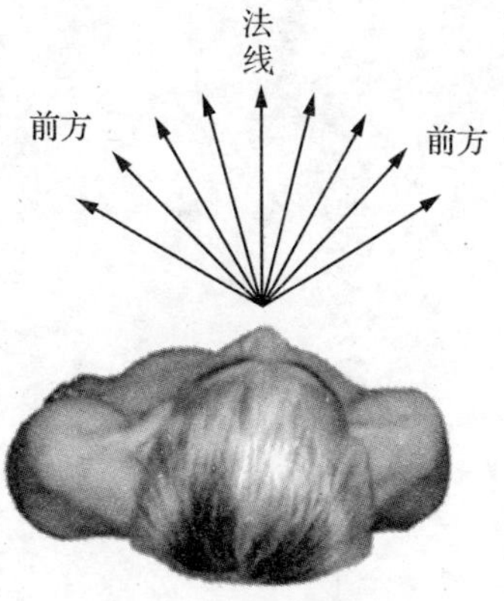

图3-4-35 前方的含义

字面解释“前进”是向“前方”移动,但在打太极拳时,“前方”是可以变化的。一个太极招式中,“前方”的起始方向和终结方向可能不同。究竟以哪个为准呢?是否要同时考虑两者呢?太极经典理论中,对以什么时候的“前方”为准没有明确的讨论。前述由右弓步前进成左弓步的“始前方”和“终前方”正好一致(图3-4-29至图3-4-34),这仅仅是一个特例。一般情况下,“始前方”和“终前方”常常不一致。

图3-4-36至图3-4-40由马步变为野马分鬃的弓步,“始前方”正南,“终前方”正东,两者差90度。可以把这个运步归于“左顾”,也可以将其归于“前进”。此处建议取后者。这是因为在运步过程中,“前方”一直在变化,“始前方”和“终前方”都和该运步有关,而且“终前方”通常向着对方的位置。下面来分析一下野马分鬃的运步。起始步型是马步,重心位于两脚中间(图3-4-36);左脚跟提起,重心移到右脚(图3-4-36至图3-4-37);左脚尖轻轻提起半拳高移动到右脚左侧(图3-4-37至图3-4-38);左脚向左后方出脚,左脚跟轻轻落地于右脚后一肩宽、左一步长处,胸开始左转(图3-4-38至图3-4-39);左腿前弓,重心移向左脚,左脚全掌着地,右脚跟外碾,胸左转到位和左脚方向相同(图3-4-39至图3-4-40)。

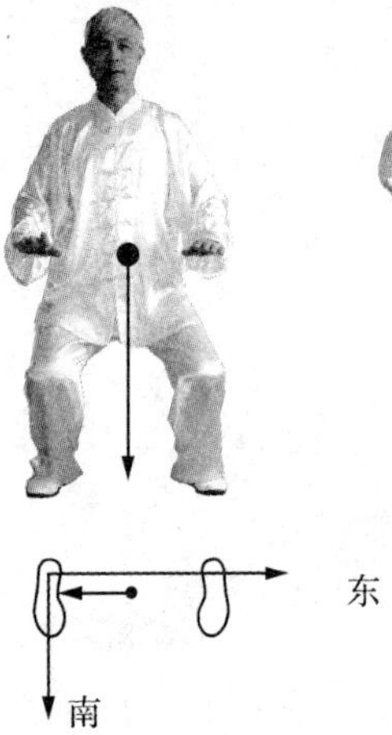

图 3-4-36　马步

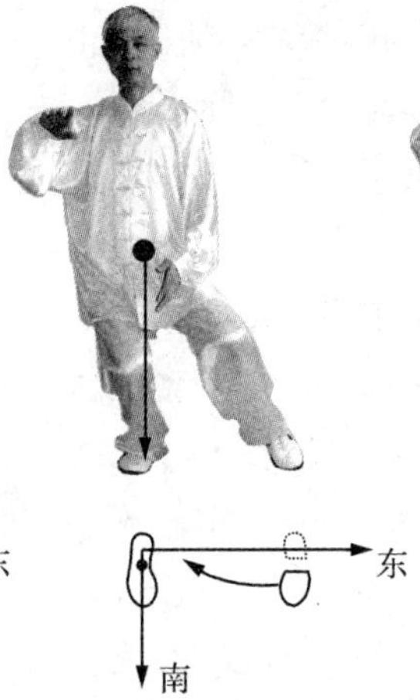

图 3-4-37　移重心

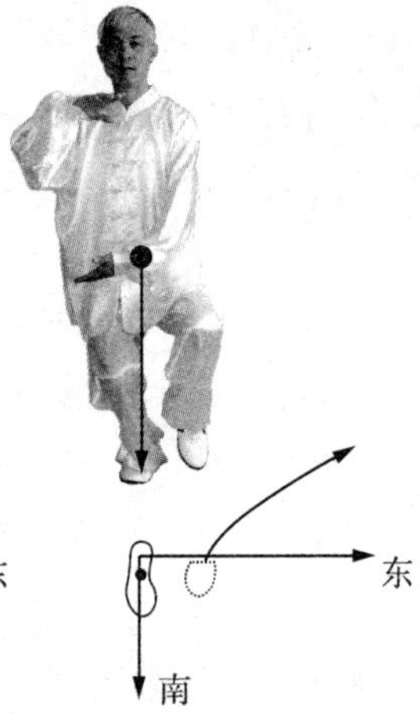

图 3-4-38　提左脚

图 3-4-39　出左脚

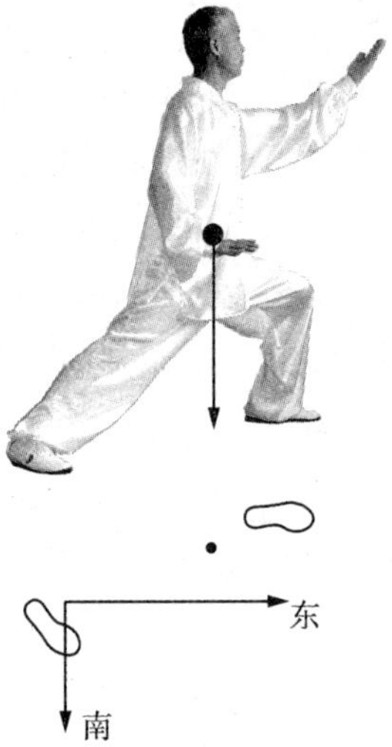

图 3-4-40　移重心

从图 3-4-36 到图 3-4-40，胸的方向在前进过程中转动了 90 度，“前方”的含义随之改变。这种转体前进在太极拳中很典型，如二十四式太极拳揽雀尾的右掤和单鞭都是转体前进。究竟多大的转动范围能归入步法“前进”中呢？这个变化范围取决于人的生理条件。图 3-1-95 指出，对通常人来说，120 度是两脚尖的夹角极限。这是在转体时始脚尖和终脚尖的转角限度，也是“前进”的转脚范围。这样，我们可以把“前进”定义得比较明确一点：定脚始位和动脚终位间夹角小于 120 度的转体步法是“前进”。有两点要说明：第一，120 度是一个大概数字，各人可能有略微不同的范围；第二，两位置夹角小于 120 度转体步法的目的是能让终脚前伸并脚跟先落地。图 3-4-41 示出了“前进”的范围是图中上方一左一右两个120度的区域。

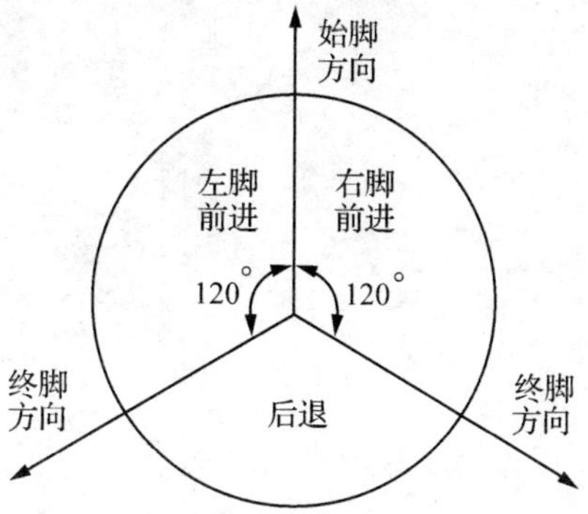

图3-4-41　前进和后退的区域

2. 后退

“后退”是意欲攻防地感顾对方的稳定后移。对手可位于“始前方”，这时眼神主随对方，兼顾左右。对手可位于始前方的后面，这时通常需要转体而使对方位于“终前方”，我方眼神要找寻对方，兼顾左右。移动时，轻轻提起一脚，重心保持在另一脚，提起之脚后伸，轻轻落地，然后重心移动到位。杨式倒卷肱是后退的一例(图3-4-42至图3-4-46)。对方在前面，我方在后退中攻防。起始为右虚步(图3-4-42)；重心移到后脚，前脚虚点(图3-4-42至图3-4-43)；右脚尖轻轻离地半拳高，收回至左脚侧一拳宽处(图3-4-43至图3-4-44)；右脚后退半步，右脚尖轻轻点地(图3-4-44至图3-4-45)；右脚跟着地，重心移近右脚，左脚跟外撇，成左虚步(图3-4-45至图3-4-46)。

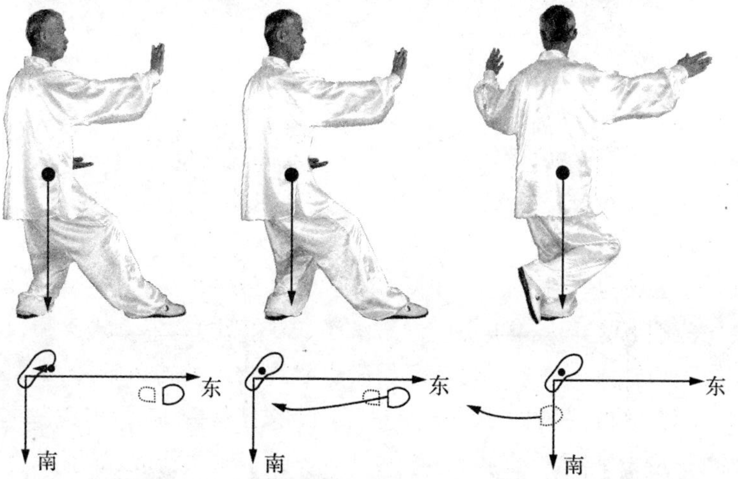

图3-4-42　右虚步　　图3-4-43　微移重心　　图3-4-44　收右脚

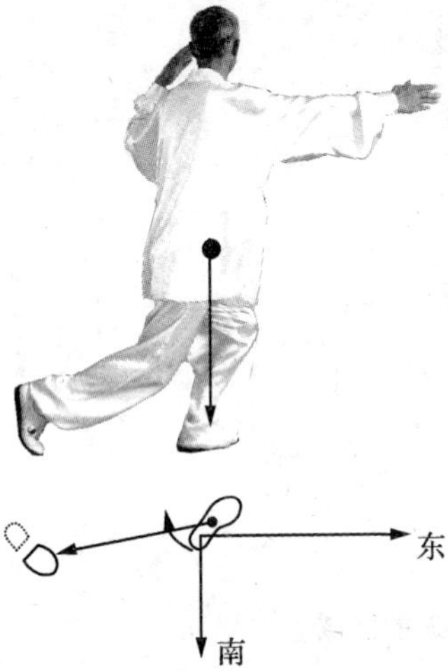

图 3-4-45　退右脚

图 3-4-46　移重心

四十二式太极剑招式弓步削剑的对方在“始前方”后面，我方需要转体180 度去面对对方(图 3-4-47 至图 3-4-52)。由于始脚尖和终脚尖夹角大于120 度，适合于运用脚尖后落地法。起始位置的步型是小并步，重心在两脚间(图3-4-47)。退步分几个部分进行：重心移到左脚，右脚跟离地(图 3-4-47 至图3-4-48)；右脚轻轻提起半拳高移动到后面一步处，右脚尖轻轻点地(图3-4-48至图 3-4-49)；右脚跟落地，重心移向右脚(图 3-4-49 至图 3-4-50)；左脚尖内扣，重心继续移向右脚(图 3-4-50 至图 3-4-51)；右腿尖外撇，左脚跟外碾，重心移到两脚间近右脚处，成右弓步(图 3-4-51 至图 3-4-52)。

图 3-4-47　并步

图 3-4-48　重心移到左脚

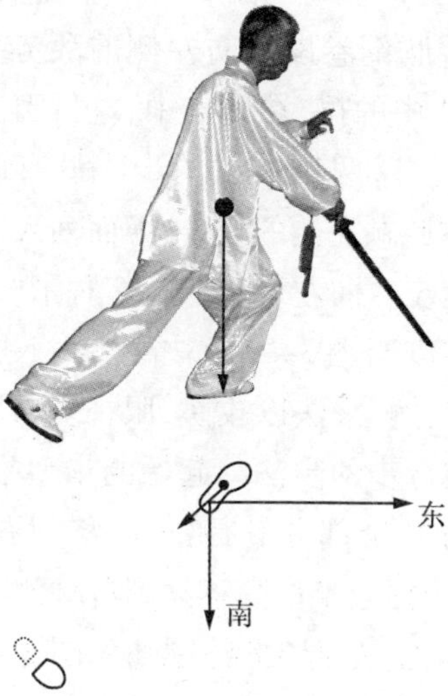

图 3-4-49　退右脚

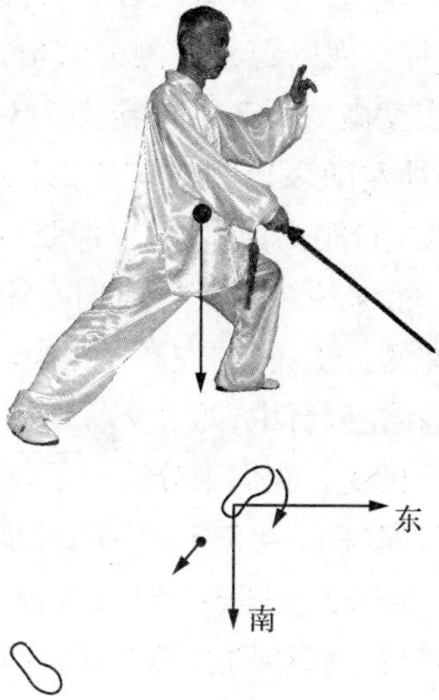

图 3-4-50　移重心

图 3-4-51　扣左脚尖

图 3-4-52　碾脚移重心

因为图 3-4-48 至图 3-4-49 中脚向后伸，而且这时“前方”还没有变化，这种步法被称为“后退”。图 3-4-41 示出了“后退”的范围是图中下方的区域。

3. 左顾

“左顾”（左移）是意欲攻防地感顾对方的稳定左行（包括左行的距离为零）。“左顾”的字面意思是照顾左面的活动，但“左顾”通常和“右盼”联用，因为“右盼”的字面意思仅和眼神相关，人们容易将“左顾”也解释为一种眼法。太极拳中的“左顾”应该是由眼法、攻防法和步法联成的一个整体。“左顾”可以和“前进”、“后退”联用。例如图 3-4-43 至图 3-4-45 中的倒卷肱，在退步中，眼神左视以观察左侧的敌情，左肱倒卷以攻防左侧的敌势。左顾可以用于避实就虚。图 2-3-19 至图 2-3-20 中的捋，在中定中，左捋引对方向左向落空，眼神左随以监视攻防中的机变。这两例中人的步法没有向左的运动，或者说左行距离为零，但上部肢体在照顾左侧的攻防，因而列入“左顾”的定义中。一般来说“左顾”会有向左的运步。向左运步有很多种形式，下面逐一说明。左侧行步属于“左顾”。图 3-4-53 至图 3-4-55 中的云手，设想对方在前面，我方在左侧行中，两手交替使用掤、挒、采法以攻防，眼神左右随视以监视攻防中的机变。我们来分析一下左侧行步的步法。起始的步型是平行步，重心在两脚间（图 3-4-53）。左侧行步分几个部分进行：重心移到右脚，左脚跟离地（图 3-4-53 至图 3-4-54）；左脚轻轻提起半拳高移动到右脚侧（图3-4-54 至图 3-4-55）；左脚移到右脚左面一步远处，左脚尖轻轻点地（图 3-4-55 至图 3-4-56）；左脚跟落地，重心移到左脚，右脚跟离地（图 3-4-56 至图 3-4-57）；右脚轻轻提起半拳高，移动到左脚侧一拳宽处，右脚尖轻轻点地（图 3-4-57 至图 3-4-58）；右脚跟落地，重心移到两脚间（图3-4-58至图 3-4-59）。

图 3-4-53　平行步

图 3-4-54　重心移到右脚

图 3-4-55　收左

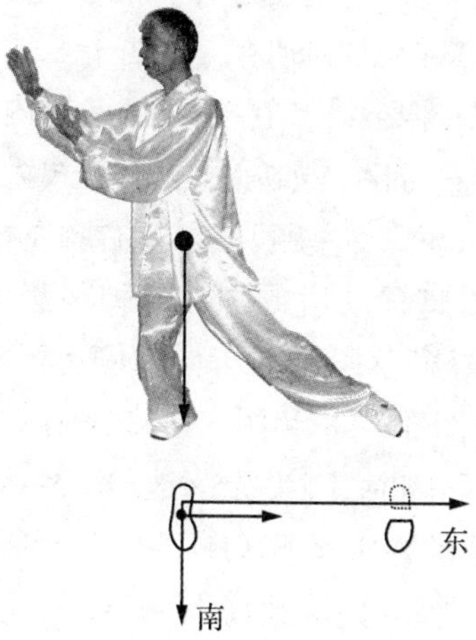

图 3-4-56　出左脚

图 3-4-57　重心移到左脚

图 3-4-58　收右脚

图 3-4-59　重心移到中间

在认准了“前方”后，“左顾”协调左半边的步法和攻防活动(图 3-4-60)。

云手的“前方”和胸的方向一致，虽然左脚左行，“前方”却没有变化。所以，“左顾”应包括左脚左侧行，“前方”却没有变化的情况。重心位于右脚，左脚侧移后或脚尖或脚跟落地，我们把周围划成四个区(图 3-4-61)。在“左顾”区域内左脚向左侧运行时，脚尖先落地，如杨式左行的云手(图 3-4-55至图 3-4-56 和图 3-4-61 重心左侧远处脚尖印)；陈式太极拳左脚向左侧运行时，脚跟先落地

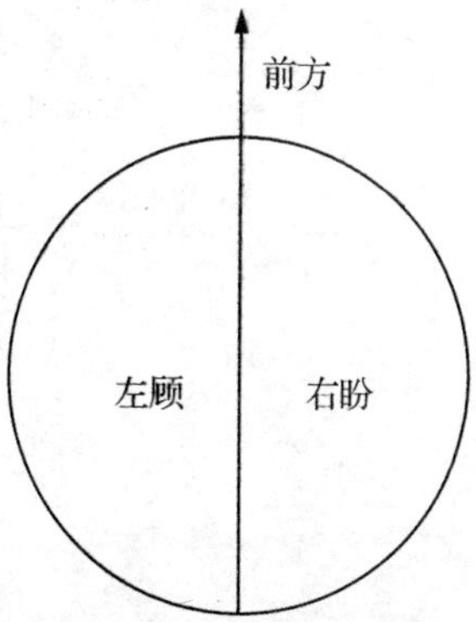

图 3-4-60　左顾右盼

（图 3-1-87 至图 3-1-88 和图 3-4-61 重心左侧远处脚跟印）。在"左顾"区域内左脚向左前方落脚时，脚跟先落地（图 3-4-61 左前区），如四十二式太极剑的左右云抹中的左前落脚（图 3-4-63 至图 3-4-64）。在"左顾"区域内左脚向左后方落脚时，脚尖先落地（图 3-4-61 的左后区），如陈式五十六式太极拳的倒卷肱中的左后落脚（图 3-4-65 至图 3-4-66）。"左顾"应包括右脚左行、"前方"却没有变化的情况。重心位于左脚，右脚移动后或脚尖或脚跟落地，我们也把周围划成四个区（图 3-4-62）。在"左顾"区域内右脚向左侧运行时，脚尖先落地，如杨式左行的云手（图 3-4-57 至图 3-4-58 和图 3-4-62 重心右侧近处脚印）。在"左顾"区域内右脚向左前方落脚时，脚尖先落地（图 3-4-62 的左前区），如四十二式太极剑的左右云抹中的左前落脚（图 3-4-67 至图 3-4-68）。在"左顾"区域内右脚向左后方落脚时，脚尖先落地（图 3-4-62 的左后区），如四十二式太极剑的歇步压剑中的左后落脚（图 3-4-69 至图 3-4-70）。

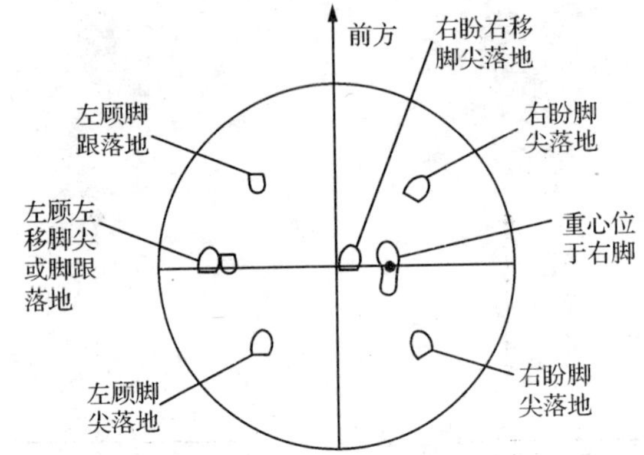

图 3-4-61　左脚侧行落地法

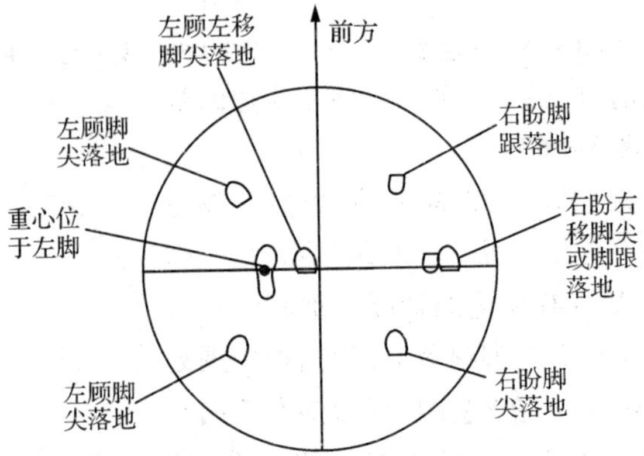

图 3-4-62　右脚侧行落地法

图 3-4-63　收左脚

图 3-4-64　左前落左脚

图 3-4-65　右独立

图 3-4-66　左后落左脚

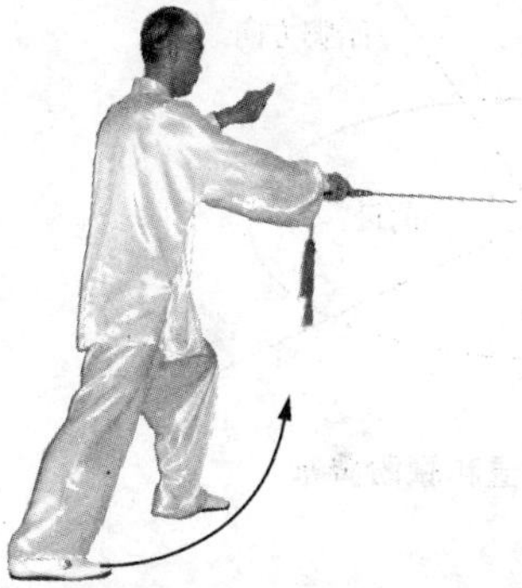

图 3-4-67　弓步

图 3-4-68　左前落右脚

图 3-4-69　弓步　　　　图 3-4-70　左后落右脚

一般在一个招式开始时,"前方"可能和始脚方向一致。图 3-4-71 把"左顾"、"右盼"的区域和"前进"、"后退"的区域重叠起来。前面提到,在"前进"中"前方"的方向从始脚方向变到终脚方向,因而"左顾"、"右盼"的区域也随之变化(图 3-4-72)。

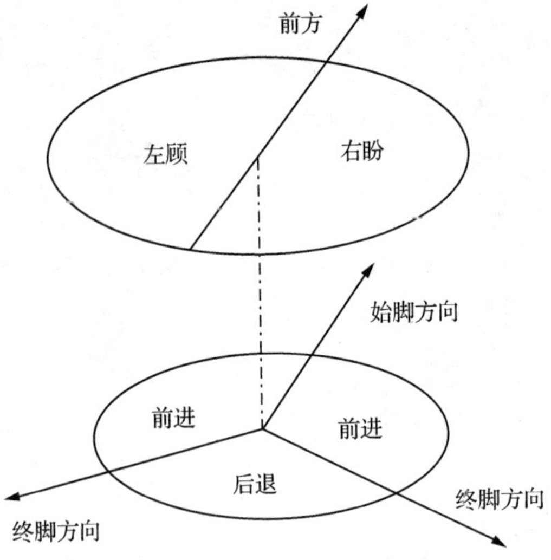

图 3-4-71　进退和顾盼叠加

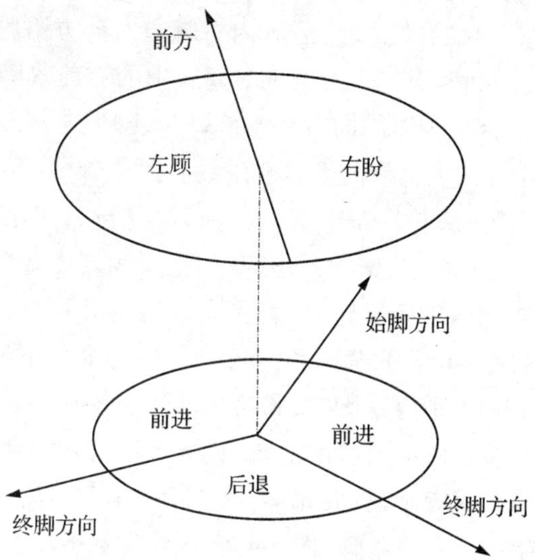

图 3-4-72　前方变化时进退和顾盼的叠加

4. ***右盼***

"右盼"(右行)是意欲攻防地感顾对方的稳定右行(包括右行的距离为零)。"右盼"和"左顾"对称。虽然"右盼"的字面意思仅和眼神相关,太极拳中的"右盼"应该将眼法、攻防法和步法联成一个整体。"右盼"可以和"前进"、"后退"联用。锦太极拳的右倒卷肱在退步中(图 2-3-53 至图 2-3-56),眼神右视以观察右侧的敌情,右肱倒卷以攻防右侧的敌势。"右盼"可以用于避实就虚。锦太极拳的右捋(图 2-3-37 至图 2-3-38),在中定中,右捋引对方向右向落空,眼神右随以监视攻防中的机变。这两例中人的步法没有向右的运动,或者说右行距离为零,但上部肢体在照顾右侧的攻防,因而列入"右盼"的定义中。一般来说,"右盼"会有向右的运步。向右运步有很多种形式,下面逐一说明。右侧行步属于"右盼"。太极拳四十八式中有一段右向云手(图 3-4-53至图 3-4-59 的对称招式)。设想对方在前方,我方在右侧行中,两手交替使用掤、捌、采法以攻防,眼神左右随视以监视攻防中的机变。右侧行步的步法和左侧行步的步法类似。请参考图 3-4-53 至图 3-4-59,这里不再详述。

在认准了"前方"后,"右盼"协调右半边的步法和攻防活动(图 3-4-60)。

"右盼"应包括右脚右行、"前方"却没有变化的情况。重心位于左脚,右脚移动后或脚尖或脚跟落地,我们把周围划成四个区(图 3-4-62)。在"右盼"区域内右脚向右侧行时,脚尖先落地,如四十八式太极拳中右行的云手(图 3-4-55至图 3-4-56 的对称动作和图 3-4-62 重心右侧远处脚尖印);陈式太极拳右脚向右侧行时，脚跟先落地（图 3-1-87 至图 3-1-88 的对称动作和图 3-4-62 重心右侧远处脚跟印）。在“右盼”区域内右脚向右前方落脚时，脚跟先落地（图 3-4-62 右前区），如四十二式太极剑的起式中的右前落脚（图 3-4-73 至图 3-4-74）。在“右盼”区域内右脚向右后方落脚时，脚尖先落地（图 3-4-62 的右后区），如陈式五十六式太极拳的倒卷肱中的右后落脚（图 3-4-65 至图 3-4-66 的对称动作）。“右盼”应包括左脚右行、“前方”却没有变化的情况。重心位于右脚，左脚移动后或脚尖或脚跟落地，我们把周围划成四个区（图 3-4-61）。在“右盼”区域内左脚向右侧运行时，脚尖先落地，如四十八式太极拳右行的云手（图 3-4-57 至图 3-4-58 的对称动作和图 3-4-61 重心左侧近处脚印）。在“右盼”区域内左脚向右前方落脚时，脚尖先落地（图 3-4-61 的右前区），如四十二式太极剑的左右云抹中的右前落脚（图 3-4-75 至图 3-4-76）。在“右盼”区域内左脚向右后方落脚时，脚尖先落地（图 3-4-61 的右后区），如陈式五十六式太极拳的云手中的右后落脚（图 3-4-77 至图 3-4-78）。

图 3-4-73　提右脚

图 3-4-74　右前落右脚

图 3-4-75　弓步

图 3-4-76　右前落左脚

图 3-4-77　准备提左脚

图 3-4-78　右后落左脚

图 3-4-71 至图 3-4-72 把“左顾”、“右盼”的区域和“前进”、“后退”的区域重叠起来。总之，“前进”、“后退”、“左顾”、“右盼”包括了向四周运行的步法和眼法。这些步法和眼法是为攻防服务的。

5. 中定

“中定”是在攻防的任何时刻都要稳定。打太极拳时步型要稳定。例如，弓步，前腿弓，后腿伸，两脚掌全掌着地，上体中正，重心位于两脚掌支撑面内（图 3-4-79）。这时作用于我体的有：重力、地面的支撑力、摩擦力和空气阻力等。这些力的总和应该平衡。打太极拳的步型和对方发生关系时，我方仍应是一个平衡力系。例如，弓步推掌中，当我方掌和对方接触时，对方有一个反力作用于我方。这个反力加入原来的力系，这新的力系应该平衡（图3-4-80）。反力矩 = 反力 × 掌高；重力矩 = 重力 × 后距。重力矩大于反力矩人体才能维持平衡。

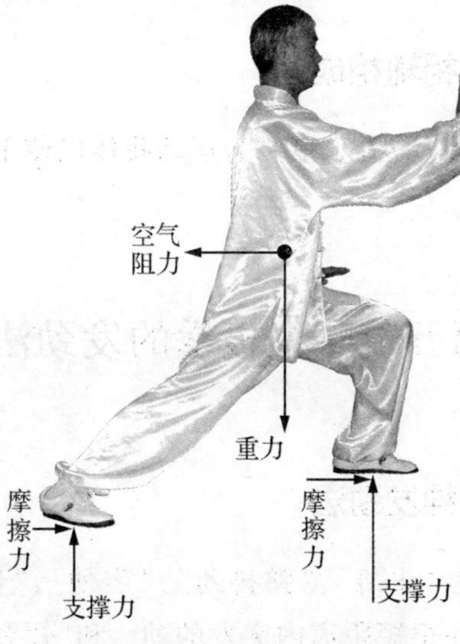

图 3-4-79　作用于人体的力

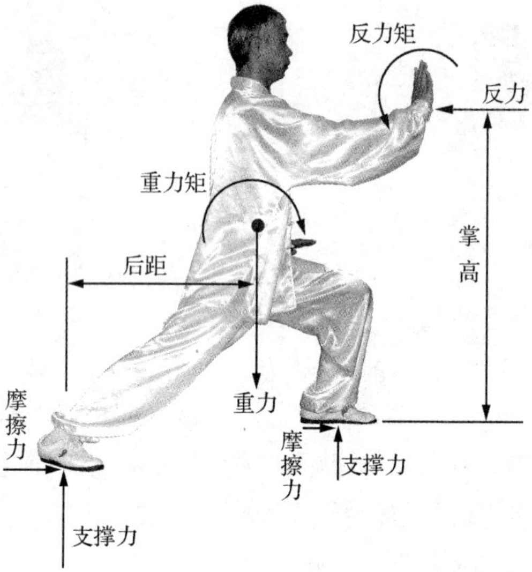

图 3-4-80 反力加入力系

太极拳运步的全过程要平衡，做到这一点要注意几个方面：起脚、落脚要轻；踝关节要灵活；五趾抓地或翘趾要运用适时；运脚时有时双脚支撑，有时单脚支撑，但重心都要位于支撑面内；上体中正以便于重心尽可能位于支撑面中部；在运行时或和对方发生关系时作用于我体所有的力，包括反力、重力、支撑力、摩擦力、阻力，应是一个平衡力系。

“中定”应融于“前进”、“后退”、“左顾”、“右盼”之中。“中定”用于防御能使我立于不败之地。“中定”用于攻击则提供了稳固的基地，包括能量和力源。

三、五步和八法相辅相成

五步和八法相辅相成。五步主要为运动我体以使平衡到位和感觉到位，而八法则重于攻防。

第五节 太极拳的发劲法

一、太极拳的两种发劲法

“短劲”有时被称为“寸劲”、“弹抖劲”、“震劲”、“惊炸劲”、“点劲”等。有的文献称“短劲”为在很短距离内突发的劲。和“短劲”相对，“长劲”这个词也经常出现。但是“长劲”的概念不太明确。有的把“长劲”比喻为推车的力。“短劲”和“长劲”的现象应符合力学原理,我们将给“短劲”和“长劲”下一个比较明确的力学定义。

从力学原理上看,“短劲”和“长劲”是相对于发力时进击器的速度而言的。例如,我方以一掌攻击对方,这掌可发自弓步,可发自马步,掌是我方的进击器。这掌用于攻击对方,可击对方胸,可击对方肩,这掌还是我方的进击器。进击器的速度可高可低,高速的属于“短劲”范围,低速的属于“长劲”范围(图 3-5-1)。高速和低速间有一个连续的过渡区,因此“短劲”和“长劲”之间没有明确的界限。

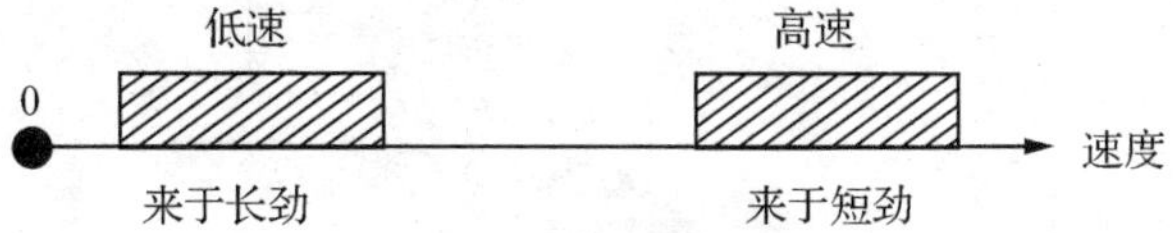

图 3-5-1　进击器的速度

进击器像出膛的子弹或千斤顶的顶杆,仅仅是使命的转递者,它们并不产生使命。枪弹的爆炸系统或千斤顶的油压系统是使命的生成者,它们是发力系统。

子弹壳内炸药的爆炸释放能量,该能量产生一对大小相等、方向相反的冲击力。向前的冲击力将子弹推向前方;向后的冲击力将枪身推向后方。向前的冲击力在极短的时间内使子弹获得高速,子弹以恒定的高速离开枪膛(图 3-5-2)。对数学没有兴趣的读者可跳过下面的公式推导而进入结论的叙述。设炸药爆炸释放的能量是 E,子弹的速度是 $v_{弹}$,枪的速度是 $v_{枪}$,子弹的质量是 $m_{弹}$,枪的质量是 $m_{枪}$。根据能量守恒定理,炸药的能量等于子弹的动能和枪身动能之总和:

$$E = \frac{1}{2}m_{弹}\,v_{弹}^2 + \frac{1}{2}m_{枪}\,v_{枪}^2 \tag{4}$$

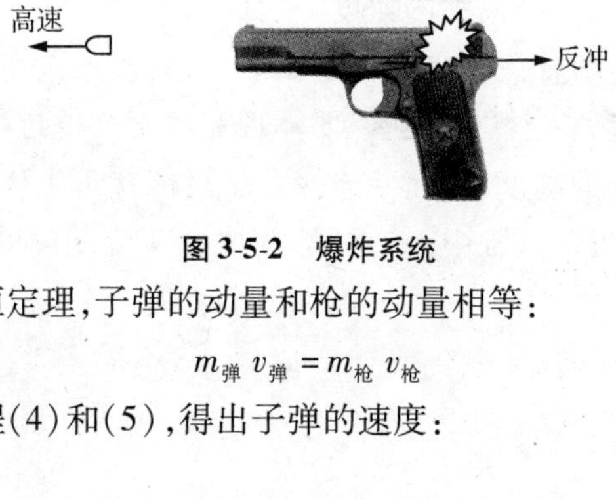

图 3-5-2　爆炸系统

根据动量守恒定理,子弹的动量和枪的动量相等:

$$m_{弹}\,v_{弹} = m_{枪}\,v_{枪} \tag{5}$$

解此联立方程(4)和(5),得出子弹的速度:

$$v_{弹} = \sqrt{\frac{2m_{枪}}{m_{弹}(m_{枪}+m_{弹})}E} \tag{6}$$

结论是:爆炸能量越大,枪质量越大;子弹质量越小,子弹的速度越高。

千斤顶内的油液缓缓注入缸体,油压上侧面将顶杆向上顶,油压下侧面将缸体向下压,地面的支撑力通过千斤顶将物体顶起(图3-5-3)。

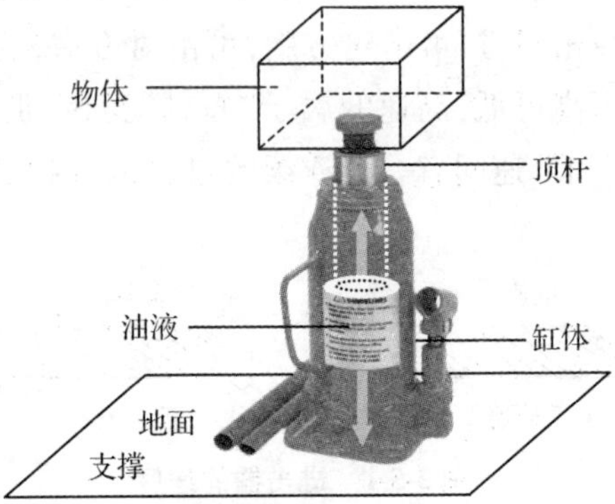

图3-5-3　液压系统

打枪用爆发力,子弹出膛后有能量,子弹有自己的攻击力。"短劲"和打枪类似。千斤顶缓慢发力,顶杆靠油液升起,但靠地面支撑。"长劲"和千斤顶顶物类似。

二、短劲

"短劲"用肌肉的突发能量带动肢体的相对运动来发劲。这个定义有两个要素:突发能量和相对运动。突发能量能够让该部位肌肉在尽可能短的时间内发放尽可能多的能量。相对运动是指进击器和反冲部位间位置的相对变化。例如推掌,通常靠大小臂的肌肉提供能量,而造成掌和上体间的相对运动(图3-5-4至图3-5-6)。这里,掌是进击器,相当于子弹;上体是反冲部位,相当于枪身;大小臂的肌肉提供爆发能量,相当于炸药。掌的质量远小于上体的质量,因而掌获得很大的速度。上体的质量远大于掌的质量,因而上体提供反冲力。转动肩关节使大臂不断上抬,转动肘关节使肘趋于伸直,两关节的转动使掌远离上体。"沉肩"要体现在整个推掌过程中。"沉肩"降低臂和上体连接点处的高度,因而使连接点尽可能接近上体的质量中心。"垂肘"要体现于整个推掌过程中。"垂肘"使肘关节应变灵活,使掌和上体间的机体具有本能的弹性功能,使我方发力控制自如。

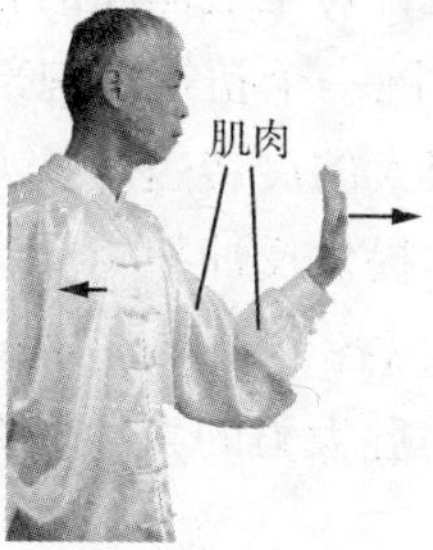

图 3-5-4　垂臂曲肘

图 3-5-5　逐步抬臂伸肘

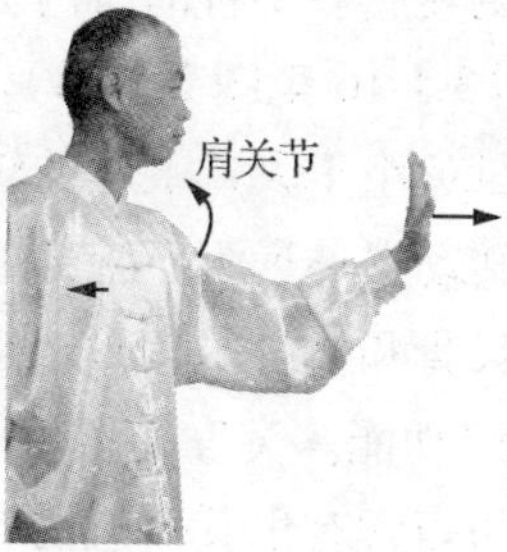

图 3-5-6　抬臂伸肘

掌的运动也可以用胸的运动来实现。例如催掌，通常靠胸背部的肌肉提供能量，而造成掌和上体间的相对运动（图 3-5-7 至图 3-5-8）。这里，掌是进击器，相当于子弹；上体是反冲部位，相当于枪身；胸背部的肌肉提供爆发能量，相当于炸药。这时掌直接传递肩、胸、上体的运动，因而上体提供直接的反冲基地。催掌是通过由“展胸”变到“含胸”来实现的。“展胸”时胸展开，背内拗，肩胛骨带动肩膀向后移，因而带动掌后撤。“含胸”时胸内含，背拔出，肩胛骨带动肩膀向前移，因而催动掌向前运动。练“含胸拔背”使胸背部关节松灵，进而保证催掌到位。胸背部肌肉能提供很大的爆发能量，使催掌实力雄厚。胸部的运动幅度不大，对方容易忽视我方胸的运用，因而催掌又有出奇制胜的功效。

图 3-5-7　展胸含背准备

图 3-5-8　含胸拔背催掌

推掌和催掌都以上体质量为后盾，脊椎是上体的中坚，这是“力由脊发”的力学机理。推掌和催掌可以联用，这时两个能源同时爆发，掌的出击力量大为增加。实际上，人体的肌肉互相关联，臂胸肌肉的能量并不独立。是从掌到上体的连续肌肉群同时工作，能量爆发，来合成掌的进攻力。这是太极拳中“一到位，全到位”的力学机理。只有肩肘关节和胸椎关节同时到位，才能同时运用臂胸肌肉的能量来发力，这是“英雄所向无敌”的力学原理。“力由脊发”可运用于太极拳的任一种劲法。特别是最后一法“靠”，胸肩背可直接用于攻防。

倒卷肱靠小臂的肌肉提供能量,而造成手腕和大臂乃至上体间的相对转动(图3-1-16至图3-1-18)。肌肉的能量爆发赋予手腕一个扭矩。腕部的转动惯量远小于大臂上体的转动惯量,因而腕部获得很大的旋转速度。大臂上体的转动惯量远大于腕部的转动惯量,因而大臂上体提供反冲扭矩。旋腕是通过尺骨和桡骨的相对运动来实现的。打太极拳要练各个部位的"缠丝"或"抽丝"功能。突发的扭矩改变原力的方向,是以小力胜大力的力学依据。突发的扭矩常有出其不意的效果。

陈式五十六式的搬拦捶靠腰胸部的肌肉提供能量,而造成肩和胯间的相对扭转(图3-5-9至图3-5-10)。这里连于肩的两手是进击器,胯部提供反冲力矩。手的弧线运动是通过转腰旋胸来实现的。这个例子说明力可由胯发出。

图3-5-9　腰右转

图3-5-10　腰左转

由这些例子可见,由于能量爆发使进击器具有速度,因而具有动量:

$$J_{冲} = m_{综合} v_{冲} \tag{7}$$

其中 $m_{综合}$ 是综合质量。发短劲使进击器和反冲部位近似脱离,因而综合质量和进击器的质量接近。其中 $v_{冲}$ 是进击器的速度。进击器和对方碰撞,在短时间 Δt 内该动量转化为冲击力:

$$F_{冲} = \frac{J_{冲} - J_{终}}{\Delta t} \tag{8}$$

其中 $J_{终}$ 是碰撞终了的动量,Δt 是碰撞时间。可见冲击力和速度成正比,和质量成正比,和时间成反比。因而进击器的速度越大,冲击力就越大。碰撞时间越短,冲击力就越大。通常反冲部位的质量或转动惯量较大,提供发力的基地。而这个基地并不是地面支撑,而是脊、胯、胸。因而"力由脊发"、"力由胯发"、"力由胸发"都是有力学依据的。一般进击器的运动幅度较大,但反冲部分的运动幅度不大,而且进击器的运动和反冲部分的运动相反,因而总体重心移动不大,我体通常能在发力时维持平衡。即使重心有一点移动,因发力时间很短,通常能在发力后及时调整重心。

“短劲”比较适合于进攻，以突击力发放，使对方防不胜防。突击力可以是正向力、横向力、旋转力等。既能发力，又能维持自我平衡。一般的拳术常在接触对方前发力（图 3-5-11）。这是一种打击效应，在接触时运用冲击力使对方产生局部变形（图 3-5-12）。如果攻入对方脆弱部位，这种发力法容易使对方受伤。这种发力法的另一个特点是我方发力后不再改变攻势，如果对方硬顶，容易引起两败俱伤。太极拳的“短劲”发于两方接触之后（图 3-5-13）。发力的主要目的是改变对方的位置（图 3-5-14）。因为发力的能量不是用来产生局部变形，这就减少了使对方受伤的可能性。这样发力的能量能有效地用来移动对方的重心，而使对方失稳。太极拳的这种发力法的另一个特点是我方发力前先用很小的听力沾住对方，在测出对方动向后再发力，以此来增加发力的成功率。特别是太极的“突发力”有一个从小变到大的过程，这是一种“推击”效应。肌肉爆发的能量使听力很快增加成攻击力，该攻击力主要用来移动对方的整体位置。听力不大，给人“柔”的印象；推力相对大，给人“刚”的效果；先听后发，使柔中有刚。太极八法的每一法都可用“短劲”来发放，但采、挒、肘、靠结合于“短劲”的机会比较多。

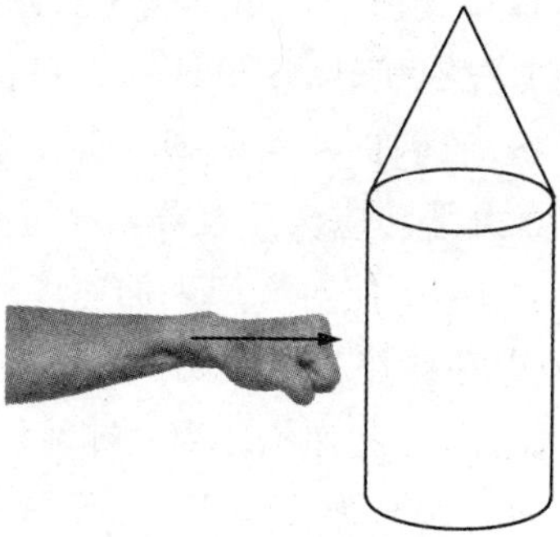

图 3-5-11　接触前发力

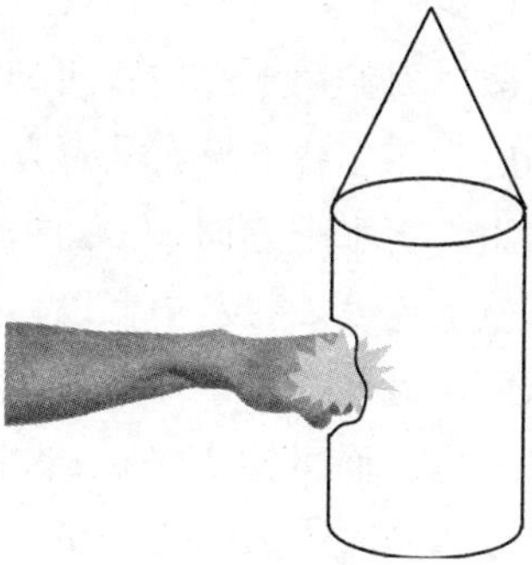

图 3-5-12　局部变形

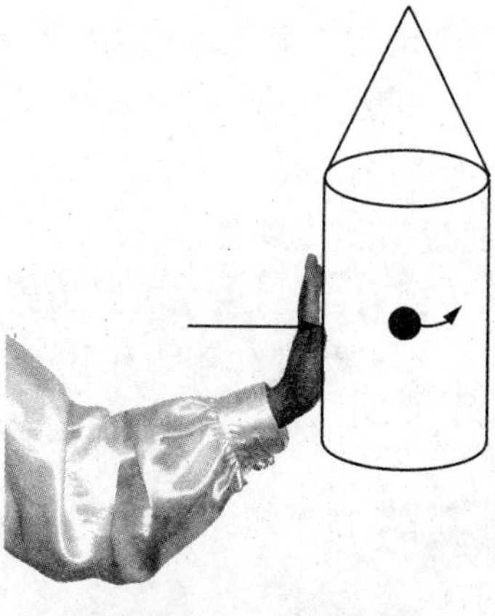

图 3-5-13　接触后发力

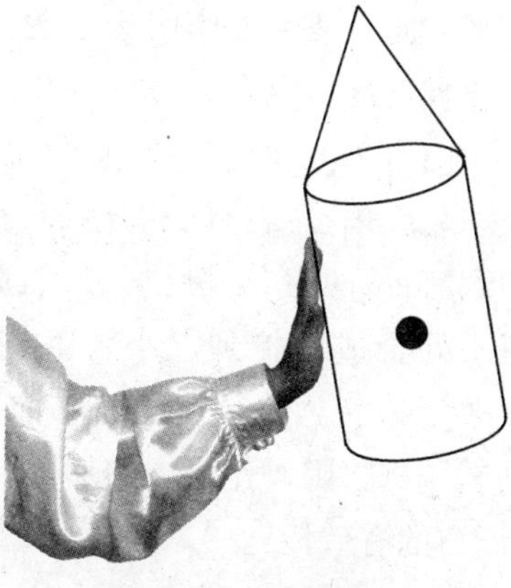

图 3-5-14　位置变化

三、长劲

“长劲”由支撑面出发,用肌肉的能量带动肢体的有序运动来发劲。这个定义有三个要素:支撑面、能量和有序运动。支撑面通常指地面,也可以是其他适合的稳固反作用力。肌肉释放能量使进击器和支撑面间产生相对位移。肢体的有序运动使进击器和支撑面间产生较大的方向合适的位移。

例如杨式太极拳揽雀尾中的挤(图 3-4-6 至图 3-4-8):由坐步到弓步,两脚提供稳固的支撑面;腿部、腰部、臂部肌肉发放能量推对方;腿前弓带动重心前移,腰带动肩部随之向前,两臂前撑,全身肢体有顺序地协同向前将对方推出。这里左小臂前侧是进击器,相当于千斤顶的顶杆;腿腰臂的肌肉是油压系统;地面通过弓步提供支撑力。张三丰在《太极拳论》中论述:“其根在脚,发于腿,主宰于腰,行于手指。由脚而腿而腰,总须完整一气。”我们可以用挤为实例来讨论一下该论述的力学原理。我方用一个作用力推对方(图 3-5-15至图 3-5-16),将我方作隔离体(即把外界因素简化成力而作用于本体),总共有六个外力作用于我体:对方有一个大小相等方向相反的反作用力作用于我方;我方重力垂直向下;地面的垂直支撑力作用于我左右两脚;地面和脚间的摩擦力作用于我左右两脚。我方没有旋转,所以该六力对任何点取力矩之和应为零。我方没有垂直方向的运动,因而左右两脚垂直支撑力之和应等于重力。在水平方向,左右两脚摩擦力之和应大于反作用力,才能使我左小臂产生加速度。我左小臂以作用力推对方,使对方产生加速度进而移动位置。由此可见使我小臂产生加速度的力和我施加于对方的作用力都来自脚底的摩擦力。而摩擦力必须通过肢体的内力传递给小臂(图 3-5-17)。图 3-5-18 是肢体隔离体示意图。在水平方向有两个力作用于脚:下部摩擦力和上部内力 1,两力方向相反,但摩擦力比内力 1 大,两力的差值推动脚向前倾斜。在水平方向有两个力作用于小腿:下部内力 1 和上部内力 2。小腿下部的内力 1 和脚上部的内力 1 大小相等、方向相反。小腿上的两内力方向相反,但内力 1 比内力 2 大,两力的差值推动小腿向前运动。膝盖部的隔离体分析可以类推。总起来看:右脚底的摩擦力通过右腿传到胯;左脚底的摩擦力通过左腿传到胯;该两力合成后通过腰、胸传到肩;然后由左右臂传到两手;该两力在搭手处合成后传到左小臂前侧,左小臂将此作用力作用于对方(图 3-5-17)。所有在传力路径上的肢体都参与了力的传递,缺少任何部位,或任何部位的软塌都将阻碍作用力的形成。从位置上来说,就是全部肢体同时到位,以保证力的有效传达。

图 3-5-15　我方隔离体

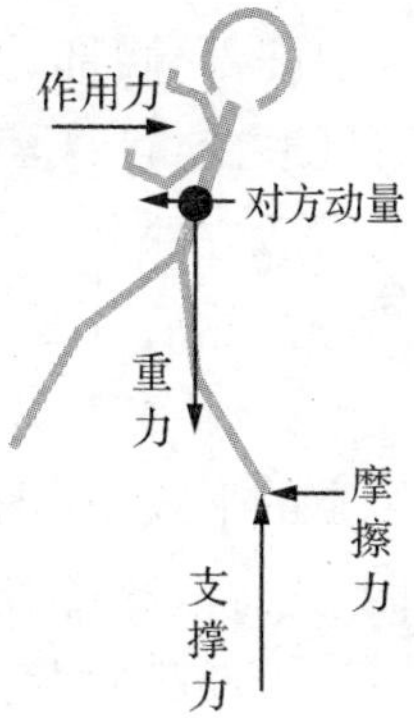

图 3-5-16　对方隔离体

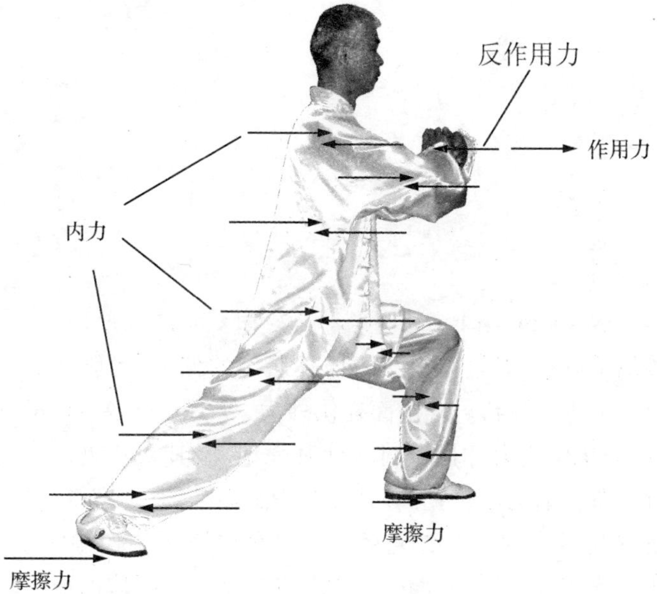

图 3-5-17　力的传递

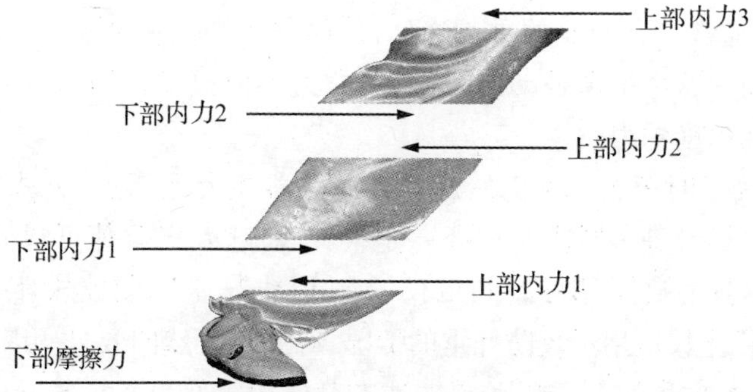

图 3-5-18　肢体隔离体

杨式太极拳揽雀尾中的捋(图 3-4-2 至图 3-4-3),由弓步到坐腿,两脚提供稳固的支撑面。腿部、腰部、臂部肌肉发放能量捋对方。腿后坐带动重心后移,腰带动肩部随之向右后运动,肩带动两臂向右后拖携,全身肢体有顺序地协同将对方向右后方发出。在水平方向,脚底的摩擦力通过左右两腿传到胯,通过腰胸传到肩,然后分成两力由左右臂传到两手。该两力作用于对方手臂。

在杨式太极拳的下式中(图 3-5-19 至图 3-5-20),由仆步到弓步,两脚提供稳固的支撑面。腿部、腰部、肩臂部肌肉发放能量抬对方。我方手插入对方胯下,左腿前弓,带动腰肩背上升,左臂将对方挑起,全身肢体有顺序地协同将对方从上后方发出。

图 3-5-19　仆步穿掌

图 3-5-20　弓步上抬

由这些例子可见,能量来自于各肢体肌肉的伸缩,各肢体的有序运动引导进击器向一定方向位移。支撑面提供外力,外力通过各肢体的内力传递给进击器,进击器将作用力作用于对方使其失稳。"其根在脚,发于腿,主宰于腰,行于手指"都是有力学依据的。"由脚而腿而腰,总须完整一气"是说各肢体的运动要有顺序,协调于一个目的。一方面,"长劲"的力源来自于支撑面,所以发力的量比较大;另一方面,"长劲"的支撑力由肢体的内力转递给进击器,"长劲"的发力有一个积累的过程,通常比"短劲"发力要相对慢些。发"长劲"时我方通常伴有明显的重心移动,因而我体必须在全发力过程中保持力学上的平衡。这个平衡是动态平衡,支撑力不但提供作用力,还提供使我体重心产生加速度的力。

发"长劲"时公式(7)仍然成立。进击器和大地相连,公式中综合质量 $m_{综合}$ 很大。尽管进击器速度 $v_{冲}$ 不一定很大,动量 $J_{冲}$ 却量值可观。公式(8)也仍然成立。这时碰撞时间 Δt 可以长一点,但冲击力 $F_{冲}$ 仍能从容维持。

"长劲"比较适用于攻防并重的情况,有势所必然的效果。因为我方有支撑面支持,我方重心或进或退、或左或右都能用于发力。我方可从容发力,对方明知我要发力，还是穷于应对。我方所发之力可以是正向力、横向力、旋转力等。我方既能发力，又能维持自身全程平衡。一般的拳术常在接触对方前发力(图 3-5-11 至图 3-5-12)，这种打击效应容易使对方受伤。这种发力法在发力后不再改变攻势，如果对方硬顶，容易形成双方比蛮力、"大力胜小力"的状况。太极拳的"长劲"发于两方接触之后(图 3-5-13 至图 3-5-14)。我方在发力前中后都能维持平衡，因而能有效地粘住对方，能控制听力的大小。当我方决定进攻时，发力的成功率比较高。"长劲"发力的主要目的是改变对方的位置(图 3-5-14)。依靠支撑面支持和我方重心的稳定运行，我方的发力能量能有效地用来移动对方的重心，使其失稳。虽然太极八法都可用"长劲"来发放，但掤、捋、挤、按结合于"长劲"的机会比较多。

四、短劲和长劲综合运用

"短劲"和"长劲"可以单独运用，也可以同时运用，如搂膝拗步的出掌(图 3-4-33 至图 3-4-34)。单由运臂来推掌，臂肌肉运作的能量将转变成掌力。胸背部有很大的肌肉群，单由含胸来催掌，胸背部肌肉运作的能量将转变成掌力。如果主要用含胸展臂的突爆能量来发力，是为"短劲"。腰部也有很大的肌肉群，单由转腰来送掌，腰背肌肉运作的能量将转变成掌力。如果主要以地为支撑，用腿前弓转腰含胸展臂的徐发能量来发力，是为"长劲"。这三种出掌方式都能单独实现，但组合运动最为合理。组合运动将臂、胸、腰的能量叠加转换成多倍于通常掌力的力。并且臂、胸、腰三部位的运动叠加给这一掌赋予很大的运动幅度和运动契机。"短劲"和"长劲"联用时，以地为支撑，用腿前弓转腰的徐发能量将掌前运，在掌到位的短时间内加以含胸展臂的突发能量来组合发力。

第六节　太极发劲和动量传递

一、法向力和切向力

前面提到力学中的力是有明确定义的：力是物体之间的相互作用。在敌我两方接触前并没有相互的作用力存在；相互的作用力产生于两方接触时和接触过程中；相互的作用力消失于两方脱离之际和脱离之后。李小龙一拳能打出 400 磅的力，这个力产生于李小龙的拳和被打的物体间。李小龙打出的力当然和李小龙的发劲功能有极大的关系,但是这力也和被打物体的状况有关。想象李小龙猛击空中的气球,肯定打不出400磅力,恐怕都不会有4磅。产生400磅力的拳应该是打在一个固定在墙上的传感器上。李小龙发出的拳有很高的速度,拳和墙碰撞时拳的速度很快变为零,因而产生了很大的力。由此可见,力的大小和碰撞两方的质量和运动状况有关。力的另一个特点是:除了有大小,还有方向。数学上,力可以用矢量来表达。李小龙的拳只有打在正前方的墙上才能打出400磅。如果墙有点斜,这400磅就会有折扣。太极拳运动中两方的关系同样受到力学定律的约束。下面讨论一下力的方向和大小与太极拳的化劲和发劲的关系。

作用力通常由法向力和切向力合成,我们来看一个例子。对方右掌背以掤势向我方正胸进招,我方以右掌根粘住对方,进而向右捋(图3-6-1)。我方要做横向的捋,但正向的掤劲不能丢。两方对掤产生一个法向力。这个法向力乘以摩擦系数就得出摩擦力。这里摩擦力沿切向,也就是捋的方向。我方用切向摩擦力将对方向横向捋。我方给对方的作用力是法向力和切向力的矢量和(平行四边形的对角边是另两边的矢量和)。

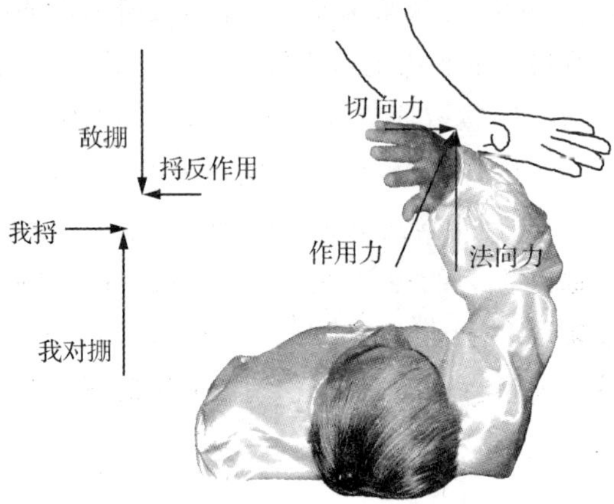

图3-6-1 捋作用力的合成

再来看一个例子。对方右掌按我方正胸,我方转胸以斜向粘住对方(图3-6-2)。法向力沿胸法线,摩擦力沿胸切线向右。我方给对方的作用力是法向力和摩擦力的矢量和,该力斜指对方。我们可以把该作用力沿对方按的方向和垂直方向分解。沿对方按方向反向的分量是我方的抗力,垂直分量就是反弹力,反弹力把对方推向右方。

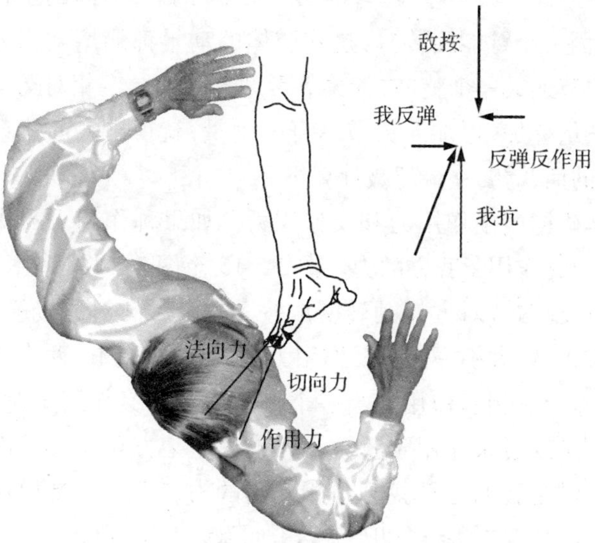

图 3-6-2　反弹作用力的生成

前面两例讨论的都是水平力。一般情况下力有三个方向的分量，或者说力是一个三维矢量。例如，海底针下插力有向下的垂直分量，玉女穿梭前臂的掤有向上的垂直分量，等等。一个三维作用力仍能由一个法向力和一个切向力合成。这个三维作用力又能分解成抗顺力和另一个与之垂直的横力。抗力和对方的运动方向相反，从而阻止对方的运动。顺力和对方的运动方向相同，从而加速对方的运动，我方用顺力发放对方。横力和对方运动方向垂直，而改变对方的运动方向。顺力和横力的运用体现了太极拳名言“四两拨千斤”的力学原理。

二、劲是人体的动量

李小龙发一样的力，对气球和墙却产生完全不一样的作用力。可见，李小龙发力的力和作用力不是一回事。“发力”的另一个同义词是“发劲”。我们将尽可能用“发劲”这个词以减少一些混淆。这么说，作用力和劲有不同的概念。前面给出了“力”在教科书中的定义，那么，“劲”是个什么概念呢？武术界有很多对“劲法”的具体描述，太极拳界常称掤、捋、挤、按、采、挒、肘、靠为八大劲法，但对“劲”的定义仍有很多争议。此处给出一个定义以供拳友参考：劲是人体的动量，劲法是对人体动量的合理使用。

质点的动量是质量和速度的乘积。刚体有动量和角动量。角动量是转动惯量和角速度的乘积。一般物体的动量统指该物的动量和角动量的综合效果。人体是一个很复杂的体系。某些肢体，例如肘关节和肩关节间的大臂可近似成一个刚体。另一些肢体,例如肘关节和腕关节间的小臂却无法近似成一个刚体(因为小臂能旋转)。这些肢体的动量都能用微积分法算出。各肢体通过各关节连成一个整体,各关节帮助各肢体产生相对运动。将所有肢体的动量作矢量叠加,再加入关节本身的动量,就得出人的体系动量。这是理论,真要算的话,需要一台超级计算机。

两个物体碰撞产生作用力和反作用力。如果称作用力为作用于对方的力,则反作用力为作用于我方的力。图 3-5-15 至图 3-5-16 示出了推手中的一个例子。我方发挤劲,对方捋劲转变成按劲。我方和对方接触时产生力:作用力指向对方正胸,大小一样的反作用力指向我方正胸。两方原动量是各自的属性,中间靠力来相互作用。当一个作用力产生又作用于对方时,一个大小相等的力一定反过来作用于我方。并不因为某方功夫高强而能给另一方多一点力。关键是我们已经找到了相互间的力。下一步是把这个力分别作用于两方各自的情况来进行分析,力学上叫做隔离体分析。

隔离体分析就是把一个物体与外界的因素都化成力来分析该物的运动状态。图 3-5-16 是对方隔离体示意图,作用力已经作为一个外力加入了重力、支撑力、摩擦力的行列。当然,对方动量也是一个重要的力学条件。根据牛顿第二定律,所有外力使对方产生加速度,进而改变对方的动量。可以对我方作类似的分析(图 3-5-15):所有外力,包括反作用力、重力、支撑力、摩擦力使我方产生加速度,进而改变我方的动量。看来我们介入了至少有两个物体的复杂分析。让我们来找一条定性的途径作一个简要的分析。

碰撞时,某一物体的动量有了变化,动量的变化被称为冲量。对数学没有兴趣的读者可跳过下面的推导,而进入结论的阅读。改写公式(8),冲量为:

$$\Delta J = J_{冲} - J_{终} = F_{冲}\,\Delta t \qquad (9)$$

将公式(9) 运用于我方:

$$\Delta J_{反} = J_{我冲} - J_{我终} = F_{反}\,\Delta t \qquad (10)$$

其中 $\Delta J_{反}$ 是反作用冲量, $F_{反}$ 是反作用力。

该冲量反向作用于对方,将公式(9) 运用于对方:

$$\Delta J_{作} = J_{对冲} - J_{对终} = F_{作}\,\Delta t \qquad (11)$$

其中 $\Delta J_{作}$ 是作用冲量,$F_{作}$ 是作用力。因为作用力和反作用力等值,而且作用时间 Δt 也一样,由公式(10)和(11),我们得到:

$$\Delta J_{作} = \Delta J_{反} \qquad (12)$$

公式(12)说明反作用冲量和作用冲量大小相等。我方的攻势和对方接受到的作用冲量同向。我方可认为,我方将冲量传递给了对方。冲量是动量的变化，我们就把冲量传递称为动量传递。而对方的攻势和我方接受到的反作用冲量同向。对方可认为，对方将冲量传递给了我方。所以，冲量是两方接触的产物，即有一部分动量可互相传递。

冲量和力不完全一样，由公式(9)右端可见冲量是力在一段时间里的积累效应。而发劲也有一个时间过程。例如在按时，是肌肉的力把掌推动一段距离，而掌需要一段时间来走过这段距离。因而用动量来描述发劲比较合适。动量是惯性的度量，动量有大小、有方向。发劲就是积累动量。可以在单练时发劲，这时有动量产生，但该动量没有和别的动量接触，因而没有作用力产生。也可以在对抗时发劲，这时当然就有动量产生，而且该动量和别的动量接触而产生作用力，进而有动量的传递。这就解释了发劲和作用力不是一回事，发劲不一定产生力，但力的产生却一定和发劲有关。动量和人体的质量成正比。同样的速度，人的个子大质量也大，动量也大，劲也大。所以，个子大的人占有一点先天的优势。这也是为什么推手比赛要分量级。但是，太极拳注重技术，大动量被人借用，仍可能导致被动。太极拳讲究发劲的技术体现在两个方面：合理使用我方动量和借用对方动量。

合理使用我方动量是说如何将我方的一部分动量传给对方；借用对方动量是说如何将传递过去的动量和对方原有动量叠加而使对方失稳。太极拳的一个目的是使对方失稳，而更重要的目的是保持自我稳定。预期对方有动量传递给我方，该动量和我方原有动量叠加却仍使我方保持稳定。

三、太极弹簧劲

力是物体间的相互作用。太极拳的精妙在于它将“相互作用” 演绎至独到之处。太极拳的“听力”是个完全符合力学定义的力。对方可以在进攻，对方可以在防守，我方在接招之初都应诉之于“听力”。对方进得快，我方退得快；对方进得慢，我方退得慢；对方退得急，我方进得急；对方退得缓，我方进得缓。在搭手之处，我方完全有意识地用我方速度去应和对方的速度，而使两方间的作用力和反作用力控制在很小的范围内。这个力就是“听力”。“听力”有两个用途：其一是大为降低两方碰撞时的力；其二是我方用“听力”来探知对方的动向。就其一而论，设想杨澄甫跨越时代和李小龙进行一场友谊赛。李小龙向杨澄甫发劲试图打出400磅的力，杨澄甫却应势而退，两相接触时产生的力的大小仅仅在“听力”大小范围内。

设想对方向我方正向猛攻，我方迎头反击(图3-6-3)。两方接触的瞬间将产生很大的作用力和反作用力。如果接触后两方继续硬顶，很大的作用力和反作用力将继续存在。直到两方脱离时,作用力和反作用力才会消失。如果我方手持弹簧迎头反击(图 3-6-4),情况将大为改观。两方接触的瞬间,由于弹簧还没有被压缩,所以没有作用力和反作用力。如果接触后两方继续沿原方向用劲,在弹簧被压缩过程中作用力和反作用力会逐渐变大。尽管两方继续沿原方向用劲,弹簧被压缩到极限后才开始反弹,作用力和反作用力逐渐变小。直到弹簧恢复原长度时将两方分开,作用力和反作用力才会消失。弹簧的存在使原来的硬顶变成了弹性碰撞,而我方给对方的力学效应是柔中带刚。"柔"体现于开始时我方给对方的作用力很小,"刚"体现于作用力会随过程变大。弹簧反弹的过程相当于我方由防守转为进攻。

图 3-6-3　硬顶作用力

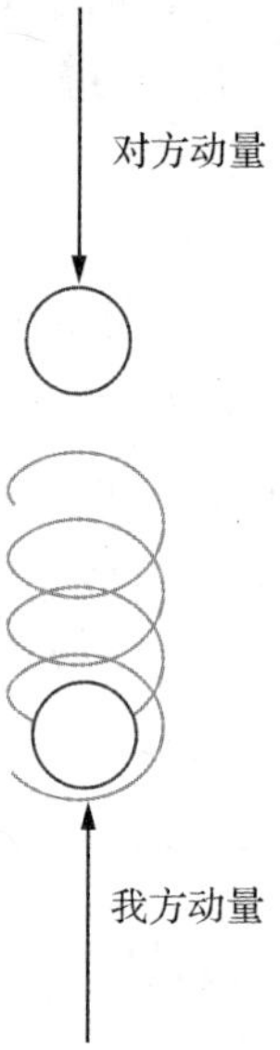

图 3-6-4　弹簧作用力

太极拳就是弹簧劲的艺术,是弹簧劲的三维艺术。太极拳的弹性功能来自于两个方面:肢体的相对运动和重心的移动。肢体的相对运动可以体现于拳架的设计中,如揽雀尾作掤时要求大小臂撑圆(图 2-4-7)。这样,胸、臂、腕构成了一个人体弹簧。对方进攻时我方掌和胸间有自动的回收功能。当然,这回收功能还得靠各关节的松灵来实现。当我方有意反攻时,我方掌和胸间可放能反弹(图 2-4-8)。肢体的相对运动可以体现于打拳的要领中,如垂肘的要领要求任何时候肘部都不要挺直,揽雀尾作按时要求沉肩垂肘(图2-4-13 至图 2-4-14)。这样,肩、肘、掌构成了一个人体弹簧。甚至在我方总趋势是进攻时,掌和肩之间仍有自动的回收功能,如松腰的要领要求腰能绕垂线灵活转动,揽雀尾作捋时要求松腰沉胯垂肘(图 2-4-9 至图 2-4-10)。这样,胯、腰、掌构成了一个人体弹簧。甚至在我方总趋势是左旋时,腰仍有自动的右旋功能。重心移动也是人体的重要的弹性功能。揽雀尾作按时要求沉跨曲膝(图2-4-13至图2-4-14)。这样,胯、膝、脚构成了一个人体弹簧。这个弹簧使我方重心的位置具有弹性。甚至在我方总趋势是进攻时,重心仍有自动的后撤功能。与此类似,揽雀尾作捋时要求沉跨曲膝(图2-4-9至图2-4-10)。这样胯、膝、脚构成了一个人体弹簧。这个弹簧使我方重心的位置具有弹性。甚至在我方总趋势是左拉时,重心仍有自动的右回功能。一般来说,人体弹性功能来自于各相关关节的灵活运动,来自于各相关韧带的宽松程度,来自于各相关肌肉的柔韧程度。

由前面的讨论可知,双方接触时产生力,该力不但和两方的原动量有关,还和碰撞的性质有关。简单的顶撞产生较大的力,容易使人受伤。人体弹簧将碰撞变成弹性碰撞,首先大大降低了初始的力,当力变大时又能将力逐渐分布在较大的承受区内,因而不易使人受伤,而且能将力有效地用于改变对方的位置。

太极拳的力学原理是攻防的艺术。人体弹簧首先将力限制在"听力"的范围内。这里已经有一部分化解对方攻势的功能,但"听力"的主要功能是探测对方的动向。皮肤感知"听力"的大小和方向,由此判断对方的意图。"听力"是作用力和反作用力。我方"听"对方给我方的反作用力。对方也可利用我方给对方的作用力来"听"我方的动向。太极拳讲究沾、连、粘、随。在双方连接的全过程中都有作用力和反作用力存在。当两方攻防频繁时该力的量值会有变化。对方突然发劲时将使该力变大,我方应随机化解,很快将其控制在"听力"的大小范围内。如果我方发"短劲",该力将徒然增值,将对方发出之际该力降为零。如果我方发"长劲",该力将随势增值,将对方发出之际该力降为零。当然,如果对方及时应变,该力又将回到"听力"的范围。

四、太极发劲时的动量传递

有的文献把"我方力"和"对方力"作矢量叠加。这个说法不确切。两方接触时并不产生大小和方向不同的我方力和对方力,因而也无法叠加。该文献想说明用"借力打力"来发对方,因而其叠加可能暗示将我方力和对方力叠加于对方。但是双方接触,在一个接触点处时仅仅产生一对大小相等、方向相反的作用力和反作用力,作用力作用于对方,反作用力作用于我方。力的叠加法只能用于一个物体,不能将两个作用于不同物体的力叠加。"借力打力"无法用"我方和对方叠加"来解释。那么,太极拳中"借力打力"有力学依据吗?当然有。下面我们用力学的术语来分析。分析作用于对方的力系的有效方法是隔离体图(图 3-5-16)。图中的外力包括作用力、重力、支撑力、摩擦力等等,但是图中就是没有“对方力”。究竟什么是“对方力”? 通常“对方力”是指对方用来攻击我方的力。在对方接触我之前有行动,没有力,因为力学上的力只有产生于接触之时。所以“对方的力”其实是指“对方的行动”。本书建议用动量来描述“行动”。

太极拳发劲有“短劲”和“长劲”。枪弹模拟“短劲”(图 3-5-2);千斤顶模拟“长劲”(图 3-5-3)。它们有几个共同点。它们都有放能系统:枪弹由炸药爆炸放能;千斤顶由油压系统放能。它们都有内部的相对运动:枪弹的枪身和子弹间有相对运动;千斤顶的顶杆和缸体间有相对运动。它们都有目的:枪弹是为了打靶(包括打空枪);千斤顶是为了顶汽车(包括顶空)。这些是发劲的机械模拟。下面我们给发劲下定义:发劲是人体放能使肢体产生动量而意图实现攻防效果。这个定义有三个要素:放能、动量和意图。人从食物里提取养分,从空气中提取氧气,等等。这些输入合成能量,部分能量可转换成肌肉的机械能。发劲的放能主要指肌肉发放机械能。放能产生内力——人体内部的力。内力推动肢体产生加速度,在一段时间里积累成速度。速度和肢体质量的综合效果是人体的动量。所以在碰撞前发劲的力学效果是积累动量。意图是用这个动量去攻击或防御,用力学的术语说是去碰撞。碰撞已经牵涉到另外一方,所以碰撞的结果有多种可能:我方稳定,对方失稳;我方失稳,对方稳定;两方都稳定;两方都失稳。在单练时也可发劲,这时物理上的对方是空气(意图上的对方是另一个人)。两个物体碰撞时动量守恒,即碰撞前两物体动量的矢量和与碰撞后两物体动量的矢量和相等。动量守恒定律可用牛顿第三定律来导出。两个物体碰撞时产生作用力和反作用力,作用于对方的作用力通过一段时间的积累形成作用冲量,作用于我方的反作用力通过同一段时间的积累形成反作用冲量。由牛顿第三定律可知,作用力和反作用力大小相等、方向相反,因而作用冲量和反作用冲量也大小相等[公式(12)]、方向相反,或者说两物体动量的矢量和在碰撞前后没有变化。在日常生活中可找到很多守恒的例子。比如说,一个太极拳协会受邀表演。总共八个人登台表演,计划四个人打拳,另四个人舞剑。但因场地限制,改为五人打拳,三人舞剑。可见在计划改变前后总人数守恒。但是打拳的人多了一个,舞剑的人少了一个,或者说剑组拨给拳组一个人。打拳接触间时,两方的动量总和守恒,但两方各自的动量可以有增减,一方增量,另一方减同样大小的量(增减对于动量表现为大小相等、方向相反),或者说动量由一方传递给另一方。我们可以把这过程称为动量传递过程。我们可把该过程概括成一句话:动量传递过程是在两方接触时将我方的一部分动量转换传递给对方(反之也成立)。

当动量传给一个物体时,该物体的速度增加。动量是质量和速度的乘积,因而质量越大速度增加越小,而质量越小速度增加越大。两方接触时,反作用冲量和作用冲量大小相等,将使小个子增加较大的速度,而使大个子增加较小的速度。因而大个子的相对稳定度好一点,或者说大个子比较不容易被推倒。

太极拳的精华在于三个方面:有意识地造成我方动量;将作用冲量和对方动量叠加而使对方失稳;在反作用冲量叠加于我方动量时我方仍然保持稳定。

作用冲量和作用力同向。图 3-6-1 中我捋时的作用冲量也有法向分量和切向分量。作用冲量是法向分量和切向分量的矢量和。法向作用冲量阻止对方的攻势,切向作用冲量使对方向右移动。类似地,图 3-6-2 中我转胸时的作用冲量也有法向分量和切向分量。作用冲量是法向分量和切向分量的矢量和,和作用力同向。作用冲量可沿对方按的方向和垂直方向分解。作用冲量沿对方按方向反向的分量阻止对方的攻势。作用冲量的垂直分量就是反弹冲量,该冲量把对方推向右方。由此可见,我方的劲是为取得一定力学效果而设计的。

在图 3-4-1 中,我方以掤劲迎接对方的正面进攻。先分析一下听劲的动量传递(图 3-6-5)。对方动量正对我方。我方掤劲相迎而产生我方动量。两方接触产生作用冲量和反作用冲量。作用冲量和对方动量作用于对方,得出对方合动量。对方合动量决定了对方的运动速度和方向。反作用冲量和我方动量作用于我方,得出我方合动量。我方合动量决定了我方的运动速度和方向。合动量使某一方运动,重心在支撑面内则稳定,重心移出支撑面则失稳。作用冲量和反作用冲量的大小和方向是可以控制的。开始时我方的弹簧功产生"听力","听力"并不很大,由"听力"形成的作用冲量(即听劲)也不大。作用冲量和对方动量合成,但对方合动量不大,对方平衡(图 3-6-5 右侧图)。反作用冲量和我方动量合成,我方合动量不大,更因为我方早有准备,因而我方对平衡掌握自如(图 3-6-5 左侧图)。

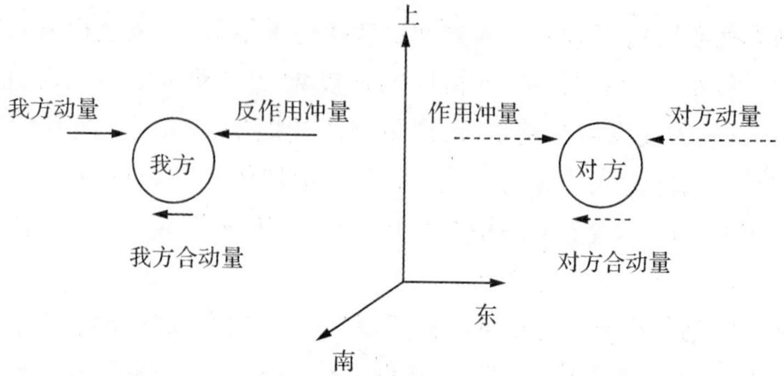

图 3-6-5　我掤听力的动量传递

当我方"听"出对方要向后退缩时，我方随之发劲(图 3-6-6)。作用冲量大小可根据具体情况而定。作用冲量和对方动量顺方向合成，产生很大的合动量使对方失稳(图 3-6-6 右侧图)。反作用冲量和我方动量逆向合成，产生不大的合动量，更因为我方早有准备，因而我方对平衡掌握自如(图 3-6-6 左侧图)。

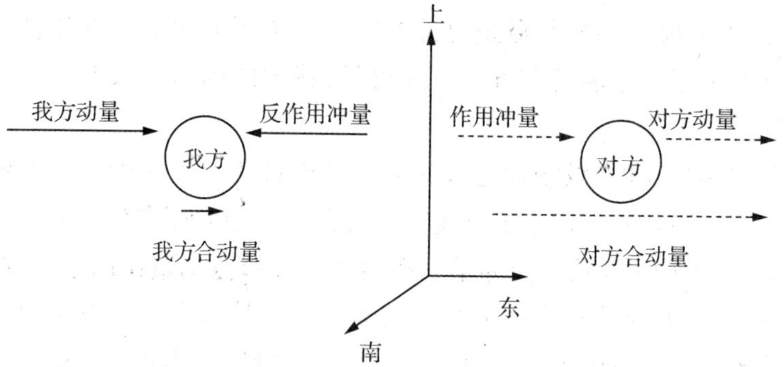

图 3-6-6　我方发掤劲时的动量传递

发劲形成动量，所以动量传递过程也可以用武术语言表述为：我方的一部分劲可以加给对方的劲。由此可见，"借力打力"的含义应该是"借劲打劲"。"借劲打劲"的"打"字还需要解释一下。这"打"字是使对方失稳，因而"借劲打劲"的含义是用我方的劲加入对方的劲来使对方失稳。

在图 3-4-5 中，我方以捋劲迎接对方的正面进攻。对方动量正对我方，我方向左后方发捋劲(图 3-6-7)。接触时，有顺向作用冲量和横向作用冲量。对方本来顺向进攻，顺向的稳定性比较好(步距比较大)，而横向稳定性比较差(步距比较小，侧向旋转刚度差)。横向作用冲量正好攻其薄弱环节。顺向作用冲量和对方动量顺方向相加，使对方加速落空。横向和顺向作用冲量和对方动量合成产生很大的合动量使对方失稳。顺向反作用冲量和我该方向动量逆向相加，横向反作用冲量和我横方向动量逆向相加，总的叠加产生不大的合动量，更因为我方早有准备，因而我方对平衡掌握自如。

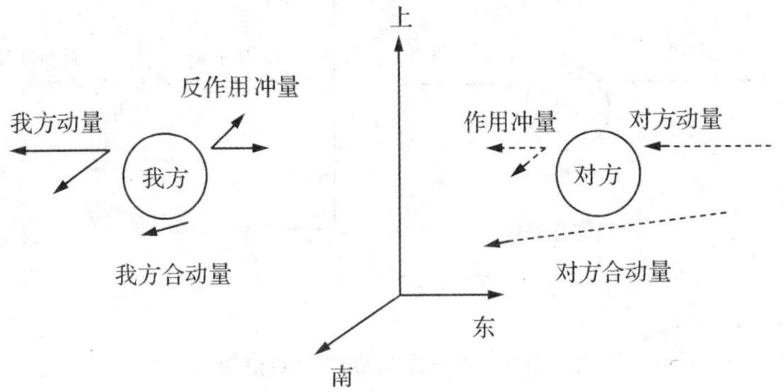

图 3-6-7　我方发捋劲时的动量传递

假设对方向横后向捋我方，我方发挤劲。对方动量向左后，我方向前方发挤劲（图 3-6-8）。接触时，有正向作用冲量和横向作用冲量产生。横向作用冲量和对方横向动量逆向相加，正向作用冲量和对方正向动量顺向相加，总的合成出很大的合动量，而使对方失稳。正向反作用冲量和我方正向动量逆向相加。横向反作用冲量欲使我方产生横向运动，但我方两臂合抱以增加侧向旋转刚度。对方不能有效地把我方侧拉，我方反而顺势攻入对方重心。作用于我方的正向和横向动量叠加产生不大的合动量，更因为我方早有准备，因而我方对平衡掌握自如。

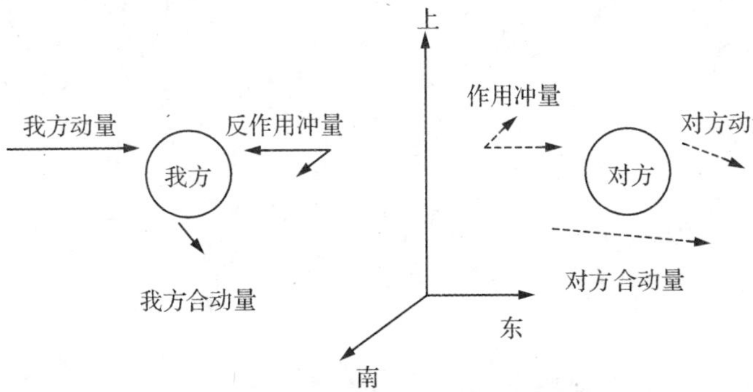

图 3-6-8　我方发挤劲时的动量传递

假设对方挤我，我方发按劲。对方动量正对我方，我方向前方发按劲（图 3-6-9）。接触时，有正向作用冲量产生。正向作用冲量和对方向动量逆向合成，产生较大的合动量，而使对方失稳。有时我发按劲时对方已经退却，这时正向作用冲量和对方正向动量顺向合成，产生更大的合动量，而使对方失稳。反作用冲量和我方动量逆向合成，产生不大的合动量，更因为我方早有准备，因而我方对平衡掌握自如。

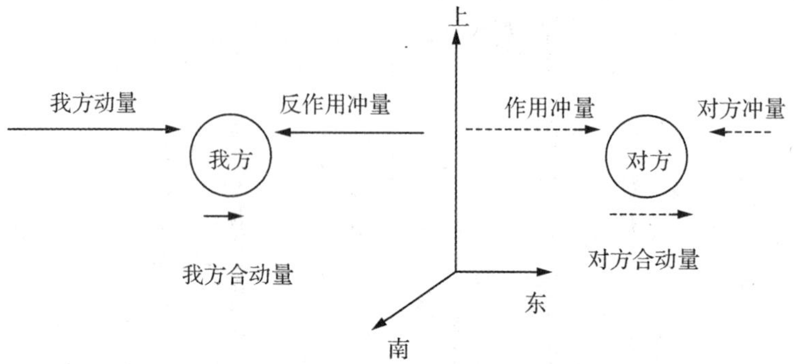

图 3-6-9　我方发按劲时的动量传递

由此可见,太极拳发掤劲、捋劲、挤劲、按劲时,我方都将动量传递给对方而使其失稳,也都有动量传递给我方,但我方仍能稳定。我们可对采劲、挒劲、肘劲、靠劲进行类似的分析而得出一样的结论。

傅钟文,等. 杨式太极拳[M]. 北京:人民体育出版社,1994.

沈寿. 太极拳论谭[M]. 北京:人民体育出版社,1997.

人民体育出版社编辑部. 太极拳运动[M]. 北京:人民体育出版社,1999.

中华拳术协会. 二十四式太极拳[M]. 呼和浩特:远方出版社,2000.

祝大彤,薛秀英. 太极拳内功解秘[M]. 北京:人民体育出版社,2004.

赵斌,赵幼斌,路迪民. 杨氏太极拳传真[M]. 北京:北京体育大学出版社,2004.

沈寿. 太极拳推手问答[M]. 北京:人民体育出版社,2006.

魏坤梁. 您全面了解"含胸拔背"吗? [J]. 太极杂志,2005(6).

王怀. 溯流探源说气[J]. 太极杂志,2007(1).

瞿维传. 论太极拳中的松[J]. 太极杂志,2007(2).

王凤朝,薛银秋,朱建勇. 二十四式太极拳技击含意拆解[J]. 太极杂志,2009(4-5).

奚桂忠. 答拳友[J]. 太极杂志,2007—2009.

金宏柱,等. 新编针灸推拿经络穴位挂图[Z]. 南京:江苏科学技术出版社,2006.

Stanley Coren. Sleep thieves[M]. New York: the Free Press of Simon & Schuster Inc,1996.

C. Roy Hunters. Master the power of self-hypnosis[M]. New York: Sterling Publishing Company Inc,1998.

Charlotte Jones. Studies on the health benefits of Tai Chi[J]. T'ai Chi, vol. 30, no. 4: 14-20.